JN440606

어떻게 기부할 것인가?

어떻게 기부할 것인가? — 전략적 기부, 기부자와 모금가를 위한 실천가이드

1판 1쇄 인쇄 2018년 4월 23일
1판 1쇄 발행 2018년 4월 25일
지은이 피터 프럼킨
옮긴이 이형진
펴낸이 이형진
펴낸곳 도서출판 아르케
출판등록 1999. 2. 25. 제2-2759호
주소 강원도 홍천군 내촌면 와야리 300-4
대표전화 (02)336-4784~6 | 팩스 (02)6442-5295
E-Mail arche21@gmail.com | Homepage www.arche.co.kr

값 18,000원

ISBN 978-89-5803-161-1 93330

어떻게 기부할 것인가?

– 전략적 기부, 기부자와 모금가를 위한 실천가이드

피터 프럼킨(Peter Frumkin) 지음
이형진 옮김

아르케

■ 차례

서문

때때로 작은 것이 더 큰 것이 될 수 있다. 진실로 바라건대, 필란트로피에 관한 책을 쓸 때 그렇게 되었으면 좋겠다. 10년 전쯤부터 나는 필란트로피에서 전략이 무엇이며 전략적이란 것이 어떤 의미가 있는 것인지 그 해답을 찾기 위해 많은 시간과 노력을 기울여 왔다. 그 이후로 나는 많은 기부자를 만났고 그들과 필란트로피에 대해 많은 이야기를 나눴다. 존 D. 록펠러John D. Rockefeller가 말한 대로 "기부라는 난해한 예술"을 실천해 온 그들은 자신의 경험을 이야기했고, 나는 이를 통해 그들의 경험을 관통하는 공통적인 맥락과 그들을 만족시키는 성공적인 기부의 성격이 무엇인지를 찾고자 했다. 그 결과로 출간된 것이 *Strategic Giving: The Art and Science of Philanthropy* 라는 제목의 두꺼운 책이고, 나는 이 책을 집필하며 그 "난해한" 것이 무엇인지를 찾고자 했다. 그것은 필란트로피의 전략이 갖는 원천적 개념은 무엇이며, 필란트로피 실천에 대한 역사적 진화과정에 대한 논의가 어떻게 진행되어 왔고, 민주주의 사회에서 필란트로피의 역할이 과연 무엇인지에 대한 질문이기도 하다. 그런 의미에서 이 책은 관련 내용을 좀 더 압축적으로 서술했으며 필요한 부분은 수정을 가했다. 특히 잠재적 기부자들을 위해 실천적 교훈에 초점을 맞췄다. 민간 기부에 대한 의욕과 규모가 커짐에 따라 자신의 기부에 대해 좀 더 깊이 생각하고자 하는 사람들의 수는 점차 증가해 갈 것이다. 이 책은 이런 사람들을 위해, 이런 사람들을 위해 일하는 전문가들을 위해, 그리고 필란트로피의 논리를 이해하고자 하는 모든 사람을 위해 구상되고 집필되었다.

따라서 이 책의 목적은 단순하다. **즉 필란트로피를 둘러싼 전략과 이를 위해 어떻게 사고해야 하는지에 대해 간결하면서도 명확히 소통하고자 하는 것**이다. 전략을 정의한 수많은 책이 존재하지만, 필란트로피라는 맥락에서 전략은 어떤 모습을 띠어야 하는지에 대해 설명하고자 하는 시도는 거의 없다고 해도 과언이 아니다. 처음 이 프로젝트를 시작할 때 돈을 버는 것이 아니라 돈을 현명하게 쓰는 것이 목표라면, 이에 맞는 타당한 전략의 성격은 아마도 또 다른 구성요소를 갖고 있을 것이라는 전제가 있었다. 간혹 어떤 이들은 돈을 버는 일이 훨씬 더 힘들다고 생각할 수도 있지만, 필란트로피를 실천해 본 사람들은 돈을 현명하게 쓰는 일의 어려움을 잘 안다.

필란트로피 전략은 분명 복잡하다. 왜냐하면, 내려진 결정의 효율성을 측정할 만한 간단명료한 잣대가 존재하지 않기 때문이다. 많은 기부자가 자신의 기부가 올바르게 이뤄졌는지에 대해 많은 고민을 한다. 이는 구체적이면서도 양적으로 측정할 만한 잣대를 갖고 있지 못하기 때문이기도 하고 대다수 기부행위가 다양한 요인으로 이뤄진 인간의 문제를 직접 다루고 있기 때문이기도 하다. 또한, 이에 대한 단일한 해결책도 존재하지 않으며, 기부자나 서비스전달조직이 통제할 수 없는 수많은 요인이 영향을 미친다. 인과적인 불확실성과 불명료성이라는 맥락에서 보자면 기부자는 매우 어려운 국면에 처해 있을 수도 있다. 즉 필란트로피는 생각보다 훨씬 더 도전적인 과제를 마주하고 있으며,

기부자는 자신들의 기부행위를 통해 지역사회의 핵심적 욕구를 충족하기 위해 노력해야 할 뿐만 아니라 자신의 개인적인 믿음과 사회적 약속을 지키기 위해 한층 더 노력해야 하기 때문이다. 아울러 기부의 표현적(expressive) 차원과 도구적(instrumental) 차원은 효과적인 기부의 탐색을 더욱더 복잡하게 함으로써 이들 두 차원을 긴장 관계로 끌고 간다는 사실 또한 그리 놀라운 것이 아니다. 나는 이 책을 통해 바로 이런 갈등적이면서 서로 경쟁적인 지점에서 로드맵을 그려보고자 한다.

이를 위해 필란트로피를 위한 최고의 분야가 무엇일까 하는 질문보다는 매우 신중하면서도 중립적인 입장을 견지해 갈 것이다. 왜냐하면, 필란트로피와 관련된 어떤 행위도 전략적으로 그리고 효과적으로 수행해 갈 수 있기 때문이다. 나에게 쟁점이 되는 것은 기부자가 지원을 위해 무엇을 선택하는가보다 그들의 **기부가 성찰적이고 사색적이란 점**이다. 이 책에서 제안하는 전략적 기부의 범용적 모델은 다섯 가지 요소를 갖고 있다. 다섯 가지 요소란 아래에서 보듯이, 기부자가 자신의 계획을 세우고 실천해 감에 따라 직면할 수밖에 없는 기본적이면서도 도전적인 과제를 일컫는다.

1. 사적 기부행위를 통해 생산된 공공적 가치에 대한 선언
2. 기부금 조성 방법론(grantmaking methodology)과 추구하고자 하는 변화이론(theory of change)에 대한 정의
3. 만족도와 생산성을 겸비한 대중 인지도 수준과 기부 스타일 모색
4. 기부를 위한 타임프레임(time frame)과 속도(pace) 선택
5. 기부를 수행하기 위한 제도 및 기관 유형의 선택

이에 대한 좀 더 구체적인 내용은 필란트로피를 둘러싼 큰 주제에 대해 개략적으로 살펴본 후 소개하도록 할 것이다. 독자들은 우선 첫 장과 마지막 장을 읽고 자신의 상황에 맞게 해당 내용, 즉 전략과

관련된 다섯 가지 구성요소 중 자신의 상황에서 가장 필요한 부분을 찾아가 읽으면 된다. 이들 다섯 가지 개념 중 어느 한 가지도 다른 것에 비해 우월하다든지 하는 것은 존재하지 않는다. 그렇지만 일련의 해답이 함께한다면 더 나은 해결책을 제시할 수 있다는 사실도 분명해 보인다. 이 책의 전체를 통틀어 가장 중요한 것 하나를 꼽자면, 결국 전략적 기부란 다섯 가지 차원과 관점이 적합성(fit), 일관성(coherence), 정렬(alignment)을 이루고 이를 포괄한다는 점이다. 일관성을 갖춘 기부 전략이란 다섯 가지 요소가 서로 잘 어우러져 지속함을 의미한다. 만일 기부자가 이런 유형의 도전에 직면하게 된다면, 이들 도전이 기부의 전략적 접근과 긴밀하게 연관됨을 인식하게 될 것이다.

이 책의 원전이라 할 수 있는 *Strategic Giving* 에서는 전략적 기부의 요소만이 아니라 효과적 필란트로피는 무엇이며, 어떤 것이 그들을 구성하는 요소인가라는 좀 더 포괄적인 질문을 던졌다. 거기서 나는, 가장 효과적인 필란트로피의 형태에는 기부자의 사적 가치와 실제 문제 사이에 복잡한 상호작용이 존재한다는 점, 표현적인 것과 도구적인 것에 절묘한 균형이 필요하며 이는 상당히 난해한 성격을 띠고 있다는 점을 주장했었다. 이들 광범위한 주장의 맨 위에는 현명한 기부란 어떤 것인지와 관련하여 또 다른 많은 주장이 존재하며, 여기에는 전문화된 필란트로피로의 이행에 대한 강도 높은 비판도 포함된다. 또한, 임팩트와 평가에 대한 구체적인 조치와 함께, 공적 욕구에 대한 정의 가능성 및 정확한 성격을 파악하기 위한 여정도 포함했었다. 이러한 것들 대부분이 이 책에도 요약되어 있어서 기부에 대한 전략적 접근법이 어떤 것으로 구성되었는지에 대해 좀 더 초점을 맞출 수 있을 것이다.

따라서 이 책은 간결함과 가독성을 얻기 위해 원본에 있었던 각주와 참고문헌과 같은 학술적 장치들은 과감하게 제거하였다. 그렇지만 좀 더 심화된 주제에 관심 있는 독자들은 *Strategic Giving* 에서 제시된 참고문헌들을 통해 중요한 출발점은 물론, 필란트로피와 관련된 충실한 안내를 받을 수 있을 것이다.

Strategic Giving 의 출간을 통해 나의 아이디어를 관련된 많은 그룹에 널리 알릴 기회가 되었던 것은 나의 큰 기쁨이었다. 이들 그룹은 국내뿐만 아니라 해외에도 광범위하게 존재했고, 특히 재정지원자들의 모임, 투자은행의 클라이언트 연합, 거액기부자의 목표와 지향을 이해하고자 하는 펀드레이저 연합체에 이르기까지 다양했다. 나는 이들과의 소통을 통해 많은 것을 배웠으며, 항상 다양한 도전에 직면하고 있는 각 분야 리더들의 논평과 통찰이 이 책에는 잘 반영되어 있다.

이 글을 빌려 여러 해 동안 전략적 기부에 대한 다양한 의견과 논점을 정리하고 발전시키는 데 도움 준 모든 분께 감사의 뜻을 표하고 싶다. 특히 이와 같은 훌륭한 축약본을 만들기 위해 많은 도움을 줬던 Anastasia Kolendo, 좋은 환경을 만들어줬던 텍사스대학의 RGK Center for Philanthropy and Community Service 의 직원과 스텝들, 많은 아이디어와 실천의 생생한 모습을 보여주었던 센터의 후원자들에게도 이 자리를 빌려 감사의 인사를 전하고 싶다.

이 책은 도서출판 아르케가 기획한 '시민사회와 필란트로피'Civil Society and Philanthropy 시리즈의 세 번째 책으로, 2010년에 시카고대학교 출판부가 출간한 피터 프럼킨Peter Frumkin의 *The Essence of Strategic Giving*을 번역한 것이다. 필자도 서문에서 밝히고 있듯이, 이 책의 원전은 2006년에 출간된 *Strategic Giving* 이다. 450여 페이지에 이르는 다소 두꺼운 책으로 다수의 기부자와의 면담을 통해 소위 "기부라는 난해한 기술"을 실천해 온 사람들의 경험을 듣고, 이를 바탕으로 공통적인 맥락과 성공적인 기부의 성격이 무엇인지를 조사 연구한 결과다. 그렇지만 분량에서 오는 접근성의 한계는 증가 일로에 있는 기부에 관한 관심을 충족시키는 데 일정한 한계가 있을 수밖에 없었고, 필란트로피의 논리를 이해하고자 하는 모든 사람들이 좀 더 쉽게 그 본질에 다가갈 수 있도록 축약본을 집필하기에 이르렀다는 것이 필자의 변이다.

따라서 필자가 밝힌 대로 이 책의 목적은 단순할 수밖에 없다. 그 핵심은 필란트로피를 둘러싼 전략과 이를 위해 어떻게 사고해야 하는지에 대해 간결하면서도 명확히 소통하고자 함이다. 즉, 돈을 잘 쓰기 위한 전략이 존재하는지, 존재한다면 어떠해야 하는지, 특히 그 구성요소는 무엇으로 이뤄졌는지에 대한 질문으로부터 그 여정을 시작한다. 여정이 다다른 곳은 다섯 가지 구성요소로 이뤄진 범용적 모델, 즉 필자 자신이 명명한 '필란트로피 프리즘'이라는 프레임워크다. 기부행위를 통해 창출될 핵심적 가치는 무엇인가? 자신의 기부행위에 적용 가능한 '논리모델' 및 '변화이론'은 명확한가? 참여와 인지도와 관련된 기부자의 스타일은 어떠한가? 지금 얼마를 기부하고 추후 얼마를 기부할 것인지와 관련된 타임프레임과 속도는? 기부를 수행하기 위해 어떤 제도 및 기관을 선택해야 하는가가 그것으로, 결국 전략적 기부란 다섯 가지 차원과 관점이 적합성(fit), 일관성(coherence), 정렬(alignment)을 이뤄야만 한다는 점을 강조한다. 왜냐하면, 전략이란 결국 어떤 특정한 분야에 맞는 답을 찾는 것이라기보다는 일관성 있게 그리고 지속해서 필란트로피와 관련된 핵심적 질문에 답을 구하는 것이기 때문이다.

따라서 이러한 전략적 기부 모델과 접근 방법을 통해 필란트로피는 기부자 개인의 가치를 표출하고 실천함과 동시에 공공의 목적도 함께 성취한다는 것이고, 이 둘 사이에 균형이 절대적으로 필요하다는 사실을 강조한다. 그렇지만, 필자는 사적 가치에 대해 좀 더 적극적인 사색과 성찰을 요구함으로써 이의 실현에 방점의 무게를 더 둔다. 즉, 도구적(instrumental) 가치와 표현적(expressive) 가치를 대비시키면서, 필란트로피의 기본적인 근거가 공익을 위한 행동, 변화와 재분배, 혹은 단순히 사적 자금을 공공의 목적을 위해 쓰기 위한 경로나 수단, 서비스와 재화를 생산하는 데에만 머무는 것이 아니라, 다원주의(pluralism), 표현(expression), 혁신(innovation) 등 사적 가치 구현에 있음을 강조한다. 따라서 필란트로피는 공익에 대한 개인의 사적 비전을 공공의 문제와 실질적으로 연결할 수 있어야만 할 뿐만 아니라, 기부하는 자와 기부받는 자가 항상 함께 이야기하고 논의하고 타협하고 정의하는 것에 진정한 의미가 있음을 다시 한번 강조한다. 그런 점에서 기부자 개개인의 기부 뒤에 놓인 동기와 의도의 복잡성이 궁극적으로는 도발적인 아이디어와 비전으로 이끌 가능성이 더 크다는 필자의 지적은 재삼 곱씹어 볼 일이다.

아울러 이들 모델 및 전략과 연관된 풍부한 사례, 이론적 해석 및 적용은 이 책이 갖는 또 다른 미덕이다. 많은 기부자와의 면담을 토대로 쓰인 글이니만큼 이들 사례와 이야기는 읽는 이로 하여금 상황을 이해하고 응용해 가는 데 좋은 길잡이가 된다. 사례와 함께 중간 중간에 소개되는 사회과학 이론 또한 해석과 이해의 깊이를 더해 준다. 물론 익숙하지 않은 독자에게는 다소 생소하면서도 어렵게 느껴질 수도 있고, 이런 이론이란 종종 실천적 작업과 대비되기도 한다. 그러나 사회과학 이론이 경험적인 것에 토대를 둔 체계적이며 검증 가능한 일련의 명제로서 사회 현상을 압축적으로 표현한 것이라고 한다면, 그래서 예측의 힘과 함께 일반화의 힘을 가질 수 있다는 개연성을 염두에 둔다면, 이 책에서 언급한 변화이론, 자원의존이론, 신제도주의이론, 동형화이론 등의 몇몇 사회과학 이론은 필란트로피 세계의 전략, 제도, 조직을 이해하는 데 또 다른 의미의 통찰을 제공한다. 특히 이들의 출현과 관련하여 필자는 사회기원론적인 해석, 즉 역사적인 설명과 함께 조직이론과 필란트로피를 병치함으로써 왜 그런 제도와 조직 형태가 출현할 수밖에 없었는지를 기존의 사회과학 이론을 통해 좀 더 다면적인 접근을 시도한다.

우리는 흔히 가치 있는 뭔가를 아무런 대가 없이 주는 것을 기부(giving)로 표현하고, 이를 받기 위해 요청하는 것을 모금(fundraising)이라고 표현한다. 말하자면, 동일 현상에 대해 공급자의 측면에서는 자발적 성격이, 수요자의 측면에서는 적극적이고 능동적인 성격이 내재하고 있음을 강조한 것이라고도 할 수 있다. 이 책의 애당초 기획 의도는 공급자, 즉 기부자의 관점에서 기부를 잘 하려면 어떻게 해야만 하는지, 그 기본적인 구성요소와 전략에 관해 이야기하고자 하는 것이었다. 그렇지만, 기부의 수요자인 전문적인 모금가에서부터 비영리조직, 비정부기구에게도 모금의 관점에서 충분히 숙지하고 성찰해야만 하는 함의를 제공한다. 왜냐하면, 필란트로피를 둘러싼 수요와 공급의 생태계가 공적 가치와 사적 가치의 구현 방식, 이들 사이에 존재하는 복잡한 상호작용, 표현적인 것과 도구적인 것의 절묘한 균형 등 필자가 강조한 이슈와 맞닿아 있기 때문이고, 이와 동시에 단기간에 많은 액수를 어떻게 모금할 것인가라는 기술적인 방법론만으로는 이를 품고 극복하기가 벅차기 때문이기도 하다.

번역을 접할 때마다 느끼는 것이기는 하지만, 번역하고자 하는 내용이 지금 우리 상황에 견주어 적합하냐는 궁금함이 있다. 과연 제한된 의미에서나마 일반화를 할 수 있는지가 어찌 보면 좀 더 궁극적인 질문이 된다. 그런 관점에서는 이 책은 상대적인 의미의 필요조건을 충족한다. 즉, 가치, 논리모델, 스타일, 타임프레임, 수단 등 전략을 구성하는 요소들이 그렇고, 제도와 현상을 설명하고자 하는 이론이 또한 그러하기 때문이다. 이러한 번역의 기획 의도가 잘 투영되어 우리 시민사회를 살찌우는데 조그만 보탬이 되었으면 하는 것이 역자의 소박한 바람이다.

2018년 3월 홍천에서 역자

Chapter 1

전략적 기부에 대한 단상

❝필란트로피란 단지 빈자들에게 작은 규모의 구호품을 지속해서 주기보다는 좀 더 지속적이고 급진적으로 무언가를 하게끔 하는 것을 의미한다.❞

❝필란트로피는 기부자 개인의 가치를 표출하고 실천함과 동시에 공공의 목적도 함께 성취하는 것이라 할 수 있다.❞

'채러티'(charity)와 '필란트로피'(philanthropy)*라는 두 단어는 통상적으로 기부와 관련된 행동을 서술할 때 사용되곤 한다. 각각은 특별한 의미를 지니는데 그것은 미국 사회 기부의 진화와 관련되어 있다. 일부 사람들이 두 용어는 서로 다른 것이라고 상정하거나, 혹은 역사적인 발전 과정에 순서를 둠으로써 두 용어 사이에 존재하는 연관성을 단순화시키기 위해 노력해 왔지만, 두 용어는 오랜 세월에 걸쳐 함께 사용됐다는 것 또한 분명한 사실이다.

채러티는 빈자에게 도움을 줄 목적으로 어떤 조건도 없이 돈이나 또 다른 도움을 주는 것으로 이해할 수 있다. 채러티에는 시간에 대한 기부도 물론 포함되지만 여기서는 값어치 있는 재물, 즉 돈만을 다루도록 할 것이다. 채러티는 긴 역사를 갖고 있는데 그것은 종교와 깊이 관련이 있다. 기독교 내에서 믿음과 채러티는 오랫동안 같은 길을 함께

---

* **역주** '채러티'(charity)나 '필란트로피'(philanthropy)는 자선, 박애 등으로 번역할 수 있으며 문맥에 따라서는 서로 교차해서 쓰기도 한다. 따라서 이 책에서는 혼동을 피하고자 'charity'는 '채러티'로 음역하여 쓰되, 문맥에 따라 '자선,' '자선단체'로 번역하고, 필란트로피는 번역하지 않고 음역하여 '필란트로피'로 명기하였다. 이 책에서도 이들 개념과 배경에 대해 언급하고 있지만, 좀 더 구체적인 내용은 Payton, R.L. & Moody, M.P., *Understanding Philanthropy: Its Meaning and Mission.* (2008). 번역본 『필란트로피란 무엇인가』(2017, 아르케) 참조.

걸어왔다. 또 다른 종교에서도 채러티는 그들이 갖는 원칙의 중심이며, 보살핌, 그리고 자신과의 약속을 표현하는 방법이기도 하다. 따라서 채러티는 인간이라면 누구든지 빈곤과 고통 속에서 살아서는 안 되며 능력이 있는 자는 이들을 보살피고 도와야만 한다는 가정에 근거한다.

그렇지만 현대 사회에 이르러 채러티는 비판의 대상이 되곤 했다. 그중 첫째로 언급되는 것은 채러티가 아래로부터의 성장을 방해하고 빈자들에게 무료로 제공함으로써 결과적으로는 사회적 계급의 고착화에 이바지했으며, 빈자가 그들 자신의 힘으로는 벌 수 없는 돈을 받게 함으로써 결국 그들을 더욱더 빈곤한 상태로 몰고 갔다는 것이다. 둘째는 채러티가 빈곤과 같은 사회적 문제에 대해 근원을 파헤치고 이를 제거한다기보다는 대증적인 해법이라는 점이다. 셋째는 전문성이 부재하다는 점이다. 전문성을 바탕으로 한 사회사업(social work)의 성장이 몇십 년 동안 이뤄졌음에도 불구하고, 인간의 고통에 대한 섬세하고 세련된 대응을 해야 할 채러티워커(charity worker)의 훈련과 능력에 대해 의문을 제기한다. 넷째는 채러티가 민간 차원의 행동에 대해 더 많은 기대를 만들어 내고 이로 인해 정부의 행동을 더디게 함으로써 궁극적으로는 광범위한 차원에서 체계적인 개입을 어렵게 만든다는 사실을 강조한다. 아직도 절망적 빈곤 상태에 처한 빈자들을 도와야 하는 욕구와 충동은 강렬하며, 이에 기반을 둔 도움이 모든 사회적 문제의 근원을 해결할 수 없을지도 모른다. 그러나 그렇다고 해서 원조나 도움이 빈자들에게 제공되어서는 안 된다는 것을 의미하는 것은 결코 아니다.

채러티에 대한 이런 비판과 한계를 극복하기 위해 무엇을 해야만 할까? 기부와 보살핌의 새로운 비전, 즉 '채러티'의 '필란트로피'로의 전환이다. 이것의 핵심은 자조(self-help)와 기회 창출(opportunity creation)의 원칙이다. 실제 이 두 원칙은 필란트로피를 구래의 채러티와 구분하기 위해 고안되었다. 따라서 지금까지도 많은 사람이 이러한 구분의 노력과 정교한 완성이 기부와 나눔의 진화라는 측면에서 매우 중요한 역사적 출발점이 되었다고 믿고 있다. 즉 **필란트로피란** 단지 빈자들에게 작은 규모의 구호품을 지속해서 주기보다는 **좀 더 지속적이고 급진적으로 무언가를 하게끔 하는 것을 의미한다.** 자신을 돕고자 하는 사람에게 도움을 주고 절망과 빈곤의 근원을 제거함으로써 초기의 많은 기부자가 자신들이 채러티의 모델을 진화시켜가고 있다고 믿어 의심치 않았다. 벤자민 플랭크린Benjamin Flanklin도 역시 필란트로피의 절대적인 지지자였으며 영속적인 채러티에 대해서는 부정적 태도를 보였다. "자조의 수단으로 면도칼이 빈자들에게 제공된다면 그들은 무디고 녹슨 이발사의 면도칼로부터 해방되어 자조의 즐거움을 배울 수도, 스스로 돈을 모을 수도, 그리고 이를 통해 만족감을 느낄 수도 있다"라는 유명한 격언을 남기기도 했다. 앤드류 카네기Andrew Carnegie도 겸손한 생활방식과 필란트로피가 부자의 의무라 생각했다. 그는 필란트로피가 단순히 구호에만 머물러서는 안 된다고 생각했으며, 기부를 좀 더 진지하게 숙고함으로써 자조, 즉 자신을 스스로 도울 수 있도록 해야만 한다고 믿었다. 자조의 정신에 대해 카네기는 이렇게 정리했다. "지역사회를 이롭게 하는 가장 좋은 방법은 위로 올라갈 사다리를 원하는 사람들이 사용할 수 있는 위치에 놓아두는 것이다." 그때 이후로부터 기부자들은 이러한 형식의 개입에 관한 아이디어를 확장해 왔다고 할 수 있다. 요약하자면, 공공의 삶에서 필란트로피만의 특별한 영역이 무엇인지를 정의하게 되었고 이에 따라 나타나게 된 적어도 다섯 가지 중요한 목적 혹은 기능을 정리해낼 수 있었다.

필란트로피의 기능에 대한 논의 중 가장 일반적인 것은 사회적·정치적 변화를 위해 사적 자금을 사용하는 데 따른 기부자의 역량

(capacity of donor)에 대한 이슈다. 사적 자금의 사용은 다른 자금 동원을 위해 많은 시간을 소비할 필요 없이 필란트로피가 변화의 의제를 추구할 수 있도록 허용한다는 의미가 있다. 아울러 그 결과에 영향을 받는 사람들과 어떤 합의도 전제하지 않는다는 뜻도 포함한다. 물론 사회적·정치적 변화라라는 핑계로 돈을 사용할 수 있는 권력은 필란트로피의 책무성과 관련하여 많은 사람에게 걱정거리를 가져다주는 것 또한 사실이다.

둘째 기능은 의미 있는 사회혁신(social innovation)을 찾아서 지원하는 것이다. 연구의 형태를 띠든 프로그램과 관련된 것이든 상관은 없다. 선택의 자유와 강력한 책무성 메커니즘의 부재는 기부자를 미지의 세계로, 예기치 않은 방향으로 끌고 가 실패를 안길 수도 있다. 대다수 기부자는 문제에 대한 개념을 정립하고 이에 대응하는 새로운 방법과 목표를 갖는다. 물론 이런 경우 종종 사회혁신의 효과성에 대해 이론의 여지가 없는 것은 아니다. 그렇지만 필란트로피는 아직도 사회적기업가 정신을 독려하고 이를 통해 우리 사회에 큰 영향을 끼칠 수 있다.

필란트로피의 셋째 목적은 수많은 소액 기부자에 의해 추구되는데 이는 자원의 단순한 재분배(redistribution)를 통해 공평성(equity)이라는 작은 결과를 성취하고자 하는 것이다. 공평 혹은 재분배를 위한 기부는 흔히 문제에 대한 장기적 해결책을 제공하기 위한 서비스나 프로그램에 배태되어 있다. 주로 빈자들이 그 대상이 되며 지역적 특징을 갖는다. 따라서 이런 곳에서는 지역사회 내에서 잘살지 못하는 계층에 대해 배려나 보살핌과 같은 것들이 나타나게 되며, 공평이라는 개념을 좀 더 쉽게 이해하고 실천할 수 있다.

넷째 필란트로피가 갖는 합리적 근거는 시민적 가치로서 다원주의(pluralism)에 대한 순수하고 진솔한 지지라 할 수 있다. 매년 공공의 목적을 위해 서로 이질적이고 매우 다양한 개인 혹은 기관에 의해 수많은 기부가 정부기구보다 더 많이 이뤄진다는 사실은 가치로서의 다원주의가 이미 지배적이라는 것을 반증하는 것이다. 기부는 제한된 소수가 선호하는 해결책을 제공한다기보다는 아이디어와 프로그램의 다양성이 공공의 영역에서 존재할 수 있게 한다는 데 그 의의가 있다. 필란트로피가 다원주의를 지지한다는 주장이 어떤 사람에게는 민주적으로 선택된 하나의 행동이라기보다는 민간 집단 간의 경쟁적 방식에 토대를 둔 행동이기 때문에 비민주적이며 비효율적이라는 느낌이 들게 하기도 한다. 하지만 기부라는 행위가 발생할 때 공익에 대한 사적 관심이 겹쳐서 일어난다면, 이런 한계는 문제가 안 될지도 모른다. 따라서 공공재를 둘러싼 수많은 경쟁적 개념과 함께 필란트로피 내에 존재하는 권력은 분산될 수밖에 없고 궁극적으로 안정된다.

다섯째 기능은 기부자의 가치를 구체적 행동으로 옮기는 데 도움을 줌으로써 기부자의 자아실현(self-actualization)을 돕는다는 점이다. 그렇지만 오늘날까지 이와 같은 필란트로피의 중요한 기능은 무시되거나 의문시됐다. 물론 도움이 절실하게 필요한 지역사회가 존재하는데 기부로 얻게 된 정신적 편익까지 왜 고려해야만 하는지 그 이유에 대해 의문을 가질 수도 있다. 그러나 그 해답은 기부자의 선의와 동기에 토대를 둔 필란트로피에 내재하는 복잡성에서 찾을 수 있다. 만일 기부자 관점에서 이를 심각하게 고려하지 않는다면, 즉 그 정당성을 부여받지 못한다면 이들 분야는 장기적으로는 지속가능하지 못할 수 있을 것이며, 필란트로피의 성장은 물론 더 많은 공공의 목적을 위해 실천할 수 있는 능력을 박탈하는 결과를 초래할 것이다. 필란트로피가 공익에 대한 것이라는 사실은 분명하며, 일정 부분 기부자의 심리적 만족에 이바지하기는 하지만 아울러 기부자에게 필란트로피의 결실을 누릴 기회를 주기도 한다. 필란트로피는 또한 필수적인 서비스가 가능하도록 함으로써 개인들이 삶의 목적과 의미를 발견할 수 있도록 한다. 따라서 가장 바람직한 것은 공공 차원과 개인의 표현적이고 능동적인 차원이 상호작용함으로써 서로가 상생할 수 있도록 하는 것이다. 이런 점에서 **필란트로피는 기부자 개인의 가치를 표출하고 실천함과 동시에 공공의 목적도 함께 성취하는 것**이라 할 수 있다.

결국, **필란트로피의 진정한 의미는 기부자와 기부를 받는 자가 항상 함께 이야기하고 논의하고 타협하고 정의하는 것**이라 할 수 있다. 필란트로피는 사적으로 표현된 기부자의 갈망을 공공적인 행동으로 옮기는 것이라 할 수 있으며, 이를 통해 공공의 욕구와 필요를 충족시키고자 한다. 따라서 그것은 궁극적으로 공적 기능과 사적 기능 모두를 갖고 있다. 이를 통해 지역사회의 사회적 문제를 해결할 수도 있고, 각 개인이 갖는 가치를 표현하고 실현할 수도 있다.

효과성, 책무성, 정당성

필란트로피란 기부자가 타인에게 자유롭게 기부하는 분야 정도로 이해할 수 있지만 관대함의 단순한 실천이 왜 특정 문제와 연계되어 있는지 그 이유를 미루어 짐작하기는 쉽지 않다. 필란트로피를 기반으로 한 기부자와 수혜자 사이의 교환 형태는 무수히 많다. 그러나 관계의 기본적인 구조는 단순 명료하다. 기부하는 쪽이나 받는 쪽이 기부라는 행위에 함께하기 때문이다. 이렇듯 단순하게 보이는 자발적인 부의 이전은 수많은 복잡한 도전에 직면하게 된다. 특히 돈의 액수가 많을 때 그리고 다뤄야 할 공공의 욕구가 실제적일 때 그러하다. 오늘날 개인과 기관의 기부라는 행위에 중요한 문제가 숨어 있다든지, 해당 분야의 리더가 해결책을 모색하기 위해 상당한 정도의 자원과 노력을 확장해 왔다든지 하는 것에 대해 의구심을 갖기는 어렵다. 오히려 필란트로피를 둘러싼 고뇌의 핵심에는 모든 기부자가 오랫동안 맞닥뜨려 온 다음과 같은 세 가지 서로 얽힌 복잡한 이슈가 존재한다. 그것은 다름 아닌 효과성(effectiveness), 책무성(accountability), 정당성(legitimacy)의 이슈다.

▪ 효과성

자신의 기부가 효과적인지 혹은 비효과적인지라는 선택의 갈림길에서 기부자가 일부러 비효과적인 결과를 의도하지는 않는다. 사람들은 자신을 위해서건, 남을 위해서건, 혹은 둘 다를 위해서건 무언가를 성취하고자 하므로 기부라는 행위에 항상 연관될 수밖에 없다. 세 가지 경우 모두에서 효과적이라는 것이 이미 공표한 목적을 완수하는 것을 의미한다면, 효과성은 보편적인 열망을 갖는 것과 밀접한 관련성이 있다. 그러나 문제는 이 같은 합의의 심도가 깊지 않고, 실천적 의미도 박약하다는 데 있다. 즉 기부자들은 필란트로피의 목적이 무엇이고 어떻게 정의해야 하는지, 그것의 실현 여부를 어떻게 평가해야 하는지, 그리고 가장 중요한 것이라 할 수 있는 지식과 경험을 어떻게 사용해야 하는지에 대해 합치된 견해를 갖고 있지 않다.

오늘날 효과성을 평가하는 가장 대중적인 모델은 프로그램 효과성(program effectiveness)이다. 즉 지원대상자가 성취한 결과와 임팩트를 확인하는 것이다. 평가를 위해 사용할 수 있는 프로그램 효과성, 규약, 절차, 도구들은 잘 개발된 편이다. 동일 분야 관련 단체나 조직과 비교하여 어느 단체가 더 효과적인가를 보여주는 데이터는 자원을 좀 더 효과적으로 활용하는 데 도움을 줄 수 있다. 또한, 이러한 데이터는 필란트로피를 둘러싼 모종의 결정이 사회적 가치에 기반을 두지 않는다는 비판을 방어하는 데도 유용하게 사용될 수 있다. 그러나 불행하게도 비영리 부문의 성과 관련 데이터는 불완전하며, 신뢰성이 떨어지고 비교하기가 어렵다. 프로그램의 효과성 측정을 위해 실험적 방법(통제그룹과 실험그룹의 설정 등)은 거의 사용되지 않으며, 수많은 가정만이 있을 뿐이다. 이러한 기술적 제한성과 상관없이 오늘날 프로그램 효과성이란 개념은 널리 통용된다. 그렇지만 프로그램 효과성과 관련된 측정 문제는 다소 복잡하며, 기부 규모의 상대성, 타이밍, 조건 등의 이슈와 관련이 있다. 다음 두 가지 경우를 생각해 보자.

첫 번째 경우는 규모는 소규모이고 모금 과정이 늦어졌다고 가정하고, 두 번째 경우는 대규모이고 과정이 매우 빨랐으며 거기에 기술적 지원도 있었다고 가정해 보자. 분명, 양쪽의 기부자가 단지 수혜자의 궁극적인 성공만을 기준으로 효과성 면에서 같다고 할 수는 없다. 또한, 필란트로피의 프로그램 효과성은 기부자의 상대적인 기여를 분리해서 생각할 수도 없다. 프로그램 효과성이라는 협의 개념이라 할지라도 효과성은 기부와 그 결과 사이에 의미 있는 인과관계가 있어야 한다. 더 많은 기부자가 의미 있는 기부를 하면 할수록 효과성에 대한 그들의 주장은 더욱더 지지를 받을 수 있다.

효과성의 또 다른 대안적 개념은 사명 효과성(mission effectiveness), 즉 지원사업의 질과 기부자가 공표한 목표 성취 정도와 관련된 개념이다. 전반적인 임팩트의 측정은 지원대상자가 특정 지원프로그램을 잘 수행했는지를 평가하는 것보다 훨씬 더 그 범위가 넓다. 효과성과 관련된 질문은 지원대상자로부터 기부자로 옮겨간다. 특정한 공공적 욕구를 충족시키는 것에 더해 자아실현이나 지식의 창출과 같이 또 다른 목표를 기부자가 갖고 있다면, 이들 목표 또한 사명 효과성과 관련된 평가의 일부분이 될 수 있다. 사명 효과성은 비영리조직이 성취한 프로그램과 이를 토대로 한 효과의 단순한 합은 아니며, 그보다는 전략의 질, 기부자의 성취 수준 등과 관련이 있다. **사명 효과성이란 결국 필란트로피의 목표를 성취하는 것**이며, 앞서 살펴본 프로그램 효과성의 개념과는 달리 이를 규정하기가 상당히 난해하다고 할 수 있다.

▪ 책무성

기부자는 효과성이라는 벽을 극복했다 하더라도 또 다른 장애물, 즉 책무성이라는 이슈와 마주치게 된다. 오늘날 필란트로피가 직면한 성가신 이슈 중의 하나는 자신의 기부에 대한 책임을 질 수 있느냐는 것이다. 이는 부분적으로는 기부자가 기부할 때 받은 세금 공제 혜택과 관련이 있지만, 궁극적으로 기부자가 자신의 기부행위를 전제로 한 의제설정 권한과 관계가 있다. 흥미롭게도 책무성 이슈는 특정 부분에서 좀 더 활발하고 긴박하게 제기된다. 예를 들어 상대적으로 조용하게 기부활동을 하는 기부자나 작은 규모의 기부를 하는 기부자에게는 접근성, 투명성, 공정성 등에 대해 불만을 제기하는 집단은 거의 없다. 그렇지만 사립재단(private foundation), 기업재단(corporate foundation), 지역재단(community foundation)과 같은 대규모 지원기관의 책무성 이슈는 매우 중요하다. 이들 기관은 조직화한 '워치독'(watchdog)그룹, 즉 재단을 모니터링하면서 비판적 견해를 피력하는 감시단체의 집중 감시대상이 되기도 한다. 필란트로피의 태생적 한계, 즉 기부자와 지원대상자 간의 권력 비대칭이 매년 수천억 달러가 오가는 이들 분야에서 적합한 책무성 시스템을 만드는 데 가장 큰 제한적인 요소가 될 수밖에 없으며, 이러한 전제는 책무성 이슈의 가장 핵심적인 위치를 점하고 있다.

책무성 이슈에 대한 이러한 관심을 적극적으로 반영하기 위해 취한 가장 중요한 진전은 절차적 책무성 혹은 투명성의 증진이었다. 특히 이러한 조치는 사립재단에 의해 주도적으로 이뤄졌다. 투명성을 확대하기 위한 가장 일반적인 조치는 단순히 정보 공개의 폭을 넓히는 것이었다. 따라서 재단과 같은 지원기관들은 각종 자료를 다양한 방법을 통해 공개해 왔다. 잘 정리된 풍부한 정보를 제공할 수 있는 웹페이지, 연간 사업보고서의 출간, 자신들이 어떤 분야에 관심을 두고 지원하고 있는지 등이 포함된 지원 안내서, 특정 사회문제에 대해 자신들의 가설과 선호하는 접근법을 설명한 개념서 등이 이에 해당하는 것들이다. 이렇듯 투명성과 관련된 각종 조치는 필란트로피에 대한 일반 대중의 이해를 증진하는 데, 그리고 비영리조직이 지원제안서를 좀 더 효율적으로 만들 수 있게 하는 데 일정하게 이바지해 왔다는 사실에는 의문의 여지가 없다.

그러나 절차와 과정에 대한 정보를 공개한다고 해서 기능적으로나 윤리적 측면에서 책무성 메커니즘을 더욱더 공고하게 구축했다고 말하기는 어렵다. 즉, 투명성의 이슈는 필란트로피의 세계와 이를 둘러싼 수많은 이해관계자와 대화를 했다기보다는 방해받지 않은 긴 독백의 방식으로 기부 공급자, 즉 기부자 측의 일방적인 방식으로 진행됐다고 해도 과언이 아니다. 따라서 거기에는 정보를 제공하기는 했지만, 피드백을 경청하거나 반응하고자 하지 않았다. 분명 소수이기는 했지만, 대형재단은 그들의 지원대상자들을 대상으로 의견을 묻고 설문조사를 하기도 했다. 그러나 익명성에 대한 보장에도 불구하고 지원대상자들로부터 솔직한 의견을 끌어내는 데 많은 어려움을 겪을 수밖에 없다. 더구나 이들 설문조사는 재단 스텝들이 비영리조직을 어떻게 대하느냐에 대한 의미 있는 통찰을 제시할 수는 있지만, 현명한 선택과 효과적인 지원이 이뤄지고 있는지에 대한 실질적인 이슈와 관련하여 어떤 정보도 제공하지 못한다. 진정으로 필요한 것은 절차상의 문제가 아니라,

실질적이고 실제적인 책무성, 기부자의 목표가 성취되고 있는지를 측정할 수 있는 실천적 노력에 토대를 둔 책무성이다.

책무성 시스템이 효과성보다는 투명성과 지원과정의 효율성에 초점을 둔다면, 기부자는 유용한 지식과 프로그램 모델을 통해 해당 분야를 발전시켜 나가는 것이 어려울 뿐만 아니라, 해당 지역사회에 대한 윤리적 책임과 의무를 충족시키지도 못하게 된다. 지원을 받기 위한 제안서는 어떻게 제출해야 하는지, 과거에 어떤 기관이 지원을 받았는지에 대한 정보를 공개하는 일은 지원의 전 과정을 덜 비밀스럽게 하는 데는 일정하게 이바지하겠지만, 효과성 유무의 증거와 연관된 진정한 책무성 시스템을 대체하기에는 아직 설득력이 떨어진다.

▪ 정당성

위에서 살펴본 효과성과 책무성에 잠재한 더 큰 이슈는 정당성에 대한 것이다. 이 이슈는 본격적으로 탐색 되거나 다뤄진 적이 거의 없으며 상당히 민감한 주제이기도 하다. 사적인 부를 통해 공공의 이익을 추구한다는 점에서도 그 내부에 이미 긴장이 존재한다고 할 수 있다. 한편으로 개인과 재단의 기부 방법에 대해 언급할 수 있는 권한을 누가 갖느냐고 묻는 것은 귀가 솔깃할 만한 질문이다. 이들의 기부행위는 공공 프로그램을 보완하고자 하는 것이고 사회 발전에 대한 자발적 기여로서 언제든지 환영받아야 마땅하다. 그렇지만 또 다른 한편으로 사람들은 축소된 비민주적 제도를 토대로 공공의 욕구를 독자적으로 해석하는 이들 부유한 행위자들이 정확히 누구인가에 대해 궁금해한다. 아무런 동의나 논의 없이 다른 사람을 대변하면서 상당한 정도의 자기 과신이 필요한 것처럼 보이는 것, 누군가에게는 반감을 사게 하는 것, 그런 것들이 필란트로피의 일부 모습이기도 하다. 이런 긴장 관계가 전제된다면, 사람들이 필란트로피를 둘러싼 권한이 언제 그리고 왜 옳고 정당한 것이냐고 묻는 것은 합리적이라 할 수 있다. 바로 이런 생각의 흐름이 무엇이 필란트로피를 정당하게 만드느냐는 질문으로 우리를 바로 이끈다. 즉 **본질에서 책무성을 갖지 못한다면 정당성을 확보할 수 없으며, 효과성에 대한 신뢰할 만한 측정 수단과 결과가 존재하지 않는다면 본질적인 책무성은 존재하지 않는다.**

자연스럽게 효과성, 책무성, 정당성의 이슈는 항시 서로 교차하기도 하고 상호 작용하기도 한다. 기부자들의 대다수는 얼마나 효과적이었는가, 목표를 얼마나 성취했는가에 대한 신뢰할 만한 측정 수단과 결과 없이 지원과정의 질을 측정하려 하고, 투명성, 목적의 명료성, 책무성을 강조한다. 마찬가지로 기부자들이 무책임하게 지원사업을 한다는 비난이 제기되면 폐단의 흔적과 지표는 종종 잃어버린 기회, 임팩트의 부재, 비효과적인 지원 등에 대한 불평과 항의의 형태로 나타난다. 따라서 효과성, 책무성, 정당성은 떼려야 뗄 수 없는 깊은 관계를 상호간에 유지하고 있다.

앞서도 언급했듯이 내 논점은 **타당한 필란트로피 전략을 구축하고 이에 근거하여 실천하는 것이 매우 중요하다는 것**이다. 이는 개인은 물론 기관도 마찬가지이며, 필란트로피의 효과성, 그것이 갖는 책무성, 그리고 가장 중요하게는 정당성에 대해 쉽게 끝나지 않는 질문에 답해야 하기 때문이다. 필란트로피 부문에서 전략은 적어도 비즈니스 세계와 비교해 본다면 오랫동안 무시되어 왔지만, 이는 핵심적인 개념이다. 여러 측면에서 볼 때 전략적 기부는 그 효과성을 이루기 위한 약속된 길이자 책무성과 정당성으로 인도하는 길이기도 하다. 이 책의 나머지 부분에서 언급하고자 하는 **전략적 기부 모델은 전략적 접근방법을 통해 여러 다양한 도전을 극복하고자 하는 기부자들에게 로드맵을 제시하기 위해 기획되었다.**

따라서 이는 효과적 필란트로피의 이론을 스케치하고자 하는 것이며 단순화된 전략모델을 전제로 한다. 모델을 소개하기 위해 다음 두 기부자 및 그들이 경험한 갈등과 해소, 성공의 사례를 검토해 보는 것은 유용하다. 이를 출발로 하여 전략적 기부의 틀을 구체화해 보기로 하자.

두 기부자의 이야기

투자회사를 운영해 큰 성공을 거둔 뉴욕의 두 부자, 헨리Henry와 에디스 에버렛Edith Everett의 이야기로 시작해 보자. 1950년대 그들은 소규모의 가족재단인 에버렛재단Everett Foundation을 설립했다. 이는 다가오는 세기에 필란트로피 실천 방법을 마련하기 위함이었다. 1990년대 중반 재단의 재산은 1천만 달러가 넘었고, 이를 통해 에버렛 가문은 뉴욕시에서 상당히 영향력 있는 기부자의 위치를 점하게 되었다. 맨해튼 동북쪽에 살았던 에버렛은 뉴욕 '센트럴파크 동물원'Central Park Zoo을 이웃에 두고 있었다. 이 동물원은 오랫동안 애들은 물론 어른에 이르기까지 야생동물에 대한 이해를 넓혀 왔다. 당시 센트럴파크 동물원을 포함하여 뉴욕시 내의 또 다른 네 개의 동물원은 '야생동물보호협회'Wildlife Conservation Society, WCS가 운영하고 있었다.

이들 동물원의 오랜 전통은 '어린이동물원'(Children's Zoo)에 있었다. 주로 농장 동물들이 있고 어린이들이 방문해서 직접 만져볼 수 있다는 점, 그리고 어린이 동화 속의 모습이 그대로 구현된 것이 그 특징이었다. 그렇지만 '어린이동물원'은 점점 더 쇠락해 갔고, 갈등은 첨예화되었는데 주된 갈등은 동물원을 60년대와 같이 상상 속에 나오는 것처럼 보여 줄 것인지 아니면 좀 더 자연적인 환경을 만들어 줄 것인지에 있었다. 결국, 건축역사가와의 법적 다툼이 있고 난 뒤, 동물원은 아이들이 동물을 직접 만지고 교감할 수 있게 하면서도, 또 다른 한편으로는 좀 더 자연적인 환경을 만들어가자는 절충안을 마련하게 되었고, 갈등은 또 다른 차원으로 전개되었다. 1996년 초반, 동물원은 이러한 계획을 실천에 옮기기 위해 기부자를 물색하기 시작했다. 에버렛은 뉴욕타임즈에 실린 어린이동물원을 둘러싼 갈등에 관한 기사와 함께, 어린 자식이나 손자를 둔 친구로부터 이러한 사실을 전해 듣고 '야생동물보호협회'를 접촉, 어린이동물원 개선에 도움을 주기로 했으며, 이런 결정은 지원요청을 확대하고자 한 WCS의 필요와도 일치하는 것이었다. WCS는 핵심 후원자들과 조용히 일하는 전통을 갖고 있었으며 이들 핵심 후원자가 곧 이사진이기도 했다. 만일 WCS가 도움이 필요하다면 브룩 애스터Brooke Astor, 로렌스 록펠러Laurance S. Rockefeller, 리라 애쵼 월러스Lila Acheson Wallace와 같은 후원자들은 기꺼이 도움을 줄 것이며, 일은 순조롭게 진행되어 갈 것이라는 사실을 쉽게 예상할 수 있었다. 1980년대에 WCS는 모금 목표를 달성하기 위해 오랫동안 후원해 왔던 후원자들과 충분한 접촉을 한 후, 야생동물의 보존과 교육이라는 기관의 미션에 동의하는 새로운 후원자를 찾기 위해 전력을 다했다. WCS는 또한 이들 새로운 후원자들이 이전의 후원자들보다 더 인정받기를 원한다는 사실, 그리고 후원자의 이름을 건물이나 광장 등에 붙이는 것과 같은 방법으로 이름을 알릴 기회를 제공하는 것이 금융이나 기술 부문에서 부를 축적해 왔던 후원자를 발굴하는 데 중요한 도구가 될 것이라는 사실을 인지하고 있었다.

이런 점에서 에버렛은 WCS가 기대해 왔던 새로운 후원자의 모델이 될 수 있었다. 에버렛 가문은 민주당 입후보자들에 대한 주된 후원자 중의 하나였으며, 유대인 기부와 관련하여 미국은 물론 세계적으로도 중요한 위치를 차지하고 있었다. 그들은 또한 '할렘 에버렛 댄스공연센터'Dance Theatre of Harlem's Everett Center for the Performing Arts에 대한 후원은 물론, 뉴욕공공도서관의 강좌시리즈, 뉴욕식물원에 있는 에버렛 어린이 어드벤쳐가든, 흡연으로부터 어린이를 보호하기 위한 금연캠페인 등을 후원해오고 있었다. 에버렛은 뉴욕에서 사교 활동에는 소극적이었지만 오랜 세월 동안 자원봉사에는 매우 적극적이었다. 여러 조직에서 이사진으로 활동함은 물론, 수많은 시간을 비영리 및 시민사회 활동, 문화적 대의에 할애했다. 에버렛에게 어린이동물원은 아주 자연스러운 것이었으며, WSC 회장과의 미팅 조율을 위해 많은 시간이 필요하지도 않았다.

첫 번째 미팅 후, 에버렛은 동물원 복원 프로젝트 예산 590만 달러 중 300만 달러를 제시함으로써 동물원의 스텝들을 놀라게 했다. 좀 더 구체적인 것은 동물원의 이해관계자들과의 협의가 필요했지만 완성된 동물원을 '에버렛 어린이동물원'으로 부르는 데 합의했다. '유적보존 및 예술위원회'Landmark Preservation and Art Commissions를 제외한 모든 관련 부처로부터 개선안에 대한 지원과 디자인에 대한 논의를 마친 후 WCS와 에버렛은 계약서에 서명하고 첫 번째 지원금으로 75만 달러를 지출했다. 또한, 에버렛은 다른 모든 후원에서와 마찬가지로 WCS가 향후 담배회사로부터 어떤 후원이나 협약을 맺지 않는다는 사실을 계약서에 명시할 것을 요구했다.

자기 자신을 직접 실천하는 기부자이자 후원자로 생각하고 있었던 헨리 에버렛은 WCS와의 프로젝트를 진행하면서 금전적 지원 외에도 다양한 조언을 지속해서 해주었다. 여행 중에 또 다른 어린이동물원을 방문하게 되면, WCS 집행부에 디자인에 대한 아이디어를 제시하곤 했다. 그렇지만 이런 것들은 곧 관계의 악화를 불러왔다. 최종 승인절차의 지연, 기부에 대한 대중 공개 및 보도 실패, 최종 디자인에 대한 의견 불일치 등 WCS와 에버렛 사이에 불화가 점점 확대되어 갔다. 특히 민감했던 이슈는 에버렛의 이름을 동물원 입구 어디에 어떻게 부착하느냐였다. 문제는 최초 기부자의 이름도 넣으면서 에버렛도 만족시킬 수 있느냐는 것이었다. 입구에는 동물의 모습이 새겨진 청동 아치가 있었고 이를 떠받치는 세 개의 커다란 화강암 기둥이 있었다. 이 중 가운데 기둥에 큰 글씨로 '어린이동물원'이라는 글씨가 새겨져 있었고 그 아래 전 주지사인 허버트 리먼Herbert Lehman과 그의 부인 에디스Edith를 기리는 현판이 있었다. WCS에 따르면, 에버렛은 '에버렛 어린이동물원'이라는 이름의 효과를 끌어내기 위해 현재 이름이 새겨진 화강암 기둥에 그들의 이름이 새겨지길 원했으며 그 아래에 현판도 걸리길 원했다. 이는 최초의 기부자인 리먼의 현판을 덮어 버리고 옆 화강암 기둥에 새로운 현판을 달아 이 사실을 알리도록 하는 것이었다. 예술위원회는 4인치 크기의 글씨가 새겨진 현판을 달겠다는 이 제안을 거절하고, 대신에 2인치 크기로 축소한 것을 가운데 기둥에 달되 더 작은 현판을 옆 기둥에 달아 리먼의 기부 사실을 알리는 것으로 역제안을 했다. 이는 기둥에 또 다른 전각을 피하고자 하는 대안이었다.

둘 사이의 연속된 협상과 긴장은 이전에 이뤘던 합의를 취소하기에 이르렀다. 에버렛에 따르면, WCS는 맺은 계약이 파기되었기 때문에 후원 결정을 철회하는 서신을 보내주길 원했었고, 해당 서신은 예술위원회와 함께 동물원이 지금까지의 지체된 상황을 극복하기 위한 지렛대로 활용될 수 있기를 원했다. 따라서 에버렛은 전략적 차원에서 협상을 진전시키기 위해 편지를 팩스로 보냈지만, 그 서신은 전혀 검토되지 않았고, 위원회는 에버렛이 제안한 것과는 전혀 다른 새로운 디자인의 아치를 승인했다. 헨리와 에디스 에버렛에게 이는 한계를 넘는 것이었고 결국 그들의 후원 결정을 거둬들였다. 그들의 이러한 옹졸함이 뉴욕 대중매체를 통해 퍼져나감에 따라 대중적 비판과 부정적 여론이 뒤따르는 것은 당연했다.

아이러니하게도 에버렛이 결정한 이와 같은 마지막 해결책이 또다시 뒤틀리는 사건이 벌어졌다. 에버렛이 지원 철회를 밝히던 날인 5월 15일, 제임스 티시James Tisch가 '뉴욕 유대인기부연합'United Jewish Appeal-Federation of Jewish Philanthropies of New York City, UJA-Federation 대표로 선출되었다. 티시는 로우Lowes Corporation라는 기업집단을 지배하는 가문의 일원이었고, 로우는 수많은 담배 브랜드를 가진 롤릴라드 토바코Lorillard Tobacco를 소유하고 있었다. 당시 유대인기부연합의 이사진이었던 헨리 에버렛은 담배산업과 연관된 그 누구도 선한 일을 행하는 데 참여할 수 없다는 전제 아래 티시가 필란트로피계 리더가 되는 것을 반대했고 낙선운동을 적극적으로 전개했다. 그러나 이러한 노력은 실패로 돌아갔고 결국 티시가 유대인기부연합의 대표로 선출되었다. 에버렛을 더욱 궁지에 몰았던 것은 닷새 후 동물원에 새로운 후원자가 나타나 450만 달러라는 더 후한 지원을 약속했다는 것이었다. 새로운 후원자는 다름 아닌 바로 프리스톤 티시Preston Tisch와 그의 형이자 제임스의 부친인 로렌스 티시Laurence Tisch였다. 헨리 에버렛은 WCS에 보내는 편지에 쓰기를, "티시 어린이동물원은 우리 가문에 대한 사사로운 복수를 상징할 뿐만 아니라, 더욱더 중요하게는 우리가 옹호하고자 했던 가치가 우리 마을 어린이들에 대한 냉소적 비난이 될 수도 있다는 점이다." 그렇지만 에버렛은 WCS로부터 어떤 답신도 받지 못했다.

이와는 대조되는 또 다른 후원자 모델을 살펴보자. 1940년대 할리우드의 제작자로서 일하면서 릭스바Rick's Bar라는 미완성의 시나리오를 발굴해 성공시킨 아이린 다이아몬드Irene Diamond의 예가 또 다른 주인공이다. 많은 사람에게 흥미를 유발하게 하는 것은 그녀의 이력과 관계가 있다. 물론 그녀의 다른 작업이 대중으로부터 많은 호응을 얻은 것은 아니지만, 이 미완성의 초벌 시나리오를 '카사브랑카'Casablanca라는 영화로 발전시켜간 안내자로서 그리고 조력자로서 그녀를 흥미로운 사람으로 만드는 데 충분했다. 그녀가 80대가 될 무렵 프로젝트를 선별할 줄 아는 그녀의 안목은 또다시 필란트로피 세계에서도 진가를 발휘하게 된다.

1984년 그녀의 남편이자 뉴욕 부동산개발업자인 아론 다이아몬드Aaron Diamond가 세상을 떠나자 2억 달러를 10년 동안 기부해야 하는 필란트로피 과제가 그녀에게 남겨졌다. 다이아몬드 가문은 재단을 설립하고 이를 통해 필란트로피의 과제를 실천해 가는 한편, 기본재산을 토대로 조금씩 지원금을 늘려가는 식의 영속적 방법을 택하지는 않았다. 대신 향후 10년 안에 다른 사람을 살릴 수 있는 누군가가 이를 활용해야만 한다는 데 동의했다. 즉, 의료연구, 소수자 교육, 문화프로그램의 세 분야가 이와 관련하여 그들이 집중한 분야였다. 전통적 의미의 재단을 설립하지 않은 그들의 결정은 다이아몬드 가문이 관료주의를 싫어했다는 점, 그리고 그들의 유산이 지원금보다 관리 및 행정비용으로 더 많이 사용될 가능성이 있는 전통적 자선기관이 되는 것을 원하지 않았다는 점과 관계가 있었다. 또한, 이 두 가지는 그들이 선호하는 신속하면서도 과단성 있는 행동이었다. 그렇지만 뉴욕의 다양한 비영리조직의 수많은 요청이 전제된다면 이런 성격의 지원사업은 아이린에게 결코 쉬운 일이 아니었다. 그녀의 일을 돕기 위해 다이아몬드 가문은 그녀의 생각을 행동으로 옮기는 데 실질적 도움을 줄 수 있는 컨설턴트와 경험 많은 지원사업 전문가를 고용했다.

의료연구에 대한 남편의 관심을 잘 알고 있던 터라 아이린은 1980년대 뉴욕시를 강타하고 있었던 에이즈에 관심을 두기 시작했다. 1988년

8월 스론-케터링 암센터Sloan-Kettering Cancer Center 대표는 아론다이아몬드재단Aron Diamond Foundation과 뉴욕시가 에이즈 위기 해결 방안을 함께 모색하는 것이 필요하다는 판단하에 뉴욕시 보건의료 책임자와 아이린 사이의 만남을 주선했다. 시 책임자는 독립적인 에이즈연구소 설립이 절실히 필요하며 민간의 도움이 필요하다는 사실을 강조했다. 만일 다이아몬드재단이 연구비를 지원하고 뉴욕 내 여타 개인들과 재단이 여기에 이바지할 수 있도록 그녀가 영향력을 행사한다면, 시는 관련 시설을 제공하는 데 신속하게 움직일 수 있다고 판단했기 때문이다.

아이린은 시가 정확히 무엇을 요청하고 있는지 고민하지 않을 수 없었다. 후원자 그룹들로부터 지원을 끌어내기 위해 노력하는 것이라고 짐작은 했지만, 이는 시간이 너무 오래 걸릴 수밖에 없다는 사실을 잘 알고 있었다. 따라서 그녀는 연구소를 설립, 운영을 위해 850만 달러를, 박사후과정 펠로우십을 위해 2,100만 달러를 단독 지원하기로 했다. 시는 350만 달러를 제공하고 맨해튼에 있는 공공보건의료빌딩 2만 2,000제곱피트를 연구소 공간으로 연 1달러의 임대료로 20년 동안 제공해주기로 했다. 다이아몬드재단은 면허 등 법적 이슈를 해결하기 위해 즉각적으로 움직였으며, 리모델링을 위한 작업에 착수함과 동시에 연구소 소장 선출위원회를 이끌기 위해 마운트시나이 의과대학Mount Sinai School of Medicine 학장을 위원장으로 선임했다. 사실상 누구를 연구소 소장으로 선임하느냐는 가장 중요한 이슈 중의 하나였다. 결국, 그녀와 자문위원들은 위원회가 추천한 경험 많고 노련한 연구자를 포기하고 젊고 패기만만한 30대 연구자인 데이비드 호David Ho를 선택했다.

대만에서 태어나고 하버드를 졸업, UCLA의과대학에 재직하고 있었던 호는 중합효소연쇄반응 혹은 핵산중합반응(polymerase chain reaction, PCR)을 활용, 연구를 대담하게 진행하는 연구자로 알려져 있었다. 그는 또한 에이즈바이러스가 생각한 것보다 훨씬 높은 수준에서 존재한다는 사실을 증명함으로써 선풍을 일으키기도 했다. 그는 새로운 연구소를 이끌 기회를 놓치지 않았다. 전 세계로부터 연구자들을 모집했으며 높은 수준의 연구를 이끌었다. 아론다이아몬드 에이즈연구센터Aaron Diamond AIDS Research Center의 수장으로서 그가 가장 먼저 내린 결정은 에이즈바이러스에 대한 임상연구보다는 기초연구에 초점을 맞추는 일이었다. 호와 그의 팀은 시간이 흐름에 따라 수많은 돌파구를 만들어 냈다. 그중 가장 많이 알려진 것이 단백질가수분해효소억제제(protease inhibitor)의 발견이다. 특히 초기 감염 시 항바이러스 제제와 함께 사용하는 '칵테일' 요법은 에이즈바이러스가 에이즈로 발전해가는 것을 억제하는 데 상당히 큰 효과가 있다는 사실을 보여줬다. 그의 중합효소연쇄반응에 대한 업적을 통해 타임지Time Magazine의 올해 인물로 선정됨으로써 명성과 인지도를 높이는 계기가 되었다. 이는 곧 아이린 다이아몬드의 연구소에 대한 투자와 호를 발굴한 그녀의 선택이 결실을 보았다는 것을 의미한다. 이런 호의 신속하고 의미 있는 성공은 차별화된 시도를 할 줄 아는 인물, 대중매체에도 인지도가 있는 인물, 해당 분야 여타 기부자들로부터 찬사를 받는 인물, 필란트로피 실천가로서 아이린의 명성이 백악관에도 각인되는 계기가 되었다.

아론다이아몬드 에이즈연구센터는 에이즈연구를 지속해 갔으며, NIHNational Institutes of Health를 통한 정부 지원은 센터의 실질적인 확장에 이바지하였다. 연구소는 다른 연구소의 연구방법에 영향을 끼쳤으며 보건의료연구에 대해 필란트로피가 어떻게 개입하고 참여하는가에 대한 전형적인 모델이 되었다. 이렇게 성공을 거두게 된 요인은 과연 무엇일까? 운일까? 에버렛의 필란트로피는 재앙적 수준의 실패를 초래했지만, 아이린이 상당한 정도의 공익적 가치를 만들어 낸 이유는 무엇일까?

에버렛과 다이아몬드의 서로 다른 결과에 대해 불완전하게 설명하고자 하는 시도와 생각을 떨쳐버리는 것이 우선 중요하다. 첫 번째는 의료연구와 문화라는 필란트로피의 목표 사이에 존재하는 중요한 차이가 이들 결과의 서로 다른 성격을 설명하지는 못한다. 어린이동물원이 성공적일 수도 있고 치료 방법의 모색이 실패로 끝날 수도 있다. 미션을 어떤 것으로 선택했느냐 만으로는 기부자의 성공 정도를 미리 결정하지 못한다.

두 번째는 다이아몬드의 지렛대 효과를 기반으로 한 접근이 그것이 미친 영향의 차이를 완벽하게 설명하지는 못한다. 다이아몬드의 기부와 같이 연구 지원을 목적으로 하는 기부는 위험하기는 하나 반대급부는 상대적으로 높다. 즉 선택한 연구자들이 성공한다면 새로운 지식의 창출은 실천영역에 많은 변화와 적용을 가능하게 할 수 있다. 에버렛과 같이 모금 캠페인을 위한 기부는 평범하기는 하지만 그 영향이 상대적으로 클 수도 있다. 다이아몬드의 기부가 위험의 정도가 높고 잠재적으로 좀 더 큰 파급 효과에 토대를 둔 반면, 이것만으로 성취한 결과를 모두 설명하지는 못한다.

세 번째, 구조적 관점을 전제로 한다면, 필란트로피 실천을 위해 두 사람이 각기 사용한 특정 수단이나 도구, 혹은 제도가 해당 결과를 궁극적으로 만들어 냈다고 주장할 수 있다. 그렇지만 자세히 살펴보면, 양 기부자가 활용한 구조가 그런 차이를 만들어 낸 것은 아니었다. 두 사례 모두 기부자가 생존해 있지만, 에버렛의 경우는 목표를 성취하기 위해 재단의 성장과 진화를 통해 커플이 함께 노력했다면, 아이린 다이아몬드는 고인이 된 남편의 이름을 딴 한시적인 재단을 통해 실천해 갔다. 에버렛은 지원대상자와 직접 소통하고 동물원의 리더에게 그들의 관심을 즉각적으로 반응하기도 했다. 아이린은 필란트로피와 관련된 많은 요구를 실천에 옮겼지만, 재단은 적은 수의 스텝만을 갖고 있었다. 양 측 모두 목표 달성을 위해 재단이라는 제도를 사용했지만 이러한 선택을 통해 예상 밖의 소득을 얻은 것도 아니었다.

네 번째, 그들이 제시한 해결책에는 각각의 스타일, 기질, 개인적 접근방법 등의 차이가 존재한다고 주장하는 것이 수월할 수도 있다. 즉 아이린 다이아몬드의 절제된 그리고 드러내지 않는 접근법은 에버렛의 가시적, 참여적, 그리고 많은 요구를 하는 스타일과 대조를 이룬다. 헨리 에버렛이 동물원 사업에 좀 더 깊이 관여하게 되었을 때 연구를 하고 계획을 검토하는 것을 통해 그는 많은 기부자의 꿈, 즉 최선의 결과를 만들기 위해 자신의 기부를 적극적으로 운영 관리하는 것을 실현하고 있었다. 아이린 다이아몬드는 과학연구를 지원한다는 자신의 결정 때문에 참여적인 관계를 만들어가고자 했을 때 직접적인 불이익을 받기도 했다. 그녀가 관여한 대부분은 금전적 지원을 하고 연구소의 리더를 찾는 것과 같이 경영과 관련된 것이었다. 더 중요한 것은 에버렛과 다이아몬드 사이에는 그들이 필란트로피를 통해 추구하는 인식에 차이가 존재한다는 사실이다. 에버렛은 다소간에 명성과 대중적 인식을 추구하는 반면, 아이린 다이아몬드는 알려진 바대로 그녀 자신이 아니라 그녀의 프로젝트에 중점을 두는 절제된 접근을 중시했다. 따라서 이들 두 이야기를 비교해 보면 스타일과 관련된 측면에서 중요한 차이가 엿보이기는 하지만 성취한 결과를 개인의 성격이나 기질, 인지도만으로 설명할 수는 없다.

마지막으로, 시간과 타이밍을 주된 차이로 지적할 수도 있을지 모른다. 그렇지만 필란트로피가 갖는 임시적인 차원에 초점을 맞추거나 아론다이아몬드재단의 존속기간이 10년이라는 한시적 조건이 더 많은 것을 성취하도록 아이린을 독려할 것이라는 가정은 지나친 단순화라 할 수 있다. 다이아몬드재단의 한시적 제약이라는 특징은 상대적으로 압축적인 시간 내에 많은 약속을 지킬 수 있게 했으며 긴박한 과제와 실천적 목표를 선택할 수 있게 했다. 한시적 재단의 활용은 아이린이 기회를 잡을 수 있게 했는지는 모르겠지만 그렇다고 해서 두 재단이 성취한 모든 다양한 결과를 전부 다 설명하지는 못한다.

이처럼 이들 각각은 나름대로 개연성 있는 설명을 하고자 하지만 성공적이지는 못하다. 아이린의 기부 뒤에 잠재한 전략의 존재, 에버렛의 명확한 전략의 부재 또한 서로 매우 다른 이야기다. 전략을 분석하는 방법 중 하나는 **기부의 다섯 가지 요소 간의 정렬**(alignment)과 **적합성**(fit)의 수준에 초점을 맞춰 보는 것인데, 그렇게 하기 전에 미리 각각을 분리해서 살펴볼 필요가 있다. 예를 들어, 앞으로 창출될 잠재된 가치, 적용 가능한 논리모델, 기부자의 참여 스타일과 수준, 기부일정표, 선택된 필란트로피 수단과 구조 등이 그것이다. 바로 이들이 필란트로피 전략의 핵심에 내재해야 한다는 것이 내 주장이기도 하다. 아이린의 에이즈에 대한 도전과 집중, 한시적 재단이라는 제도의 선택과 활용, 필요 자원의 신속한 사용, 기초연구에 대한 집중적 지원, 방향 설정에 대한 그녀의 적극적 역할, 이 모든 것들을 통해 공공의 이익을 담보할 수 있는 전략적 시너지를 만들어 내고 이들이 서로 조화를 이룰 수 있게 했다. **전략이란 어떤 특정한 분야에 맞는 답을 찾는 것이라기보다는 일관성 있게 그리고 지속해서 필란트로피와 관련된 핵심적 질문에 답을 구하는 것**이기 때문이다.

필란트로피 전략모델

전략적 기부의 성격에 대한 설명을 돕기 위해 필란트로피를 둘러싼 선택에 대한 분석의 틀을 진전시켜 가보자. 기본적으로 **필란트로피는 공익에 대한 개인의 비전을 실현할 수 있도록 하므로 기부에 대한 논리 정연한 전략을 개발하는 것이 가장 어려운 도전**이다. 그것은 기부자의 이해와 지역사회의 욕구의 경계가 서로 가까워지면 질수록 논쟁적인 과정이 될 수 있기 때문이다. 수용 가능한 실천 방법으로 필란트로피가 보편화하여 수렴되고 이를 통해 이러한 긴장 관계가 해소될 수는 있으나 바람직한 접근법은 아닐 것이다. 결국, 기부라는 것이 모든 것에 적용 혹은 수용 가능한 일련의 정교한 원칙과 규율로 축소된다면, 필란트로피의 수많은 혁신 능력과 다양성은 위태롭게 될 가능성이 크다. 대부분 기부자는 일련의 제한적이며 실질적인 규칙, 즉 무엇을 지원해야만 하고, 기부는 어떻게 해야 하며, 언제 결정을 해야 하는지 등등과 같은 규칙을 원하지는 않는다. 대신에 기부자들은 자선적 기부를 증대시키기 위한 모든 복잡한 이슈에 대해 사고하기 위한 단순하면서도 유용한 틀, 즉 기부 당사자가 열정과 지식을 갖고 자기 스스로 결정할 수 있게 하는 틀과 체계를 원하며, 이를 통해 최고의 편익을 얻고자 한다.

여기서 언급하는 틀이란 실질적 이슈에 대해 중립적이지만 기부자들이 자신의 계획을 그리기 시작할 때 마주치게 되는 **다섯 가지 근본적인 질문**과 관계가 있다. 첫 번째는 모든 기부자는 그들이 기부를 통해 이루려고 하는 가치(value)를 스스로 공표해야만 한다는 점이다. 이는 자신을 둘러싼 지역사회와 자기 자신에게 가치 있는 것은 무엇인가라는 질문에 사려 깊은 대답을 하는 것이기도 하다. 두 번째는 기부자는 자신이 지원할 프로그램의 형태(type)와 범위(scope)에 대해 정의해야 한다.

이와 관련하여 “어떤 종류의 비영리 활동과 사업이 가장 좋은 것일까?”라는 질문에 답할 수 있어야만 한다. 세 번째, 기부자는 생산적이고 만족스러운 기부 스타일과 대중 관심의 적절한 수준을 찾아야만 한다. 이는 “내가 기부를 통해 어떤 수준의 참여와 가시적 효과를 원하는가?”에 대한 질문에 조응하는 것이기도 하다. 네 번째, 기부자는 자신의 기부를 어떤 순서로 어떤 타이밍에 이뤄야 할지를 표시한 시간표(time frame)를 만들어야 한다. 기부를 언제 할 것인가라는 질문에 어떻게 답할까? 이러한 질문에 답을 미리 준비하고 생각하는 것이라 할 수 있다. 다섯 번째, 기부자는 기부를 실천하기 위한 구조(structure)와 방법(vehicle)에 대해 선택을 해야만 한다. 이는 “나의 목표를 완수하기 위해 어떤 수단을 택하는 것이 가장 좋을까?”라는 질문에 대한 준비다.

그러나 이들이 만일 서로 분리된다면 이들 질문은 불명확할 수밖에 없고, 따라서 이에 대한 적합한 답변도 명확하게 이뤄지기 어렵게 된다. 그렇지만 한 개의 답변만이 아닌 일련의 답변이 함께 이뤄진다면 어느 정도는 해당 상황과 조화를 이룰 수도 있다. 이는 기본적인 전제, 즉 앞서 언급한 **필란트로피의 다섯 가지 중요한 차원을 명확하게 조정하고 정렬하는 것이 전략적 기부**다라고 정의할 수 있음을 의미한다. 어떤 기부자들은 다섯 가지 질문 중 하나 혹은 몇 가지에 대해 명확한 답을 갖고 시작할 것이고, 또 다른 기부자들은 전략 수립을 위해 좀 더 열린 상태에서 시작할 수도 있을 것이다. 그러나 모든 경우에서 일관성 있는 필란트로피 전략을 구축한다는 것은 앞서 언급한 모든 요소의 정렬 및 조정 상태를 점검하고 또 점검하는 것이며 이는 매우 중요하다. 이를 통해 일관성 있으면서도 상호 간에 도움을 줄 수 있는 기부 모델을 모색할 수 있으며, 이들 요소와 잘 조응할 수 있다. 다섯 가지 질문 모두에 대한 답이 완벽하게 조정되고 정렬된다면 사회적 임팩트와

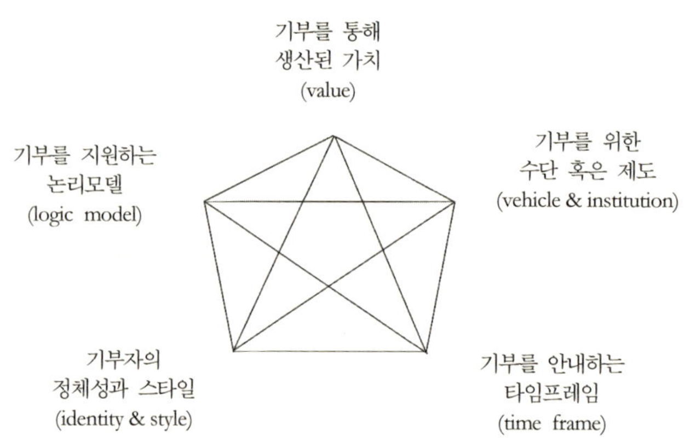

<그림 1> 필란트로피 프리즘

기부자의 만족도는 높아질 수밖에 없다.

<그림 1>은 **'필란트로피 프리즘'**이라고 명명한 틀로 지금까지 언급한 내 생각을 형상화한 것이다. 이는 기부자를 위한 구조화된 체크리스트, 분석 도구로서 역할을 할 수 있다. 즉 정렬과 적합성의 수준뿐만 아니라 그렇지 못한 상태와 긴장의 포인트를 알려줌으로써 기부자가 내적으로 논리적 일관성을 갖도록 한다. 이상적인 조건이라면 이들 분석 작업은 기부자가 기부를 결정하기 훨씬 이전에 이뤄질 것이다. 그러나 많은 사람이 일을 진행하는 과정에서 가장 훌륭한 학습이 이뤄질 수 있다는 사실을 알기 때문에 단지 더 나은 질서와 원칙의 필요를 인식하고자 필란트로피 노력을 기울여 왔던 사람들 또한 이 프리즘을 활용할 수도 있다. 이러한 전략적 분석을 기부와 관련된 논쟁적인 이슈에 적용하는 것이 기부자를 미래의 더 나은 수준의 일관성과 적합성으로 안내할 수도 있지만, 관심이 요구되는 문제 사안을 격리하고 소외시킬 가능성이 있을 수도 있다.

전략적 기부는 **핵심적 가치 명제를 정의하는 것으로부터 시작해야만** 한

다. 이는 특정 목적 혹은 추구할 사업이 무엇인지 표명하는 것이며, 여기에는 두 가지 서로 다른 접근방법이 존재한다. 어떤 기부자들은 내부로 시선을 돌려 자신의 가치와 관심을 되돌아보고 확인할 수 있는 대의 또는 조직을 탐색하기 위해 큰 노력을 기울인다. 또 다른 기부자들은 외부에 관심을 두고 가장 긴급한 공공의 욕구가 무엇인지 연구조사를 하거나, 이러한 욕구를 충족시킬 수 있는 조직을 찾는다. 물론 두 접근방법이 서로 배제적이지는 않으며, 대부분 기부자는 둘 중의 하나를 선택한다기보다는 둘 사이 어딘가에서 자신의 기부행위를 위치시키려고 노력한다. 따라서 그 출발점은 공공의 이익과 기부자의 만족을 극대화할 수 있는 가치가 무엇인지를 찾는 데 두어야만 한다.

기부자들은 또한 자신들의 기부행위에 생기를 불어넣어 줄 수 있는 **논리모델을 명확히** 하는 단계를 반드시 거쳐야 한다. 이는 변화이론에 관한 결정이며, 지원프로그램과 이에 따른 사업의 예상 결과를 정하는 것이기도 하다. 전략적 기부는 맥락을 고려한 적합한 결정이어야 한다. 즉, 해당 분야의 지적 토대의 변화를 목표로 하는 '하향식'(top-down) 전략은 언제 추구해야 하며, '상향적'(bottom-up) 혹은 풀뿌리적 해결방안을 모색하는 것은 언제여야만 하는지를 결정하는 것이기도 하다. 기부자들은 지원방식과 관련된 일련의 운영상의 이슈에 대해 슬기롭게 대처해야만 하는데, 통상적인 운영지원, 프로젝트 지원, 매칭펀드, 대출, 현물지원, 자본지원 등이 이런 것에 해당한다. 만일 이것이 필란트로피 실천가의 목표라면 이들 결정은 어떻게 레버리지를 창출할 수 있는가에 초점이 맞춰져 있어야 한다. 끝으로 기부자들은 조직의 확대 혹은 프로그램의 복제 등을 통해 자신의 기부가 갖는 의미와 범위를 어떻게 확장할 수 있는지 그 추이를 전망하고자 할 수도 있다. 논리모델은 인과관계, 즉 어디서 지원을 시작해서 어떤 결과를 얻어야만 하는지를 정의하는 것이기 때문에 중요하다. 하지만 실제 현실은 대부분 지원금이 의도했던 효과를 거두지 못한다. 따라서 논리모델을 명확히 하는 것은 기부행위를 통한 개입이 초래할 문제점을 분석하고, 이를 통해 기회를 포착한다는 점에서 그 의미가 있다. 이런 점에서 변화이론, 레버리지, 규모 등을 토대로 한 논리모델은 계획과 학습을 위한 강력한 도구가 될 수 있다.

기부자들은 자신의 기부 계획을 정리, 통합하면서 **기부 스타일과 정체성**에 대해 고려할 필요가 있다. 때에 따라서는 기부할 때 가족, 친구, 변호사, 스텝, 컨설턴트 등으로부터 자문할 수 있을 것이다. 그러나 최근에는 중개자(조직)를 탈피해서 직접 실수요자와 접촉하려는 현상이 나타나고 있다. 즉 부를 축적한 많은 기업가는 기부와 관련된 조언자나 중개자를 없애고 그 대신 그들 스스로가 기부행위의 주인(principal)이자 대리자(agents)로 나서고 있다. 이들 기부자 가운데는 지원대상기관에 수표만을 보내는 불간섭적 접근방식에서부터 프로그램 개발과 문제해결을 위해 머리를 맞대고 지원대상기관과 함께하는 간섭적 접근방법에 이르기까지 그 스타일은 다양하다. 동시에 익명으로 기부하는 기부자도 있고 자신을 알리고 부각하려는 기부자도 존재한다. 기부의 정체성과 스타일을 결정하기 위해서 단지 기부자 자신이 사적으로 느끼는 평온함 이상의 무언가를 해야 할 필요가 있다. 지원하고자 하는 프로그램의 유형, 구조가 어떤 종류의 비영리조직과 어울리는지 등을 살펴봐야만 한다. 다시 말하자면, '필란트로피 프리즘' 상의 서로 다른 요소 간의 관계라는 측면에서 기부자의 스타일과 정체성이 이해되어야만 하고, 이를 전제로 할 때만이 효과성과 적합성에 대한 평가가 가능한 것이다.

기부자들은 또한 지금 얼마를 기부할 것인지, 추후 또 얼마를 기부할 것인지에 대한 이슈에 대처할 수 있어야만 한다. 이는 영속성에 대한 질문이자, 연간 자산 대비 사업비의 적절한 비율을 어떻게 해야 하는지에 대한 결정이기도 하다. 일종의 '필란트로피 할인'(philanthropic discounting)의 필요에 대해 강조할 때가 언제냐는 질문이기도 하다. 연간 자산 대비 사업비의 적절한 비율과 관련하여 기부자는 해당 분야의 비용 확대 가능성, 즉 시간이 지날수록 문제가 악화할 것인지 아닌지를, 그리고 지체된 편익의 비용을 평가해야만 한다. 기부자는 자신의 기부 자원이 지원대상기관에 의해 언제, 어떤 속도로 집행되어야 하는지, 기금으로 활용해야 할지, 아니면 당장 필요한 비용으로 사용해야만 하는지에 대한 판단도 필요하다. 그렇지만 가장 중요한 것은 해결하고자 하는 이슈의 개발 혹은 윤곽과 기부자의 기부 일정은 적절하게 들어맞아야만 한다. 집행의 지연으로 말미암아 발생할 비용이 크다면, 즉 예를 들어 병, 기근, 중대한 사회적 위기 같은 경우 바로 기부를 실천하는 것이 더 중요할 수도 있다. 그렇지만 전 지구적 환경문제, 인구문제와 같이 긴 시간을 필요로 하는 경우는 장기간에 걸친 일정표가 필요하다.

오랫동안 필란트로피는 다양하면서도 독특한 조직 형태를 발전시켜 왔다. 즉 기부자들은 영속적으로 존재하면서 다른 기관에 대한 지원을 목적으로 하는 '사적인 독립재단'(private independent foundation)에 더해 다음 세 가지 제도적 선택을 해 왔다. 기금을 토대로 재단이 직접 사업을 하는 '운영재단'(operating foundation), 특정 지역의 구성원들로부터 기금을 모아 사업을 하는 '지역재단'(community foundation), 금융기관의 뮤추얼펀드를 통해 운영되는 '자선기부펀드'(charitable gift funds) 등이 그것이다. 기부자들은 또한 특정 기구를 만들지 않고 직접 기부할 수 있으며 다양한 약정기부(planned giving) 옵션을 선택할 수도 있다. 따라서 기부자들은 자신의 기부와 관련하여 가능한 모든 제도와 구조를 검토해 봐야 하며 특정 제도와 구조가 자신의 의도와 잘 맞는지 확인해야만 한다. 아울러 이들 제도와 방법이 어떻게 하면 제대로 기능을 하고 어떻게 하면 그렇지 못한지에 대해 철저하게 이해하고 있어야만 한다.

이 책은 필란트로피, 특히 거액 기부는 일정 수준의 전략을 필요로 하며, 전략적 기부의 핵심은 '필란트로피 프리즘'을 구성하는 **다섯 가지 요소들 사이의 정렬과 균형이 중요하다는 사실을 강조**하고 있다. 즉 기부란 결국 프리즘을 구성하는 요소들 사이의 최선의 적합도 혹은 조화가 전제될 때 무계획적인 단계에서 전략적인 단계로 이행할 수 있다는 뜻이다. 따라서 이 책에서 언급한 많은 사례는 프리즘의 각각 요소를 정의하고 다듬고 그래서 요소들 상호 간에 정렬이 이뤄질 때까지 프리즘 전체가 갖는 큰 틀을 이해하고자 한다는 점, 그리고 이를 토대로 일을 추진해 가는 것이 전략적 기부자가 해야 할 중요한 덕목 중 하나라는 점을 방증한다. 이렇듯 다소 복잡하면서 도전적이기까지 한 과제를 기부자 스스로가 슬기롭게 대처해 갈 때 비로소 기부행위가 전략적으로 이뤄질 수 있음은 물론이고, 궁극적으로 기부가 전략적으로 이뤄졌을 때만이 공공의 영역과 자기 자신 모두에게 새로운 가치 창조의 기회를 부여할 수 있다.

전략과 그것의 정렬이 필란트로피의 본질인가? 항상 그렇지는 않다. 공통적인 공유 요소를 갖지 않은, 감성적인, 그리고 개인적인 차원의 기부, 전략과 효과성과 같은 것을 고려함 없이도 이뤄질 기부의 공간은 항상 존재한다. 그뿐만 아니라, 긴급 구호에 대한 즉각적인 대응을 위한 더 이상의 상상이 불필요한 협의의 기부도 존재한다. 따라서 이 책에서 강조하고 제안하고 싶은 것은 전략적 기부와 관련하여 단지 기부의 방어적 형태로서 배제적이면서도 협의의 비전을 추구하기보다는 기부자 자신의 개인적 만족은 물론, 공익 창출의 기회를 극대화해야만 한다는 것이다. 이를 위해 자신의 기부 전략의 성격과 특질을 숙고해야 하는 것은 당연하다.

기부의 목적이 야심차고 방대하다면 특히 더 그러하다. 그렇지만 자신의 가족에게 진심 어린 양질의 서비스를 제공한 병원에 대해 사의를 표하고자 하는 제한된 목표를 갖고 있다면 기부행위가 굳이 복잡할 필요는 없다. 단순한 기부는 짧은 시간 내에 쉽게 이뤄지면 된다. 하지만, 기부자가 기형교정 수술과 같은 특정 분야의 성공적인 업적을 인지하고 해당 의술을 발전시키고자 하는 의도가 있다면 이와 관련된 기부행위는 더욱 방대해지면서 복잡해질 수밖에 없을 것이다. 기부자의 기부 의도가 확대되고 공익에 대한 비전이 명확해질수록 기부자는 개인의 만족을 능가하길 원하고 이를 지향하게 된다. 자신의 기부가 지역사회에 영향을 미치면 미칠수록 이로부터 연유하는 심리적 편익을 확인하게 되며 전략은 핵심적인 도전 과제가 된다. 결국, **전략적 기부 모델이란 사적·공적 의제 모두를 포괄하는 것으로, 이를 지향하는 기부자들에게는 전형적인 형태**로 자리 잡게 된다.

기부 전략의 고도화에 대한 요구 뒤에는 자원(resource)이라고 하는 또 다른 요소가 존재한다. 소규모 기부자는 확장된 전략적 문제 제기를 회피하거나, 반대로 기부의 임팩트를 극대화하기 위한 전략 개발 및 이행에 대한 부담을 안고 있을지도 모른다. 그러나 수백만 달러, 수십억 달러를 갖고 있다면 상황은 달라진다. 이런 경우 전략적 기부에 대한 요구는 그 어느 때보다 강력해진다. 개인적으로 표출된 욕구를 충족시키고자 자신의 기부를 구조화·조직화하는 것은 매우 중요한 요소이기는 하지만, 거액 기부자로서 인지하고 해결하려는 공공의 필요와 편익의 증진을 둘러싼 도전을 외면하기는 더욱더 어려워지게 된다. 결국, 기부자 자신과 지역사회 양자 모두의 필요 충족을 위해서 현명한 행동과 기부는 필수불가결한 것이 되며, 이를 위한 자원의 규모는 전략적으로 매우 중요한 요소가 된다.

기부와 관련된 복잡하면서도 많은 차원을 염두에 두고 적합성과 그것들의 정렬에 대해 생각할 때 궁극적으로 어디서 시작하느냐는 어디를 종착지로 보느냐보다 덜 중요하다. 대다수 기부자는 전략을 기획하는 단계로부터 출발한다. 이를 통해 최소한 전략적 프리즘의 한 지점처럼 보이는 것을 인지할 수 있기 때문이다. 그래서 가족재단의 설립을 서두르고 이에 적극적으로 개입하거나 단기간에 걸친 기부 일정을 수립한다. 그 밖에 다른 모든 결정은 앞선 결정에 따르게 된다. 아울러 많은 기부자가 앞서 살핀 다섯 가지 중요한 질문 중에서 하나 이상에 관해 결정하게 되는데, 이는 자신의 기부가 일정한 진전을 이루게 되면 그 결정을 다시 되돌아봐야 하기 때문이다. 따라서 전체적인 큰 그림이 나타나기 전까지는 특정한 시각과 차원에 대해 최종 결정을 내리는 것은 불가하다. 이 책에서 서술한 각 요소의 순서에 충분한 근거가 있지는 않다. **기부 전략의 구축은 순환 과정**, 즉 기부자의 관심이 변함에 따라, 관심을 필요로 하는 문제가 바뀜에 따라, 그리고 기부자의 경험과 전문성이 실천을 통해 진화함에 따라 지속해서 재성찰하고 재정렬하는 순환의 과정인 것이다.

Chapter 2

필란트로피 가치의 차원

“필란트로피 전략 수립을 위해서는 기부자가 기부의 일관성과
그 질서를 위해 노력하는 자세가 필요하며, 만들어 낼 가치가 무엇이고
추구해야 할 사명이 무엇인지를 정의하는 일부터 시작해야…”

“궁극적으로 필란트로피는 공공의 편익 창출과
기부자 믿음의 실천 양자 모두에 대한 존재로서 이해될 필요가 있다. …
전략적 기부의 힘은 공공선에 대한 개인적이고 사적인 비전이 사회로 흡입될
때 발휘되며, 이는 예기치 못한 매우 중요한 효과를 낳을 수도 있다.”

무엇을 후원하고 지원할 것인가에 대한 선택은 기부 전략을 정의하는 데 가장 핵심적인 요소다. 기부자가 모든 지원요청을 전부 받아들일 수는 없다. 만일 그렇게 한다면 자원은 급속히 감소할 수밖에 없고 불연속적인 지원을 초래하고 말 것이다. 지원을 요청하는 기관은 나름대로 의미가 있는 제안을 하는 것이기는 하지만, 그들이 제시한 것만을 토대로 지원 결정을 내리는 것은 불가능하다. **필란트로피 전략 수립을 위해서는 기부자가 기부의 일관성과 그 질서를 위해 노력하는 자세**가 필요하며, 만들어 낼 **가치가 무엇이고** 추구해야 할 **사명이 무엇인지**를 정의하는 일부터 시작해야 한다.

만들어 낼 가치를 정의하는 일은 종종 필란트로피 전략을 개발하는 데 그 출발점이 되기도 하지만 예기치 못한 일이 벌어질 수도 있다. 자유와 무한한 가능성이 펼쳐진 곳에서 선택과 옵션을 포기하는 것이 쉬운 일이 아니라는 사실을 많은 기부자가 인지할 수도 있다. 더구나 대다수의 개인은 ‘필란트로피의 소명’(philanthropic calling)이 어떤 것인지 분

명하게 인식하지 못한 상태에서 기부행위를 시작하며, 여러 분야에서 펼치는 기부행위와 사업을 통해 자신의 미션을 발견하고 정의하기를 원한다. 이러한 이유로 필란트로피 프리즘의 어느 위치에서 출발해도 무방하다. 더구나 필란트로피는 변화하는 환경에 대해 신속하게 반응해야만 하며, 기부자의 약속과 실천 사이의 상호작용 속에서 진행되어야만 한다. 따라서 가치를 정의한다고 해서 필란트로피의 순서와 방향을 잡을 수 있는 것은 아니며 이 또한 수월한 일이 아닐 수 있다.

그렇지만 일정 정도의 유연성과 자유를 허락한다고 해도 향후 고려할 수도 있는 활동과 사업의 경계는 필요하다. 단 하나의 필란트로피 가치만을 정의한다는 것이 뭔가를 속박하는 것처럼 보일지는 모르지만, 이는 선택할 수 있는 포트폴리오 중 하나로 이해하면 된다. 사실상 대다수 지원기관이 서너 개의 분야를 정하고 그 안에서 다양한 전략을 추구한다. 개인들은, 특히 새로 시작하는 개인들은 제한된 가지 수의 목적을 갖는 것이 유리하다. 아동복지와 교육과 같은 분야는 서로 복잡하게 상호작용하고 있기는 하지만, 이들 내부에 어떤 독특한 논리를 갖고 있으며 어떻게 작동하는지를 기부자가 알 수 있도록 하는 것은 중요하다. 미션, 목적, 혹은 가치에 대한 정의가 광범위하고 다차원적이라 할지라도 연구와 숙고의 과정을 통해서, 혹은 경험과 실천을 통해서 가치에 대한 약속은 반드시 전제되어야 한다.

공공의 필요와 사적 가치

모든 필란트로피와 활동은 공공의 필요와 사적인 책무를 어떻게 결합하느냐에 대한 문제이자 선택이다. 이 과정에서 타자를 위한 편익은 물론 기부자 자신을 위한 만족, 두 가지 모두를 충족시키는 것은 중요하다. 두 가지 중 하나가 부족하면 이전 지출(transfer payment)이 되어 단조롭고도 단절된 행위가 되거나 혹은 유한계급의 이기적이고 피상적인 자신만의 즐거움을 위한 사치 행위로 퇴화할 수 있다.

애석하게도 많은 기부자가 필란트로피의 공적 차원과 사적 차원이 서로 양립할 수도 조화를 이루기도 어렵다고 생각한다. 극단적인 관점에서 보자면 필란트로피가 갖는 소명은 의식적으로 자기 자신을 포기하고 지역사회의 긴급한 필요에 대응하는 것이다. 이런 기부의 개념은 현재 모든 기부자 앞에 청소년 폭력, 약물 남용, 공립학교의 실패, 주거 제한 등과 같은 인간과 관련된 다양한 이슈가 펼쳐진다면 일면 이해할 수 있다. 그렇지만 공공의 필요가 무엇인지 혹은 이를 정의하기 위한 접근법은 어떠해야 하는지 등에 대한 일치된 의견은 존재하지 않는다.

만일 공공영역, 특히 정치와 관련된 공공영역에서 이뤄진 논의가 어떤 시사점을 제공한다면, 우선순위에 대한 공공의 합의 혹은 공공의 필요를 어떻게 정의하느냐에 대한 기준은 존재하지 않는다. 공공의 필요는 집단적 숙의와 함께 개별적 추론을 통해 도달 가능한 것이며, 하나의 이슈가 진정한 의미의 공공적 필요가 되기 전까지 얼마나 많은 사람의 동의가 필요한지에 대한 어떠한 답도 존재하지 않는다. 의사결정에 관련된 사람의 수와 조건에 대한 엄밀하고도 정확한 합의에 도달한 집단들의 역량 사이에 역관계가 존재하고, 이로 말미암아 합의를 모색하는 과정은 일관성과 특수성을 무시해 버릴 수도 있다. 누가 공공의 필요를 정의하느냐 하는 문제는 차치하고라도, 이들 욕구를 어떻게 정의하느냐에 대해서도 집단 간에 차이가 존재하는 것이다. 공공의 필요에 대한 실증주의적 정의는 규범적 정의와 함께 상정되곤 한다. 전자가 현장 연구를 통한 경험적 토대를 갖고 있다면, 후자는 흔히 도덕적 주장에 토대를 두며 그렇게 해야만 옳은 것이라는 기대에 관심을 둔다. 공공의 필요가 무엇으로 이뤄지는가를 정의하는 수많은 방법과 함께, 정치는 필란트로피에 몇 가지 사실을 가르쳐 주었는데 사회적 욕구의 합리적 체계가 어떤 것으로 구성되었는지를 파악하는 일은 쉽지 않으며, 모든 사람이 받아들일 방법도 존재하기가 어렵다는 것이 바로 그것이다.

자선적 대의를 정의할 수 있는 명확하면서도 강력한 어떤 체계도 존재하지 않는다는 사실을 시사하는 것 중 하나가 특정 비영리조직에 적용되는 세법의 항구적인 침묵이다. 노숙자급식소는 조세적인 측면에서 전위적 예술을 공연하는 극장과 같은 취급을 받는다. 열악한 지역의 보건소도 도시 교외 지역의 역사협회와 비교할 때 특별히 우대받는 것이 없다. 불특정 다수의 일반 대중을 위한(public serving) 모든 비영리조직은 같은 취급을 받는다. 왜냐하면, 사회적 기여도에 따라 조세적인 측면에서 서로 다르게 취급하는 것이 현실적으로 불가능하기 때문이다. 더구나 자선적 자금의 실질적 배분도 사회적 욕구의 위계 혹은 그 중요도가 어떤 기준과 방식으로 존재하는지 말해주지 못한다. 자선적 자금은 종교, 고등교육, 보건의료 등의 주된 영역을 포함, 다양한 분야로 흘러간다. 이렇듯 광범위한 분야를 통틀어 몇 퍼센트가 사회정의(social justice)를 위해 사용되었는지 혹은 가장 필요한 곳에 사용되었는지를 확인하기는 쉽지 않다. 실제로 공공의 필요가 갖는 상대적 긴급성을 정의하는 기준은 상당히 모호하다.

따라서 기부자는 자신과 관련하여 공공의 필요가 무엇인지를 알고자 하는 노력과 함께, 개인적인 관심과 지향을 어느 정도 반영할 필요가 있다. 공공영역에서 흔히 그러하듯이, 공공의 필요와 욕구를 정의하는데 자기 스스로 혹은 이해관계자와 협의를 통해 할 수 있다. 또한,

실증적인 방법으로도 이를 정의할 수 있고, 혹은 현존하는 경험적 연구를 반영한 후 어떤 필요가 더 중요한지 윤리적 잣대를 기초로 규범적인 방법을 통해 정의할 수도 있다. 실제로 대다수의 현명한 기부자들은 이 둘을 절충하여 하이브리드한 형태를 취한다. 이는 지역사회에 이미 표출된 욕구와 자신의 믿음을 결합하면서, 이와 동시에 강력하고도 설득력 있는 도덕적 주장을 갖고 진행된 최근의 과학적 연구와 균형을 맞추고자 하는 시도에서 비롯된 것이기도 하다.

공공의 필요가 필란트로피 개념의 한쪽을 정의하고 있다면, 또 다른 한쪽은 기부를 통해 실천하고자 하는 사적 가치와 책무로 특징지을 수 있다. 필란트로피는 기부자가 가치 있다고 생각하는 것을 온 세상에 공표할 수 있게 하며, 공공영역에 가치를 표출할 수 있게 하는 하나의 표현 행위로서 인식될 수 있다. 따라서 정당하게 돈을 벌어왔고 그래서 이를 쓰는 데 아무런 의무도 갖지 않은 부자 중 일부는 자신의 만족감이 기부를 독려하는 가장 확실한 것이라는 사실을 굳게 믿는다. 따라서 기부자가 다니던 대학 혹은 생명을 연장해 준 병원에 기부하는 등 자신이 중요하다고 생각하는 단체를 지원하게 되는 것이다. 이는 기부자의 사적 가치가 그 출발점이 되면 가장 긴급한 공공적 욕구는 유일한 선택지가 되지 않을 수도 있다는 뜻이기도 하다. 즉 개인적인 인생의 경험과 가치가 가장 중요한 요소가 될 수 있다는 것이다.

기부자의 열정과 개인적으로 맺고 있는 관계를 특정한 방향으로 돌리고자 하는 노력 대신, 그들을 인정하고 기부를 이끌 수 있는 역량을 포착, 이를 담아내도록 노력하는 것이 더 생산적인 방법이 될 수 있다. 결국, 일반적으로 각각의 후원자들은 모든 주요 이슈 혹은 주제에 대해 자신의 선택에 따라 양쪽 접근방법을 각기 지원한다. 만일 기부자가 만족하지 못한다면 미국과 같은 곳에서 기부가 지속해서 증가하기란 어렵다. 세금은 통상적으로 강제적이며 정부가 정한 지출의 범위 내에서 납세자의 승인 없이 사용된다. 이러한 세금과는 달리 기부금은 기부자의 대의를 위해 사용되며 그들의 가치를 지지한다. 이런 분명한 차별성이 필란트로피의 강한 흡입력으로 작용한다. 필란트로피가 제대로 작동하기 위해서는 기부자가 선택한 이슈에 초점을 맞춰야 하며, 이를 통해 자신의 기부행위가 대의와 미션을 위한 행동과 표현으로서 이해될 수 있다.

모든 사람이 필란트로피가 갖는 자극과 영향의 사적 성격을 매우 빠르게 받아들이지는 않는다. 일부는 기부자의 열정과 헌신을 강점이자 활력의 원천으로서 받아들이기보다는 이러한 사적 가치를 합리적이고 효과적인 필란트로피에 대한 위협으로 이해하려고 한다. 때때로 특이하고 극단적인 기부자의 아이디어도 또 다른 해석으로 받아들여야 하며 그럼으로써 공적 지원을 받는 기부가 그것의 완전한 잠재력을 충족시킬 수 있다. 흥미로운 것은 필란트로피의 사적 가치의 역할에 대해 의구심을 가진 사람들이 필란트로피가 매우 긴급한 인간적 욕구에 최우선으로 개입해야 한다고 믿거나 혹은 지역사회가 기부금의 배분에 대해 더 큰 발언권을 갖기 원하는 사람들과 서로 겹친다는 사실이다. 아울러 공공적 필요에 대한 미묘한 관점을 담보할 때만이 기부자가 추동하는 개인 특유의 필란트로피가 갖는 모든 잠재적 가치가 주목을 받게 되었다. 즉 사적 가치라는 것이 개인적 차원의 필란트로피에서만 비롯될 수 없을 뿐만 아니라, 그것만으로는 필란트로피의 성과가 약화됨은 물론 더 많은 자원을 동원할 수 있는 능력을 상실하게 된다는 것이다.

기부자의 사적 가치는 공공의 필요와 상호 소통하는 것이며, 필란트로피 그 자체도 두 가지 요소가 서로 얽혀 있을 때 더욱더 풍요로워진다. 이는 상당히 복잡한 상호작용이라 할 수 있으며, 이런 상호작용 속에서 기부자의 사적 가치와 지역사회의 욕구는 함께 공명하게 된다. 공공의 필요와 욕구가 무엇인가에 대한 서로 다른 정의와 인식 체계, 이로 말미암은 갈등은 상호작용이 어디서 어떻게 이뤄져야 하는지를 헷갈리게 하거나 심하면 충돌로 치달을 수도 있다. 그러나 이렇듯 서로 다른 인식 체계가 서로 합쳐지고 뒤섞이는데도, 이에 관련된 모든 참여자가 괄목할 만한 성과를 이뤄왔다는 사실은 필란트로피가 가진 매우 경이로운 특질이라 할 수 있다. 그렇지만 이런 상호작용이 제대로 이뤄지지 않는 많은 경우, 정도의 차이는 있지만, 필란트로피는 전략적 기부라기보다는 이와 비슷한 형식의 혼합된 형태 혹은 대안적인 형태를 취하게 된다.

가치 창출의 4가지 형태

비록 사적 가치와 공적 필요 및 욕구의 개념이 서로 충돌하거나 그 자체로서 문제점을 갖고 있기는 하지만, 필란트로피의 가치 창출의 주된 형태를 이해하고 이를 토대로 한 틀과 체계의 대체적인 모습을 그려내는 데는 도움을 줄 수 있다. 이를 위해서는 기부가 서로 다른 두 가지 차원을 갖고 있다는 사실을 이해해야만 한다. 그중 하나는 그 성격에서 볼 때 **도구적**(instrumental)이며, 나머지 하나는 **표현적**(impressive)이란 것이다. 우선 **필란트로피는 누구에 의해 어떻게 정의되든 공공의 목적을 성취해 가는 데 중요한 도구가 된다.** 기부와 보조금은 핵심적인 지원 메커니즘이 될 수 있으며, 이는 다양한 비영리조직이 서비스를 제공할 수 있게 한다. 어떤 식으로 정의를 하든 공공의 목적을 성취하는 데 성공한다면 기부자는 도구적 가치와 관련된 그 무엇인가를 전달한 것이라

할 수 있다. 따라서 기부는 구체적 결과라는 의미에서 측정 가능한 도구적 차원을 갖는다.

두 번째, **기부는 기부자 자신의 가치와 약속, 책무와 같은 것을 표현할 수 있게 하므로 큰 가치를 지닌다.** 기부자는 자신이 판단한 중요 대의에 헌신함으로써 기부가 갖는 강력한 표현적 기능을 느낄 수 있으며, 공개적이고 공적인 행위는 궁극적인 결과와 상관없이 그 자체로 기부자에게 만족을 줄 수 있다. 창출된 가치는 전적으로 정신적일 수도 있으며, 표현된 약속과 헌신, 배려, 믿음에 대한 실천으로부터 발현될 수도 있다. 특히 기부의 표현적 특성은 단지 프로그램 결과에만 초점을 맞추게 되면 필란트로피 실천의 더 깊은 의미를 왜곡할 수도 있다는 사실을 암시하며, 이런 현상은 자원봉사나 기부의 경험을 통해 자아를 실현하고자 하는 사람에게서 나타날 수 있다. 나는 이를 기부의 표현적 차원(expressive of dimension)이라 부를 것이다.

기부의 표현적인 차원과 도구적 차원은 서로 보완적이거나 긴장관계를 유지할 수 있다. 제대로 된 환경이라면 기부자를 추동하는 가치는 더욱 효과적인 기부와 지원이 이뤄지게 한다. 어떤 점에서 이러한 관계는 명확하다. 즉 자신의 기부 실천에 헌신적이고 참여적인 기부자는 그렇지 않은 기부자보다 자신의 기부를 통해 가치를 창출해 가는 데 매우 열성적일 가능성이 크다. 기부자의 믿음, 약속, 가치 등이 필란트로피의 실천에 투영되어 나타나게 되면 기부자가 성취하려고 했던 도구적 목적은 이와 상충할 수도 있다.

기부자가 이들 두 가지 중요한 차원의 균형을 어떻게 유지할 것인지에 대해 숙고에 숙고를 거듭하게 되면 다음과 같은 네 가지 옵션과 마주치게 된다. 첫 번째, 기부행위에서 사적 가치가 제거될 수 있으며, 매우 협소하고 특정한 공공의 필요 및 욕구를 목표로 할 수 있다.

이 경우, 결과로서 나타나는 것은 소위 구식의 채러티(charity)적 형태를 띨 수밖에 없으며, 돈은 단순히 매개기관을 통해 한 곳에서 또 다른 곳으로 조용히 그리고 아무런 가치 창출도 없이 이전될 뿐이다. 두 번째, 기부행위에 기부자의 가치와 열정을 녹여 내기는 하지만, 지역사회, 기부자 그 누구도 긴급하거나 중요하다고 합리적으로 주장하기 어려운 목적으로 진행될 수 있다. 이는 표현적 기부라는 형태를 만들어 내어 기부자의 욕구를 우선시하기는 하지만 효과성에 대한 테스트를 충족시키지는 못한다. 세 번째, 가정된 지역사회의 공공적 필요를 충족시키기 위해 잠재적 영향력이 큰 방법과 수단을 통해 기부가 이뤄질 수 있는데, 이 경우 기부자의 가치, 해당 상황이 고려된 투입이 함께 이뤄질 수 있다. 따라서 이런 상황에서는 혁신과 열정이 상실되더라도 일종의 도구적 기부가 나타나게 되고 결과 산출을 독려하게 된다. 마지막 네 번째, 공공의 필요 및 욕구와 기부자의 약속, 헌신, 믿음이 성공적으로 결합한 상태에서 이뤄지는 기부가 있을 수 있다. 이렇듯 낯설기도

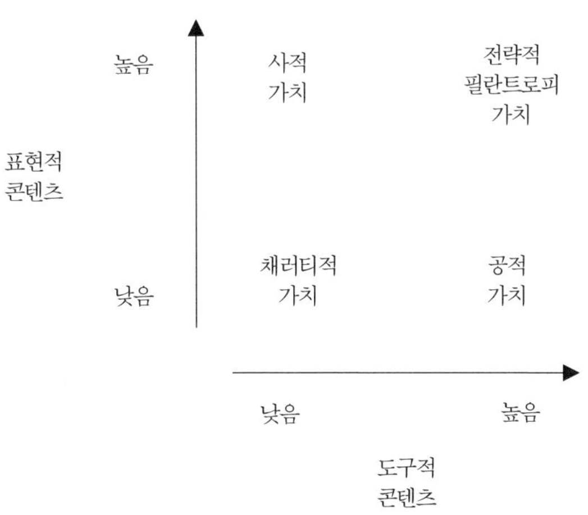

<그림 2> 필란트로피 가치 창출의 네 가지 형태

하고 규정하기도 쉽지 않은 바로 이러한 조합이 이 책에서 규명하고자 하는 것이기도 하다.

두 차원의 상호작용을 좀 더 잘 이해하기 위해 기부의 도구적, 표현적 차원의 두 축 사이에 지도를 만들어 볼 수 있다. 여기서 제시하는 가치 창출의 네 가지 형태(〈그림 2〉 참조)는 그것들이 가진 순수한 개념을 보여준다는 점에서 이상적이다. 실제로 이들 사이의 경계는 불분명하며 항상 변화한다.

기부는 자주 둘 혹은 그 이상의 형태가 조합된다. 그런데도, 사적 약속 및 책무와 공공의 목적 사이의 구분을 통해 필란트로피가 만들어 내는 가치 창출의 모습을 그려보는 출발점으로 삼을 수도 있다.

더욱 자선적인(charitable) 기부의 형태

가장 순수한 형태에서 보자면, 기부가 전략적일 필요는 없다는 인식에서 채러티(charity)는 출발한다. 개인과 기관이 행하는 기부 대부분은 복잡하지 않은 단순한 자비심과 선행에 기초한다. 이 책 서두에서 채러티라는 개념이 상대적으로 약화되었다고 언급하기는 했지만, 원류를 찾기 위해서는 가장 오래된 사회로 거슬러 올라갈 정도로 그 개념은 오랜 역사를 갖고 있다. 채러티는 모든 종교적 전통의 중심에 서 있으며 세속적 행위 및 믿음과도 연결되어 있다. 오늘날 규모가 작은 채러티에 대해 잘 알려진 문제는 가설, 즉 개인과 지역사회의 삶에 위기가 증가함에 따라 제공된 것보다 더 많은 기부가 필요하다는 가설에 근거를 둔다. 인간적 욕구와 필요의 규모가 한 국가를 넘어 국제적 차원으로 확대되어 감에 따라 소규모의 전통적인 자선적 기부로는 감당할 수 없을 정도로 거대한 규모로 확장되어 가고 있다고 사람들은 느낀다는 것이다. 채러티는 일부 기부자, 특히 복잡한 문제에 관심이 많은 큰 야망을 품은 기부자들에게는 너무 작고 지역적이다.

자선적 기부는 많은 형태를 보이는데 오늘날 대부분의 자선적 자원은 우편 모금을 통해 모금된다. 흔히 사회적 약자, 장애인 혹은 병 치료를 위한 의학연구를 목적으로 모금하는 경우 작은 규모의 기부를 요청하게 되며, 대개 이런 요청은 편지를 받은 사람들의 시선을 끌고자 한다. 아마도 이들 중에는 문제의 병에 걸려 고생하는 가족도 있을 수 있고 그냥 다른 사람을 돕고자 하는 사람들도 있을 수 있는데 이들 우편 모금은 특정한 대의에 관해 관심을 두고 돕고자 하는 사람들을 목표로 한다. 이런 유형의 모금 방법이 매력적인 이유 중 하나는 특정 대의나 조직을 지속해서 지지할 수 있는 후원자를 만들어 낼 수 있기 때문이다. 따라서 광범위한 집단에서 가능성 있는 후원자를 발굴한다는 점에서 큰 비용이 들기는 하지만, 소액기부자의 기초를 구축한다는 장기적 편익을 과소평가할 수는 없다. 시간의 흐름에 따라 재단이나 정부 지원과 같은 또 다른 자원을 확보할 수 있다 하더라도 소액기부자는 사용처가 제한되지 않은 비지정기금의 중요 제공자가 될 수 있기 때문이다.

우편으로 소액을 기부하는 경우, 어떤 누구도 기부금의 사용처에 관해 묻는 사람은 거의 없다. 소액으로 기부된 돈 대부분은 현명하게 사용될 것이라는 기대 속에 자선단체로 가게 된다. 특히 어디에 사용했는지에 대한 기부자들로부터의 요구가 거의 없으므로 많은 수의 소액기부자를 확보한다는 것은 조직의 차원에서 보자면 매우 매력적이라 아니할 수 없다. 이는 기관후원자들이 보통 동의하기 꺼리는 인프라와 관련된 비용, 즉 관리운영비로 사용할 수 있는, 사용처가 제한되지 않은 자원을 제공하기 때문이다. 대신 소액기부자들은 우편을 통한 소액기부를 통해 보상받는 것이 있다. 자신이 다른 사람을 도왔다는 느낌, 그리고 실제로 많은 시간과 에너지를 약속하거나 투여하지 않고 상대적으로 적은 비용을 갖고 뭔가를 구매할 수 있었다는 느낌이 그것이다. 인정하건대 피상적이고 가벼운 것, 그러나 많은 수의 기부자와 후원자를 만족시키는 것이 바로 채러티라는 형식이다. 이는 채러티의 전통적 모델을 토대로 하며 기부자보다 대의를 우선시한다. 수많은 자금이 관례에 따라 보낸 수만 통의 편지를 통해 이런 식으로 모금된다. 우편 모금은 실제 투자 대비 모금률도 낮고 액수도 적기 때문에 발송량이 늘어날 수밖에 없다. 비영리조직의 직접 우편 모금은 점점 더 진화해 가면서 지금은 자연재해, 연말연시, 기념일, 정부정책 토론 같은 것에 주로 집중된다.

채러티의 흔한 형태 중의 하나가 연말연시에 일어난다. 구세군은 매년 추수감사절과 크리스마스 시즌 사이에 길거리 곳곳에 자선냄비를 설치하고 벨을 울리면서 행인들로부터 모금한다. 모금 평균액은 매우 작고 주머니에서 이리저리 굴러다니는 잔돈을 꺼내어 기부하는 정도다. 그러나 연말연시 시즌에 불우한 이웃을 돕고자 하는 기부자의 의도는 분명하다. 이렇듯 미션에 대한 헌신과 간단명료한 운영 그리고 이에 대한 평판은 구세군이 단순하면서도 직접적인 기부를 끌어낼 수 있게 한다. 소액기부자 자신도 자신의 기부가 큰 변화와 차이를 만들어 낼 것이라는 환상을 갖지는 않지만, 이런 소액들이 모여 매우 중요한 일을 할 수도 있다고 생각한다. 실제로 구세군은 자선냄비 캠페인을 통해 수만 달러를 모금한다. 소규모의 채러티가 효과적으로 활성화되고 조직화한다면 분명 채러티가 갖는 한계를 넘어 공공의 문제에 대한 더 강력한 해결책을 제시할 수 있을 것이다.

기부의 넓은 범주에서 보자면, 분명 채러티는 자신만의 지속적인 영역이 있다. 그렇지만 변화의 효과적인 수단으로서, 사적 가치의 표현을 위한 기제로서, 그 한계를 지속해서 보여왔다. 기부의 규모가 작고 지역적일 때 채러티, 즉 단위 직장 내 기부나 우편 및 연말연시 모금은 무관심 속에 방치된 사람들에게 다가가는 데 성공적일 수 있다. 그렇지만 이런 유형의 기부가 갖는 의도된 편익의 범주는 일반적으로 제한적이다. 이런 이유로 자원의 레버리지 효과를 의도하는 기부자는 더 큰 임팩트, 측정 가능한 효과를 낼 수 있는 기부의 기회를 모색하곤 한다. 만일 이런 것들을 염두에 두지 않는다면, 기부의 상당 부분이 가치 창출이라는 지도 위에 어떤 표현적 내용물도 담보하지 못할 것이고, 그리 대단하지 않은 그저 그런 도구적 목적만을 충족시키는 데 그칠 것이다.

도구적인 기부와 나눔의 형태

때때로 기부는 목적 혹은 도구적 합리성을 가진다. 기부자는 필란트로피 자원을 통해 해결책이 제시될 수 있는 문제 혹은 욕구를 발견할 수 있으므로 단순히 기부할 수도 있다. 또한, 실질적인 과제와 이슈는 필란트로피를 위한 기회와 선행의 가능성보다 덜 중요할 수도 있다. 특히 이러한 유형의 기부자들에게는 자신의 가치나 믿음을 추구하기보다는 가시적 결과를 얻는 것이 매력적일 수 있다. 대다수의 부유한 기부자가 어떤 특정 이슈에 대해 강한 열정을 갖고 있지 않다는 점, 그리고 다른 어떤 것보다 유용성 및 효용성에 관심이 많다는 점은 기부의 도구적 측면을 강조하는 근거가 된다. 이들에게 기부의 도구적 측면은 불가피해 보이며, 이는 그들의 필란트로피가 성공할 수 있는 상대적으로 직접적이고 단순한 방법을 나타낸다. 즉 자신이나 가족의 삶이 얽히지 않는 방법이다.

이런 유형의 도구적 기부의 징후가 인구 20만의 도시 위스콘신주, 매디슨의 다운타운 예술지역 조성과 기금 마련 과정에서 확인된다. 제롬 프라우취Jerome Frautschi의 가문은 매디슨에서 5대째 살고 있으며 가구 및 장례업을 운영했었다. 플라우취와 그의 아내, 플레즌트 롤런드Pleasant Rowland는 남들 모르게 조용히 플레즌트 컴퍼니Pleasant Company라는 자신만의 회사를 설립했다. 이 회사는 아메리칸 걸American Girl이라는 브랜드의 인형컬렉션을 만들었고 대중들에게 상당히 인기가 있었지만 1998년 7억 달러에 마텔Mattel에게 매각했다. 그의 아버지는 항상 시민적 이슈에 참여해 왔으며 매디슨 아트센터를 위해 모금하는 일을 도왔기 때문에 그 역시 무언가를 환원하기 원한다는 사실을 인지하고 있었다. 플라우취는 새로이 설립된 오버추어재단Overture Foundation에 매디슨의 예술진흥을 위해 5천만 달러를 따로 설정해 두고 약속 실현을 위해 그 액수를 1억 달러로 증액했다. 그 기부액은 시의 연간 조세 수입액의 절반을 넘어서는 것이었으며 국립예술기금National Endowment for Arts의 연간 예산액보다 큰 금액이었다. 이 기금은 현재 있는 아트 빌딩을 리모델링하면서 또 다른 새로운 건축물을 짓기 위해 사용되었다. 오버추어 프로젝트로 알려진 이 사업을 관리 감독하기 위해 플라우취는 도시설계 및 개발 책임자를 고용하기로 했는데 최종적으로 세계적인 설계자인 시저 펠리Cesar Pelli가 이 프로젝트의 책임자가 되었다. 이 프로젝트는 구래의 것과 새로운 것을 융합해 냄으로써 매디슨 주민을 위한 세계적 수준의 예술복합건물을 완성하는 것이었다.

플라우취의 기부는 다음과 같이 몇 가지 측면에서 주목할 만하다. 첫째, 그곳에는 플라우취 아트센터, 플라우취홀, 심지어 새로운 복합건물 안에 플라우취 원형홀조차도 존재하지 않을 것이란 사실이다. 왜냐하면, 기부자인 플라우쉬가 의식적으로 이를 선택하지 않았기 때문이다. 둘째는 그의 기부가 예술 전문가나 애호가들의 가치에 얽매이지 않았다는 점이다. 이는 기부자가 선호하는 문화의 형식이 앤드류 로이드 웨버Andrew Lloyd Webber*의 선율 그리고 모험 소설류라는 것이 전제된다면 더욱 그러할 수밖에 없다. 셋째, 기부를 통해 지역 정부가 오랫동안 무시해 왔던 시민들의 절실한 요구 사항을 해결하고자 했다는 점이다. 당시 예술 관련 지원은 위스콘신주 차원에서 우선순위가 아니었다. 그는 다른 현안 때문에 공공부문이 등한시해 왔던 분야에 관심을 두고 지원하는 것으로부터 기부의 정당성을 찾고자 했다. 플라우쉬는 공공부문과 민간부문 사이에 분업이 어쩔 수 없는 것이라고 인식하고 있었기 때문에 많은 납세자가 우선시하지 않는, 그러나 많은 사람이 즐길 수 있는 어떤 것에 그의 기부가 이뤄져야만 한다고 믿고 있었다.

매디슨지역 활동가의 평판을 염두에 둔다면, 이런 식의 공공성을 염두에 둔 기부는 수많은 저항에 부딪힐 수밖에 없었고, 이런 사실은 별로 놀라운 일도 아니었다. 예술계의 희망 사항은 전시공간, 댄스스튜디오, 콘서트홀, 극장과 같은 것이었는데 그 어떤 것도 제안된 계획에 포함되지 않았다. 둘째로는 제안된 계획이 현재 시민회관 아트빌딩의 리빌딩과 그 주변에 새로운 빌딩 건축을 포함하고 있었기 때문에 계획과 그 과정이 지역사회 구성원들에게 공개될 필요가 있다고 지역 주민들은 생각하고 있었다는 점이다. 피플즈 아트 디스트릭트People's Arts District라는 그룹이 만들어져 지나치게 빨리 진행되고 있는 프로젝트의 속도를 조절하고자 했다. 지금 건축하는 것들이 지역사회의 필요를 반영하고 있는 것인지, 그리고 공연예술을 비롯하여 좀 더 넓은 의미의 문화예술을 돕고자 하는 것인지를 분명하게 짚고 넘어가고자 했다. 주된

* **역주** 에비타, 캐츠, 팬텀오브오페라 등 뮤지컬을 작곡했다.

논점은 오바추어 프로젝트가 공공프로젝트냐 아니면 시민으로서 기부한 것이냐는 것이었다. 비록 기부금이 사적 재원이기는 했지만, 개발을 위해 현재 건물이 있는 블록 전체가 영향을 받을 수밖에 없었고 따라서 이들로부터 항의와 비난은 어쩔 수 없었다. 프로젝트가 완성을 향해 가고 있는 동안 가장 도구적이고 공공 지향적인 필란트로피 형태에서도 경계를 둘러싼 이슈는 제기되었고, 이는 사적 부문이 공공부문을 대신할 때 항시 발생할 수 있는 긴장 상태를 강조하는 것이기도 했다.

개인의 거액 기부가 아닌 가치중립적인 성격을 갖는 기관 기부에서 도구주의(instrumentalism)의 가장 일반적인 징후를 확인할 수 있다. 다수의 대규모 독립재단, 기업재단, 지역재단들은 오늘날 기부금조성(grantmaking)의 기술에 관한 한 매우 능수능란하다. 여기에는 효율적인 지원신청서의 처리 과정, 현장 방문, 지원신청서 평가, 이사회에 대한 자문, 지원대상기관에 대한 평가와 그 과정 등이 포함된다. 이들 과정을 통해 재단 스텝을 구성하고 있는 기부금조성 전문가들은 궁극적으로 기부자의 의도를 실천할 의무를 갖는 이사진을 대신해서 일한다. 기관 기부에서 핵심적이라 할 수 있는 주인-대리인(principal-agent) 관계는 실질적인 가치라기보다는 과정의 가치(process value), 즉 투명성, 책무성, 공정성과 같은 가치를 기부금조성 스텝이 분명하게 실천해야만 하는 조건을 만든다. 과정에 대한 강조와 특권을 통해 전문가 스텝들은 공평성을 갖고 자신의 의무를 다하고자 하며, 이는 자연스러운 기능 중의 하나다. 또한, 기관의 이익을 우선시하는 것과도 일맥상통한다. 모든 재단이 처음에는 출연자이자 기부자가 존재하지만, 시간이 흐름에 따라 기부자 개인의 가치는 점차 희미해져 갈 수밖에 없다. 출연자의 비전은 종종 가족일 수도 친구일 수도 있는 후계 대리인에게, 그리고 점차 출연자와는 거리가 있는 사람들에게 계승되어 전달되고 해석된다. 전문가 스텝과 외부에서 온 책임자는 출연자가 설정한 재단의 사명에 충실히 하고자 할 것이지만, 그렇다고 해서 출연자의 가치가 지속해서 유지된다는 의미는 아니다.

다수의 대규모 재단이 개인적 가치의 표현, 기부자의 약속으로부터 멀어지는 또 다른 이유는 오랫동안 지속하여 온 재단의 일 처리 방식에서 찾아볼 수 있다. 재단 스텝은 자신의 개인적 믿음이나 가치의 표현이 포함된 자기 일이 무엇인지를 잘 이해하지 못하며, 더구나 그들이 결코 알 수 없는 기부자의 그것을 이해하지 못하는 것은 당연하다. 오히려 스텝들은 자기 일이 재단의 효과성을 진전시키고자 하는 기술적인 것이라고 이해한다. 그 결과 오랜 기간에 걸쳐 열정과 개성은 기관 기부의 중심이 될 수 없었으며, 기술관료적인 차가운 성격으로 변해갔다. 때때로 흥미로운 결과를 만들어 내기도 했지만, 개인의 경험과 가치와 강력한 헌신을 토대로 한 도전적이고 논쟁적인 필란트로피가 갖는 선도적 역할을 해내지는 못했다. 배분을 위한 안정적인 계획의 개발에 집중하고, 지원대상기관의 선발에 주의를 기울이고, 지원결과를 충실하게 추적함으로써 기관 기부에 종사하는 프로그램 스텝들은 적어도 기부의 핵심적 도전의 한 부분, 즉 도구적 목적을 성취할 수 있었다.

시간이 흐르면 기부자는 사업의 일선에서 멀어지고 자연스럽게 이사진과 스텝은 자원 배분에 대한 더 큰 책임을 갖게 된다. 이에 따라 사적 가치와 공공적 목적 사이에 건강한 균형을 유지하기 위한 기관의 능력은 도전을 받게 된다. 이사회로부터 명확하게 특정된 가이드가 없다면 스텝들은 기부자의 취지를 해석하고 실천하는 데 갈등이 있기 마련이다. 특히 상황이 변화하고 필란트로피를 실천하고자 했던 당사자, 즉 주인과 대리인의 거리가 점점 멀어질수록 취지의 정확한 성격을 확인하고 이를 진실하게 유지하기가 쉽지 않게 되고, 그럼으로써 이런 상황은 더 악화할 수 있다. 결과적으로, 대다수의 재단 설립자가 재단을 만들었을 때 약속한 기관을 통한 기부, 제도화된 필란트로피(institutional philanthropy)로의 이행은 그 범위가 확장되고 점점 냉정하고 무심한 기술적인 형태의 필란트로피로 진행되어 간다. 이는 곧 표현주의(expressivism)에 대한 도구주의(instrumentalism)의 강조라 할 수 있다.

표현적인 기부와 나눔의 형태

보편타당한 기부를 만들어가기 위한 기부금조성 전문가들의 주장 대부분은 필란트로피의 많은 부분과 구성 요소들이 감성적 측면을 갖고 있다는 데로 모아진다. 기부를 촉발하는 것은 흔히 사적이고 개인적인 열정과 확신이라 할 수 있다. 삶에 더 큰 의미를 주고자 뭔가를 하고자 하는 갈망과 열망 때문에 촉발된 필란트로피에는 기부자의 가치와 정체성이 드러나기를 바란다. 젊은 기부자들에게 필란트로피는 대중적 정체성을 만들고 자신을 대의나 이슈에 다가가게 하는 강력한 수단이 될 수 있다. 즉 잠재적 관심을 드러내거나 혹은 복잡하고 광범위해서 쉽게 극복하기 어려운 문제에도 참여하고자 하는 의지를 표출하는 방법이 될 수 있다. 또 다른 사람들에게 기부는 사적 가치와 개인적인 믿음을 실제 세계의 문제와 연결해 주는 수단이기도 하다. 소액기부자든 거액기부자든 대다수 기부자는 필란트로피를 통해 대중에게 혹은 자신에게 자신이 믿는 것은 무엇이며 자신이 우선시하는 것이 진실로 무엇인지를 밝히기 원한다.

미국에서 종교적 목적의 기부가 대다수를 차지하고 있다는 사실에 놀랄 필요는 없다. 가톨릭, 유대교, 이슬람교 등 다양한 믿음과 종교는 모두 기부를 활성화하고 독려한다. 보통 믿음은 소규모이고 지역 차원이기는 하지만 때때로 대규모의 야망에 찬 필란트로피를 끌어내곤 한다. 이런 믿음을 필란트로피 선행으로 이끌고 간 가장 지대한 노력의 사례로서 도미노피자의 설립자인 토마스 모나한Thomas Monaghan을 들 수 있다. 모나한은 아버지가 세상을 떠났을 때 네 살이었고 2년이 흐른 뒤 그의 어머니는 그를 가톨릭 보육원에 맡겼으며 이곳에서 수녀의 손에 성장했다. 모나한은 사제의 미사 집전을 돕는 소년이었고 훗날 사제가 될 것으로 생각했다. 그러나 해병대 입대에 입대해 복무를 마치고 피자 제국을 건설한 후 그는 이미 종교로부터 멀어져 가기는 했지만, 점차 그리고 천천히 가톨릭과 관련된 일에 참여했다. 그는 임신중절 반대 그룹을 지원했고 이는 결국 전국적인 도미노피자 불매운동을 일으켰다. 또한, 디트로이트 방문 중에 미사를 올리면서 교황이 앉을 특별한 의자 제작에 돈을 기부하기도 했다. 점차 모나한은 디트로이트의 추기경 에드먼드 쇼카Edmund Szoka와 긴밀한 관계를 발전시켜갔으며, 추기경이 로마에 갔을 때는 바티칸의 재정적인 일 처리를 위해 컴퓨터 시스템을 지원하기도 했다. 그렇지만 그가 광범위하게 그리고 본격적으로 기부를 실천에 옮긴 것은 모나한이 자신의 피자 체인 지분을 10억 달러에 매각했을 때다. 2억 달러는 그가 설립한 아비마리아재단Ave Maria Foundation에, 나머지는 직접 기부를 위해 보유함으로써 그의 기부는 다양한 활동 범위를 갖게 되었지만, 대부분은 보수적 가톨릭과 관련된 목적에 사용되었다. 예를 들어, 중앙아메리카의 공산화 확산을 우려하면서 니카라과 마나구아 대성당 건축을 위해 250만 달러를 지원한 것은 많은 논쟁거리를 가져다주기도 했다. 그의 담당 신부가 가난한 자들에게 필요한 서비스를 제공하기 위한 길을 찾으라고 할 정도였지만, 모나한은 자신의 접근방법, 즉 개인의 도덕적 · 정신적 삶에 대한 지속적인 관심은 변하지 않았다.

모나한의 가톨릭적인 필란트로피는 고등교육에 초점이 맞춰져 있기도 했다. 그가 가장 야심차게 진행했던 것 중 하나가 미시간 앤아버Ann Arbor에 있는 그의 오피스파크에 아비마리아 법과대학을 설립하는 것이었다. 그곳에는 270에이커의 면적에 오피스빌딩으로 둘러싸인 도미노피자 총본부가 있는데 여기에 프랑크 로이드 라이츠 프레이리 스쿨Frank Lloyd Wright's Prairie School과 같은 스타일로 짓고자 했었다. 모나한 법과대학의 목적은 모나한 자신의 신앙과 믿음을 실천할 방법을 모색하면서 법의 도덕적 측면에서 그리고 신앙과 법률의 교차지점에 관심이 있는 학생들을 위해 이바지하는 것이었다. 그의 비판자들은 법과대학이 보수적 법률가 후속세대를 훈련시키고자 하는 수단이며, 결국 그들은 자유주의적 법학을 해체하고자 노력할 것이라는 주장을 피력했다. 이들 중 누구도 같은 캠퍼스에 경영대학을 지을 계획도 갖고 있었던 모나한에게 영향을 끼치지는 못했다.

실제로 프로젝트를 착수하는 것 이상으로 모나한은 영성 구축을 위한 프로젝트 지원 기회를 잡기 위해 꾸준히 노력해 왔다. 다른 기부자들이 긴요한 물질적 욕구에 초점을 맞추는 데 비해 모나한의 필란트로피는 의식적으로 신앙과 믿음에 맞춰져 있었다. 심지어 그는 미시간대학 캠퍼스 내에 있던 남학생 사교클럽을 매입해서 파티와 방종으로 상징되는 흔적을 전부 없애고 각 방에 십자가가 걸린 가톨릭 여학생 기숙사로 개조했다. 더구나 가톨릭 여학교 설립을 통해 현존하는 가톨릭 학교 중 어느 학교보다 신앙이 학습과 배움의 중심이 되도록 했다. 모나한의 지속적이면서도 광범위한 규모의 필란트로피는 눈에 띄지 않고 계속되었다. 사실상 그는 미국 내에서 가장 눈에 띄는 가톨릭 후원자이자 기부자다. 그는 이러한 기부 덕택에 교황이 주재하는 성찬

식에 참여할 특권을 얻었으며, 그의 딸이 쇼카Szoka 추기경의 주례로 성 피터 바실리카St. Peter's Basilica에서 결혼식을 올릴 수도 있었다.

다른 기부자들은 자신의 신앙을 표출하기 위해 기부를 선택하지는 않는다. 오히려 자신의 명예, 즉 자신의 삶에서 의미 있다고 생각하는 것, 중요하다고 생각하는 것에 기부한다. 컴퓨터 소프트웨어 회사인 피플소프트사PeopleSoft, Inc.의 설립자 데이비드 더필드David Duffield의 경우가 이에 해당한다. 더필드와 그의 아내는 매디Maddie와 매우 깊고도 중요한 관계를 맺고 있었다. 매디는 미니어쳐 슈나우저 견종으로 그들 부부가 많은 돈을 벌기 전부터 함께 살고 있었다. 아기가 없었던 부부에게 매디는 행복의 원천이기도 했다. 비즈니스를 설립하고 발전시켜 나가는 힘든 시기에 매디의 개성과 심성은 더필드에게는 매우 중요한 것이었다. 그는 만일 그가 많은 재산을 모은다면 이를 환원하겠다고 매기에게 맹세했다. 1997년 더필드와 함께한 10년을 뒤로 한 채 매기는 암으로 세상을 떠났다. 그러나 매기는 잊히지는 않았다. 더필드는 억만장자가 되었고 동물복지를 위해 역사상 가장 큰 규모 기부를 위해 매디스펀드Maddie's Fund를 만들고 2억 달러 기금을 내놓았다. 이 펀드의 목적은 동물복지 지원과 안락사 없는 동물 쉼터 네트워크 구축이었다.

동물복지를 위해 연간 수백만 달러를 기부하는 것이 효과적인지를 판단하기는 쉽지 않은 일이다. 더필드는 동물학대방지협회 샌프란시스코 지부San Francisco Society for the Prevention of Cruelty to Animals, SF/SPCA 책임자를 고용해 매디스펀드 운영 책임을 맡겼다. SF/SPCA는 전국적 조직으로 안락사 없는 쉼터로 집 없는 길거리 동물에게 돌봄 서비스를 제공하는 모델로서 그 명성이 널리 알려져 있다. 매년 500만 마리의 고양이와 개가 죽임을 당하는 나라에서 안락사 실태와 관행을 밝히고자 한 시도는 야망 찬 목표였다. 그렇지만, 더필드와 그의 팀은 혁신적 아이디어가 항상 성공으로 이어지는 테크놀로지 분야의 경험이 있었기 때문에 5년 이내에 모든 동물에게 집을 찾아준다고 약속한 쉼터에 지원한다는 계획을 계속 추진해 갔다. 특히 쉼터가 성과를 내면 후원금을 확대해가는 식의 정책을 매디스펀드가 갖고 있었기 때문에, 나이, 생김새, 장애 여부와 관계없이 모든 동물이 안락사 없는 시설에서 지낼 수 있도록 쉼터가 완벽하게 리빌딩되면 매디스펀드는 100만 달러를 지원하게끔 설계되었다. 아울러 펀드는 이러한 목표를 달성하기 위해 동물의 출생률을 낮추도록 노력해야 했고, 현재 반려동물을 키우고 있는 가족은 좀 더 오랫동안 그들과 함께할 수 있도록 독려해야만 했다.

일부는 또 다른 이유로 기부를 하곤 한다. 즉 자신의 또렷한 기억 때문에, 그리고 필란트로피가 개인적인 추억이나 감정보다 더 오랫동안 가시적 흔적을 남기는 길이기 때문에 기부를 한다. 메리 포드 마우러Mary Ford Maurer는 캔자스 시티Kansas City에서 성장했다. 그녀의 추억 중 가장 기억에 남는 것은 당시 프레드 하비 컴퍼니Fred Harvey Company에서 회계담당자로 일하고 있었던 아버지를 만나기 위해 유니온역Union Station에 가는 것이었다. 그녀는 종종 아버지와 함께 점심을 먹으러 나갔으며 함께 이야기를 나누곤 했다. 훗날 그녀는 네 명의 자녀, 여덟 명의 손자손녀, 두 명의 증손자 증손녀를 두었다. 진행 중인 유니온역 리빌딩 과정을 보기 위해 역을 다시 방문했고, 그 자리에서 리빌딩 프로젝트에 대한 지원요청을 듣고 역에 있는 큰 벽걸이 시계 수리 보수를 위해 20만 달러를 지원하기로 약속했다. 성공한 사업가와 결혼한 그녀는 66세 나이에 급작스럽게 사망한 남편의 뒤를 이어 13년 동안 투자회사를 운영하기도 했다. 그녀는 대부분의 기부금을 지역재단 기부자지정 기금을 통해 운영했는데, 특히 그녀는 자선을 위한 재산이 자신의 계좌에 축적될 수 있다는 점, 이를 통해 거액기부를 위한 저축이 가능하다는 점, 시계 수리 보수와 같은 프로젝트를 결정하기 전에 모든 선택지에 대해 생각해 볼 수 있다는 점 등을 마음에 들어 했다. 마우러는 이 이외에도 예술, 교육, 사회서비스 등 분야를 확대해갔다. 비록 커뮤니티 크리스천 교회Community Christian Church의 회원은 아니었지만, 그녀는 주말 밤에 빛을 쏴 밝힌 빛의 첨탑에 매료되었고, 이의 유지 관리를 위해 기부하기도 했는데 이는 전형적으로 감정과 본능에 이끌린 기부라 할 수 있을 것이다.

자선적, 도구적, 표현적 필란트로피는 서로 다른 것과 겹칠 수도 있으며 합쳐진 형태로 나타날 수도 있다. 더구나 시간의 경과에 따라 혹은 어떤 특정 시점에 자신의 모든 기부를 가로질러 완전한 일관성을 유지하는 기부자는 거의 존재하지 않는다. 기부자는 필란트로피와 관련하여 다양한 포트폴리오를 가질 수도 있는데 연말연시 지역 자선단체를 위한 기부, 명성과 위상을 가진 단체에 대한 직접적인 지원, 교회에 대한 자기 표현적인 기부, 그리고 많은 생각과 숙고가 전제된, 사적 책무와 공공의 필요가 연계된, 좀 더 전략적 약속이 그런 사례가 될 수 있을 것이다. 또한, 앞서 살펴봤던 필란트로피 가치 창출의 네 가지 주된 형태에 진화적인 차원도 존재한다. 도구적 혹은 표현적 기부로 시작한 기부자들은 시간이 흐름에 따라 종종 자신의 필란트로피를 좀 더 전략적인 형태로 진화시켜간다. 이는 그들의 경험이 그들에게 초점과 목적을 좀 더 명확하게 해주기 때문이기도 하다. 또 다른 한편으로는 대부분의 전략적 기부자들은 주변 여건이 요구하면 더 전통적인 채러티의 형태가 포함되도록 의식적으로 자신에게 공간을 허락한다는 점이다. 기부자들이 앞서 살펴본 좌표 내에 혹은 주변으로 수렴됨에 따라 각각의 형태 안에 또는 사이에서 활동을 전개하면서 서로 다른 필란트로피 도구와 기술을 경험하게 된다. 아울러 이를 통해 그들은 전략의 구성 요소로서 필요한 일련의 적합성과 정렬에 대한 경험과 지식을 얻게 된다.

통합적 접근과 형태: 전략적 기부

도구주의와 표현주의가 결합한 기부는 수많은 형태를 보이기 때문에 이를 명확히 설명하기란 쉽지 않다. 그것은 수용된 실제적인 이슈에 의해서라기보다는 오히려 성취한 적합성의 특징, 공공 목적과 사적 가치의 혼합 때문에 정의된다. 어떤 기부자는 기부금조성 관련 의제를 수립하는 데 자신에게 중요한 가치를 반영하고자 하고, 어떤 기부자는 광범위한 공공의 편익을 꾀하고자 한다. 성공적으로 끝난다면 도구적 차원과 표현적 차원의 흥미로운 합류가 가장 근접한 형태로 수렴하게 된다. 이와 관련된 사례를 F. W. 올린재단F.W. Olin Foundation에서 살펴볼 수 있다. 몇 년에 걸쳐 이 재단은 국내 대학 캠퍼스 내에 70여 개 공과대학 건물 건축을 지원했다. 이는 기부자의 공학교육에 대한 약속을 반영하는 것이기도 했다. 1890년도에 태어난 플랭클린 W. 올린Franklin W. Olin은 공식적 교육을 거의 받지 못했지만, 공학교육을 받을 수 있었고 최종적으로는 코넬대학Cornell University을 졸업하게 된다. 올린은 2년 동안 아메리칸 어소시에이션즈 워싱턴 세네이터American Association's Washington Senators와 디트로이트 타이거즈Detroit Tiger's에서 메이저리그 야구 49게임을 뛰기도 했다. 그렇지만 그의 공학적 기술력은 그의 운동 능력을 능가하는 것이었다. 올린은 방직기계 설계 후, 화약공장을 건설했으며 세기의 전환기에 군수품 회사 두 개를 설립했고 많은 이익을 남겼다. 1938년 F. W. 올린재단을 설립하고 1951년 그의 사망과 함께 자신의 재산 거의 전부를 기부했다. 향후 10년 동안 재단이사회는 과학과 공학에 대한 올린의 유지를 실현하고자 국내 공학교육의 발전에 거액의 기부를 하기로 했다.

1997년 올린재단은 보스턴 외곽에 있는 새로운 학부로서 플랭클린 W. 올린 공과대학을 만들어 공학교육에 대한 영향력을 극대화하고자 했다. 재단은 5억 달러의 기금 중 3억 달러를 사용하기로 하고 필요하다면 추가로 더 지원할 것을 약속했다. 이러한 창의적인 움직임 속에서 재단이사회는 수많은 서로 다른 학부 교육 모델을 찾아보고 비교하면서 클레어몬트대학Claremont College의 접근방법이 매우 매력적이라고 판단했다. 즉 일련의 독립적인 대학들이 체육관, 도서관 같은 시설을 공유하되 학사운영은 독립적으로 하는 접근방법이었다. 올린재단은 뱁슨대학Babson College으로부터 캠퍼스 옆 70에이커의 땅을 매입했다. 더구나 이러한 파트너십, 즉 공과대학을 기업가정신을 가르치는 경영대학과 그것도 전국적 명성을 가진 대학과 연계할 수 있다는 점은 재단이사회에 큰 매력으로 다가왔다. 이는 곧 기부자가 깊게 이해하고 믿는 바이기도 했고, 궁극적으로 다재다능한 공학도의 아이디어가 진정으로 필요한 상품을 만드는 데 활용될 것이라는 의미를 내포하는 것이었다.

새로 설립된 올린대학은 고등교육계에 존재하는 낡은 규칙을 바꾸는 데도 앞장을 섰다. 교수들에게 종신 교수직은 허락되지 않는 대신, 동료 평가를 토대로 5년이라는 재임용 계약의 기회가 주어졌다. 초기에 학생들에게 어떤 수업료도 기숙사비용도 청구하지 않았다. 말 그대로 무료였다. 2010년과 2011년 사이 경제적 불경기는 이러한 정책을 바꾸기에 충분했지만 학교는 처음의 방침을 그대로 유지하면서 모든 학생에게 상당한 규모의 장학금을 계속 지급했다. 엠아티MIT, 칼텍Caltech 등으로 진학할 수 있는 우수한 학생들을 잡아두기 위해서라도 올린대학은 모든 학생에게 전액 장학금을 지급함으로써 차별화 정책을 지속해 갔다. 오늘날에도 이런 정책은 지속되고 있으며 이를 통해 우수한 학생들을 선발하는 데 성공적인 결과를 거두고 있다. 교수 또한 수천 명의 신청자 중 60여 명을 선발했으며 이들은 공대 교육에만 전념할 수 있도록 했다.

이렇듯 위험성과 혁신성을 갖는 필란트로피의 노력이 성공할 수 있을지는 짧은 시간 내에 밝혀지지 않을 것이다. 그러나 징후는 엿보인다. 올린대학이 『유에스 뉴스 엔 월드리포트』US News & World Report에 학부 공과대학 상위 10등 안에 지속해서 들 뿐만 아니라 또 다른 대학 순위 간행물도 같은 평가를 하고 있다는 사실이 그런 징후에 해당한다. 중요한 것은 기부자의 가치를 실현하겠다는 야망과 열정의 범주다. 그것이 재단 이사진에게 기존의 전통적이고 관습적인 지원 절차와 과정에 변화를 일으키게 했다. 이 경우 재단이사회는 실질적 위험을 감수하고 잠재적으로 높은 보상을 가져올 수 있는 곳에 투자함으로써 몇몇 주요 개인 기부자가 하는 방식을 따랐다. 올린재단은 학부 공학교육의 새로운 모델을 추구하면서 표현적 가치와 도구적 가치를 동시에 만들어 내고자 했으며, 기부자의 의도와 잘 훈련된 공학도를 필요로 하는 사회의 요구 모두를 충족시켰다.

일부 기부자는 대의에 의해서가 아니라 오히려 지역사회에 대한 개인적인 애착에 의해 움직이고 이에 따른 기부 전략을 구사하기도 한다. 투자회사 딜론 리드Dillon, Read & Co.의 파트너인 딘 마테Dean Mathey는 윈드햄재단Windham Foundation을 설립하고 버몬트주 그래프톤Grafton이라는 작은 마을을 발전시키고자 했다. 이 재단의 목표는 작은 마을에 역사적 건물을 복원하고 그래프톤 경제를 살리는 것, 이 지역의 교육과 자선적 대의를 위해 재정적 지원을 하는 것, 그리고 버몬트주와 그 구성원들의 복지를 증진하는 것이었다. 이런 광범위한 목적을 달성하기 위해 운영재단(operating foundation)을 활용하였는데 이는 자체 프로그램도 직접 운영하고 재정적 지원도 하기 위함이었다. 1963년 재단이 설립된 이래, 재단이 성취한 것 중의 하나는 마을 한가운데 옛날식의 여관을 복원해서 일 년 내내 방문자들을 묵게 했던 것과 마을 주위에 1800년대식의 작은 건물들을 복원한 것이었다. 마을의 원래 모습과 성격을 보존하고자 재단은 1,600에이커의 땅을 사들이기도 했다. 그래프톤과 식민지시대의 도시 윌리암스버그Williamsburg와 같은 도시 사이에 흥미로운 차이점은 그래프톤을 생동감 있는 지역사회로 만들고자 하는 윈드햄재단의 열망이 있다는 사실이고, 그 위에 박물관 같은 역사적 마을이 존재한다는 점이다. 현재 재단은 다양한 형태의 영리회사를 하부조직으로 두고 100명 이상의 주민을 고용하고 있다. 여기에는 양농장도 있고 치즈공장도 있고 어린이집도 있고 스키센터도 있다.

기부자들은 해결하고자 하는 문제와 이슈를 갖고 출발해서 자선적 대응을 구축하는 것이 일반적이지만, 마테의 필란트로피는 마을에 대한 약속과 삶의 방식을 갖고 출발했다. 그래프톤은 경제적 활성화와 역사적 보존이라는 문제와 마주하고 있었지만, 이런 사회적 문제가 기부를 활성화하는 것은 아니었다. 기부자들을 행동으로 옮기게 한 것은 마을이 특별한 장소라는 아이디어였다. 버몬트 언덕에 그림 같은 마을을 보호하고 보존하기 위해 운영재단을 활용한 것은 도시 빈민을 지원하거나 국외에서 유행병 예방 프로그램을 지원하는 것과는 확실히 다른 것이다. 즉 기부자의 경험과 열정으로부터 시작해서 광범위한 공공의 목적으로 투영되어 나타났다. 이 경우 우리의 시선을 끈 것은 농촌 마을 버몬트의 삶의 방식과 그들의 유산이다. 아울러 마테의 운영재단 활용 또한 매우 흥미롭다. 기부와 관련하여 직접적이고 실천적이며 지역적인 접근방식, 즉 프로그램에 대한 지원이 외부자에게 주어진 것이 아니라 재단이 운영하는 기업에 맡겨졌고, 그 지역 주민이 그곳에 고용되어 직접 참여했다. 안정적 고용에 대한 지역 주민의 요구와 마을의 역사적 성격을 보존하고자 하는 기부자의 열망이 있다면, 잘 정렬되고 정돈된 전략적 선택, 마을과 기부자의 비전을 올바르게 담보하는 전략적 선택이 가능하다는 것을 이 사례는 보여준다.

도구적 기부, 표현적 기부, 그리고 두 가지를 혼합한 기부 사이에 명확하고 정확한 라인을 그린다는 것은 어려운 일이지만, 명확하게 해야만 하는 것이 있다. 즉 세속적인 효과와 기부자의 개인적 믿음 사이에 시너지적 접촉 지점을 알아야만 하며, 이를 위해서는 낮은 단계에서 점차 높은 단계의 가치 창출의 결합으로 이끄는 하나의 연속체로 이해해야 한다. 그러나 기부자들은 자신의 기부와 관련하여 항상 결합한 가치를 만들고자 하는 것은 아닐 수도 있으며, 때때로 가치 창출의 다른 형태를 실험해 볼 수도 있다. 궁극적으로 **필란트로피는 공공의 편익 창출과 기부자 믿음의 실천 양자 모두에 대한 존재**로서 이해될 필요가 있다. 이들은 기부의 도구적 형태와 표현적 형태의 순차적 실천을 통해 서로 분리되어 만들어질 수도 있지만, 양쪽이 결합하여 한 부분이 되었을 때 매우 강력한 것이 되기도 한다. 전략적 기부의 힘은 공공선에 대한 개인적이고 사적인 비전이 사회로 흡입될 때 발휘되며, 이는 예기치 못한 매우 중요한 효과를 낳을 수도 있다. 다른 사람을 돕고자 하는 욕구, 정부가 생각조차 할 수 없는 일을 하고자 하는 욕구는 어떤 제한도 받지 않고 공공영역에서 절충과 혁신을 불러올 위치에 있게 된다. 기부자가 얼마나 잘 그리고 얼마나 적절하게 대응하여 자신에게 가용한 기회를 포착하는지는 그들이 갖는 전략적 비전의 특질이 얼마나 잘 작동하느냐의 문제이기도 하다.

이들 두 가지 기부 요소를 함께 가져올 수 있는 능력, 즉 기부자의 사적 가치와 지역사회에 대한 공공적 필요와 욕구는 시간이 흐름에 따라 도전받거나 새롭게 재탄생했다. 기부자가 기부 자산에 대한 책임을 재단에 넘기고 자선적 유산을 다른 사람에게 맡김에 따라 필란트로피가 갖는 표현적 내용은 천천히 지속해서 소멸하여 간다. 이사진이 바뀌고 기부자가 누구인지 기억에서 점점 희미해지고, 고용된 스텝들은 성실하게 일하지만, 자신의 책임, 즉 지원과정을 세련되게 만들고 현명하게 그리고 의도된 목적대로 지원금이 사용되는지에만 집중한다. 이렇듯 천천히 그리고 점진적인 추이는 사적 가치와 공공적 목적에 대한 이중적 관심의 초점을 유지하기 위한 필란트로피의 역량에 중대한 도전으로 다가오게 된다. 그렇지만 이런 도전과 함께 새롭게 진화하려는 대항력도 나타난다. 즉 매년 새로운 기부자가 나타나고 이들을 통해 공공영역에서 공공선을 둘러싼 새로운 비전을 펼쳐보고자 하는 시도가 있게 된다. 그들은 때때로 발을 헛디딜 수도 있고, 필란트로피를 통한 사회적 편익의 증진이라는 것이 비즈니스 세계에서 수익을 창출하기보다 훨씬 어렵다는 사실을 발견하기도 한다. 그렇지만 참신한 아이디어와 가설을 가진 새로운 기부자의 꾸준한 유입이 이들 분야를 풍부하게 한다. 기관 필란트로피, 제도화된 필란트로피 일부에서 보이는 경직화 현상이 새로운 자금과 아이디어의 유입 때문에 서로 상쇄되는지는 알 수 없지만, 분명한 것은 표현적 힘과 도구적 힘의 탄생과 소멸이라는 현상이 주기적으로 반복되면서 경험이 축적되고 있다는 사실이다. 이러한 변화의 복잡한 과정 속 어딘가에서 앞서 언급한 가치 창출의 네 가지 형태가 존재하며 진화를 거듭해 나가고 있다.

필란트로피 프리즘의 나머지 네 가지 요소에 대한 기부자의 남은 결정은 기부자의 능력, 즉 도구적 기부와 표현적 기부가 겹쳐 확인하기 쉽지 않은 지점을 찾을 수 있는 역량에 실질적인 영향을 끼칠 수 있다. 우수한 논리모델(logic model), 합리적 기부 스타일(giving style), 적시성(time frame),

그리고 적합한 수단(vehicle) 등의 설정은 가치 선택의 전략적 잠재력의 보유 가능성에 중대한 영향을 끼칠 수 있다. 다른 관점에서 본다면, 사적 열망을 공공적 목적에 연계하고자 하는 의도와 욕망만으로는 수많은 장애물을 극복하는 데 충분하지도 않으며 극복하기도 어렵다는 점이다. 특히 이런 장애물은 필란트로피 전략의 높은 수준의 정렬과 적합성을 성취하고자 하는 기부자들 앞에 흔히 나타나곤 한다. 그렇지만 그것은 퍼즐을 맞추는 데 필수불가결한 조각이기도 하다.

Chapter 3

논리모델

— 변화 · 레버리지 · 규모이론

❝강력한 논리모델에 대한 실질적 타당성은 기부자 스스로 왜 기부하는지 자신의 기부 목적을 깊이 인식할 수 있게 한다. 기부자의 믿음과 가설이 논리모델을 기반으로 형식화된다는 것은 전략적 명확성을 향한 의미 있는 진전이다.❞

❝기부자가 필란트로피에 관해 관심을 두고 노력한다는 것은 기부자가 자신의 기부와 나눔에 대해 완벽하게 제어하고 조절한다는 것이며, 이들 행위에 대한 책임과 의무를 져야만 한다는 것을 인지하고 있다는 의미이기도 하다.❞

기부자들은 세상에 관심을 두고 새로운 가치를 창출하면서 의도된 목적을 성취하고자 한다. 그러나 어떻게 하는 것이 최선인가라는 문제에 필연적으로 봉착하게 된다. 이 질문의 핵심에는 **필란트로피 효과성**(effectiveness)이라는 개념이 자리 잡고 있다. 대부분 기부자, 심지어 자신의 신념을 표현하고자 하는 열망과 가치로 무장된 기부자조차도 결과 산출을 어떻게 할 것인가에 많은 관심을 둔다. 돈을 어떻게 효과적으로 쓸 것인가라는 방법을 찾는 데 기부자 앞에는 많은 선택지가 존재하며, 어떻게 임팩트를 가져올 것인가에 대한 수많은 이론과 접하게 된다. 이들 이론은 다음 세 가지로 분류해 살펴볼 수 있다. 즉 **변화이론**(theories of change), **레버리지이론**(theories of leverage), **규모이론**(theories of scale)이 그것이다. 물론 이들 이론 간에는 상호 간 강한 연관성이 존재하며, 한 영역에서의 선택이 다른 영역의 선택을 위한 결과를 가져오기도 한다. 또한, 이 세 가지 모두는 논리모델(logic model)이라고 알려진 것에 서로 잘 들어맞는다.

논리모델의 구성요소

논리모델(<그림 3> 참조)은 필란트로피를 통한 간섭이 설정한 목표에 어떤 영향을 어떻게 미치는가에 대한 설명으로 이해할 수 있다. 따라서 **논리모델은 인과관계를 상술하는 설명서로서 성공을 위한 간섭이 어떻게 이뤄져야만 하는지 단계별로 구체적으로 설명**한다. 때때로 논리모델은 화살표로 이어진 박스를 가진 경로 패러다임의 형태를 취하며 원하는 최종 결과가 마지막에 위치한다. 논리모델을 만들기 위해 기부자는 기부의 궁극적 목적이 무엇인지 분명하게 할 필요가 있다. 결과에 대한 분명한 설정이 없다면 일관성 있는 논리모델은 불가능하다. 기부자는 또한 그들의 출발점과 목표를 향해 가기 위해 거쳐야 하는 단계를 이해할 필요가 있다. 논리모델의 가장 일반적인 문제점은 간섭을 통해 사회적 결과에 이르는 인과사슬 내에 모든 결정인자가 포함되어 있을 것이라는 잘못된 믿음이다. 실제 대다수의 사회적 중재 및 개입은 결과에 영향을 주는 시스템의 외부에서 많은 잡음을 만들어 왔다. 이런 식의 큰 규모의 잔차(residual) 요인은 상대적 설명력이라는 측면에서 논리모델의 프로그램적 요소를 왜소해 보이게 만들었다. 연구자들과 마찬가지

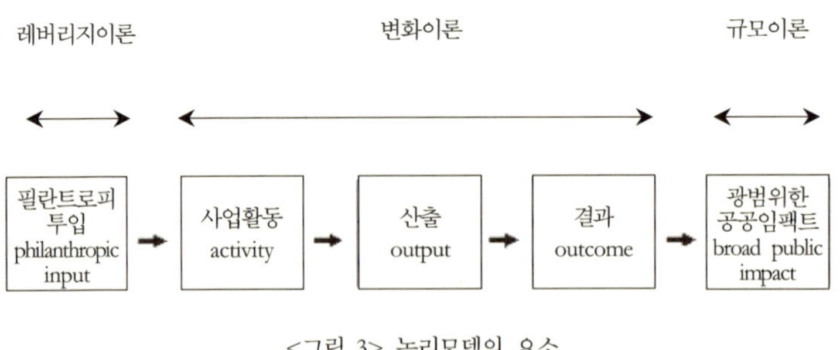

<그림 3> 논리모델의 요소

로 모든 기부자도 통계학자들이 잔차 문제라 칭하는 것과 관련된 불확실성에 직면했음에도 불구하고 계속해서 진행해 나갈 필요가 있다. 기부자가 택한 분야에서 논리모델을 구축하고자 하는 기부자에게 심각하게 손상을 주지 않으면서, 적어도 잔차 문제는 겸손해야 할 하나의 이유가 되어야만 한다.

논리모델을 명료화하는 것은 보통 **변화이론**(theory of change)을 정의하는 것으로부터 시작한다. 이는 기부자에게 일련의 기부 목표 혹은 종류를 염두에 두게 한다. 변화이론은 상당히 광범위할 수 있으며, 가장 작은 사회 단위부터 가장 큰 것에 이르기까지 필란트로피가 실천할 수준을 정의한다. 이 스펙트럼의 한끝에 훗날 변화를 주도할 리더 개인의 훈련과 발전에 초점을 맞춘 변화이론이 있으며, 또 다른 반대의 끝에는 한 국가 혹은 세계적인 수준에서 공공정책을 수립하고 이를 통해 변화를 이끌고자 하는 이론이 존재한다. 이런 변화이론의 위계는 자신의 기부가 어떻게 한 사회의 특정 집단에 영향을 끼칠 수 있는지에 대한 일련의 초기 선택을 기부자에게 간결하게 설명해 줄 뿐이다. 변화이론을 올바르게 선택했는지는 얼마나 많은 생각을 하느냐에 달렸다. 여기에는 기부자가 일하는 분야와 원하는 결과의 성격도 포함된다.

레버리지이론은 어떻게 임팩트를 만들어 내느냐는 이론에 초점을 맞춘다기보다는 오히려 과정의 메커니즘에 초점을 맞춘다는 점에서 변화이론과는 다르다. 레버리지는 기부자에게 기부의 효과성을 증진하게 하는 어떤 것이라 할 수 있다. 그것은 많은 사람에게 익숙한 물리학 원칙, 즉 물건을 옮기거나 들어 올릴 때 짧은 막대보다 긴 막대가 더 유용하다는 원칙이다. 받침대를 놓고 움직일 대상 밑에 막대기를 넣게 되면 대상을 들어 올리거나 움직일 때 막대는 더 큰 힘을 줄 수 있다. 기부금을 주고 이보다 더 큰 임팩트를 얻을 수 있다는 아이디어는 오래전부터 기부자들에게 아주 매력적인 포인트가 되어 왔다. 그 결과 많은 기부자가 큰 임팩트를 가져올 수 있는 서로 다른 필란트로피 방법을 실험해 보기 위해 상당한 시간을 투자했다. 기부와 관련하여 레버리지를 얻고자 하는 욕구는 해결하고자 하는 사회적 이슈와 문제의 규모가 커지면 커질수록 증가한다. 또한, 레버리지의 필요는 기부자가 사용할 수 있는 재원의 절대량이 줄어들수록 증가한다.

변화이론을 발전시키는 것과 레버리지 지점을 찾는 것을 넘어 기부 임팩트를 높이고자 하는 기부자들은 세 번째 요소, 즉 필란트로피 실천을 안내할 **규모이론**(theory of scale)에 집중하는 경향이 있다. 일부 기부자들은 빈도가 높지 않은 욕구를 충족시키기 위한 소규모의 기부에 만족하는 반면, 대다수 기부자는 기부행위의 결과가 확대되는 것을 보기 원한다. 적절하게 이해되고 문서로 만들어진 성공적인 개입은 다양한 수단을 통해 확대될 수 있으며, 해당 프로그램 혹은 개입으로부터 혜택을 받는 사람의 수는 증가한다. **많은 기부자에게 규모란 운용 중인 퍼즐, 즉 변화이론의 개발로 시작하여 더 높은 수준의 필란트로피 레버리지를 통해 지속적인 추구를 해온 퍼즐의 마지막 조각**에 해당한다.

변화이론, 레버리지이론, 규모이론은 서로 상호 간에 연계된 일련의 개념으로 이해될 수 있으며, 이들 모두는 어떻게 효과성과 임팩트를 증대하고 확장할 수 있느냐는 곳으로 향해 있다. 변화이론은 전략개발과 논리모델의 핵심이다. 레버리지이론, 규모이론은 논리모델의 맨 앞과 뒤에서 지원하는 전술이라 할 수 있으며, 이는 기부자에게 임팩트를 극대화할 수 있도록 해준다. 이들 세 가지 요소 중 어떤 것이든 그 개념을 그려낼 수 있는 기부자는 공공 편익을 극대화할 수 있는 위치에 오를 수 있을 것이다. 기부와 관련하여 점점 더 나은 실천을 한다고 해서 기부자의 개인적인 만족이 증가한다고 보장하기는 어렵지만, 성공하지 못한 기부자보다 자신의 목적을 이룬 기부자가 기부에 흥미를 갖게 되고 더 많은 기부를 하게 된다는 사실은 수많은 필란트로피의 실천적 경험에 의해 뒷받침된다. 이런 이유로, 기부 메커니즘에서 볼 때 점진적으로 나아진다는 것은 필란트로피 프리즘과 관련하여 매우 중요한 요소다.

변화이론

변화이론(theories of change)은 다섯 가지의 서로 다른, 그렇지만 개념적으로 상호 연관된 차원에서 작동한다. **개인**(individuals), **조직**(organizations), **네트워크**(networks), **정치**(politics), **아이디어**(ideas)가 그것이다. 개인적 차원에서 대다수 기부자는 변화가 필요한 분야에 리더십을 위해 사람들을 훈련하고 개발하는 데 초점을 맞춘다. **개인**을 위해 기회 창출과 기술 축적에 초점을 맞추는 것은 일군의 변화 대리인 양성을 하겠다는 뜻이자 약속이다. 이를 통해 해당 분야 관행과 공공정책의 변화를 준비한다. 새로운 리더의 발견, 개발, 훈련을 통해 해당 분야에서 변화를 모색하고자 했던 기부자는 독립과 통제라는 이슈와 맞닥뜨리게 된다. 결국, 이러한 노력을 해 온 개인은 자신만의 목표를 추구할 필요가 존재한다. 아직도 많은 기부자가 중립적인 전문가 개발 프로그램과 리더 양성을 통해 정해진 의제를 진전시키려는 계획들 사이에 분명한 경계를 짓고자 노력해 왔다. 모든 일이 순조롭게 잘되면 리더십 개발, 학습과 훈련, 전문가 교육 프로그램 등은 해당 분야 인적자본을 구축하고, 새로운 기술을 배양하고, 정해진 사명을 완수하도록 사람들에게 지속적인 동기를 부여하는 데 일조할 수도 있을 것이다.

해당 분야에서 사람을 훈련하고 개발하는 일은 장기적인 관점이 필요하다. 특히 해당 분야에 이미 리더십이 강고하게 자리 잡고 있다면, 혹은 해당 분야가 생긴 지 얼마 되지 않았고 아직도 진화 중이라면 더욱 그러하다고 할 수 있다. 종종 이러한 노력은 하계연구소, 세미나, 최고경영자 프로그램, 원격지교육, 펠로우십, 안식년 등의 형태를 띤다. 이를 통해 재능 있는 사람들이 누구인지 확인하고 이 분야를 만들어가는 데 더 큰 책임감을 가질 수 있도록 독려한다. 예를 들어, 몇몇 기부자들은 공립학교 개혁 분야에서 활동하고 있는 브로드재단Broad Foundation의 성과를 넘어 교사, 교장, 교육감 등을 위한 훈련 및 경영 프로그램의 다양한 선택 폭을 만들어 냄으로써 변화를 끌어내고자 노력하고 있다. 크고 복잡한 시스템에서 개인들과 함께 출발함으로써 기부자들은 의도적이고 전략적인 선택을 한다. 이는 광범위한 변화가 개인으로부터 비롯된다는 믿음에 기초한다.

변화를 가져올 또 다른 방법은 강력한 **조직**을 만들고 이를 지원하는 것이다. 비영리부문 내에서 역량증진 방법을 찾는 데 많은 재단이 기술적 지원, 기획, 역량강화 자문 등을 비영리조직에 제공하며 이를 그 출발점으로 삼는다. 이는 비영리조직이 그들 자신의 프로그램을 갖고 좀 더 큰 규모로 발전해 갈 수 있도록 차별화하는 데 있다. 종종 이러한 지원프로그램은 이사회 개선에서부터 자원개발을 위한 마케팅에 이르기까지 다양하며 이들 주제에 대한 컨설팅이 주된 형태다. 일부 비영리조직은 자신들의 계획과 운영에 참견하는 것에 대해 발끈 화를 내기도 하지만, 재단은 일반적으로 비영리 역량강화를 통해 영향력과 가시성을 보유하게 하며, 역량강화는 비영리조직 스스로가 차별성을 만들어가는 데 매우 중요한 요소로 간주한다. 강한 조직을 만들기 위한 노력은 조직을 구축하고 강화함으로써 해당 분야 혁신의 중요한 요소로서 강조되며, 이에 우선순위를 둔 변화이론으로 해석할 수 있다.

기부자들은 종종 다음과 같은 질문과 씨름을 하곤 한다. 즉 자신의 기부가 조직 내에서 기존 역량을 강화해야 하는지 아니면 새로운 역량을 개발해야 하는지, 기존 조직 내에서 새로운 프로젝트의 형태를 띠어야 하는지 혹은 완전히 새로운 조직을 만들어야 하는지에 대한 질문이다. 그렇지만 일반적으로 기존 조직은 기술적 지원이나 자문을 통해 혁신될 수 없다는 결론에 이르기도 한다. 새로운 계획이나 조직을 만드는 일은 사람들을 신명 나게 할 수 있는데 그것은 개념으로부터 현실에 이르는 아이디어를 얻을 수 있게도 하고 기존 조직이 이뤘던 것을 상실하게도 한다. 만일 조직도가 다 채워지지 않았다면 인사 문제는 훨씬 더 유연하게 대처할 수 있다. 만일 지배적인 문화나 운영 원칙이 없다면 신설된 비영리조직은 외부 환경이나 모범적 사례를 분석하는 데 자유로울 수 있으며 의도적으로 차별성 있는 것을 탐색해 볼 수도 있다. 이렇듯 과거 기록 없이 새로이 시작한다는 것은 한편으로는 항구적인 흔적을 남길 가능성을 기부자에게 부여하는 것이라 할 수 있다.

따져 봐야 할 문제를 갖고 출발선에 선다는 것은 중요한 쟁점이 된다. 비영리부문이 중복된 그리고 초과한 역량을 갖는 것이 그런 경우라 할 수 있으며, 이런 현상이 만연하다는 것에 주목할 필요가 있다. 실제로 거의 모든 미국 도시에 같은 일을 하는 비영리조직이 많으며, 종종 동일 서비스대상자를 대상으로 오랫동안 같은 프로젝트를 운영하기도 한다. 경험이 있는 대다수 기부자는 새로운 프로그램이나 조직을 시작하는 것보다 오히려 기존의 비영리조직을 통합하거나 아니면 적어도 다른 조직과 협력하도록 독려하는 것이 필요하다고 생각한다. 따라서 새로운 조직이나 프로젝트가 정말 필요한지, 현재 노력으로 가능한 것인지, 혁신을 위해 너무 큰 비용이 들어가는 것은 아닌지, 기부자 스스로 확신할 필요가 있다. 두 번째 문제점은 운영의 효율성과 관련이 있다. 즉 새로이 만든다는 것은 많은 초기 비용이 필요하며 때때로 많은 시간까지도 필요로 한다. 따라서 기부자는 편익 대비 비용과 지체될 시간 등을 따져보고 처음부터 다시 시작하는 것이 유리한지 정확한 판단이 필요하다.

기부자는 상호 협력에 대한 지원 혹은 기관 간의 강력한 **네트워크** 구축을 통해 변화를 만들어가고자 노력해 왔다. 광범위한 비영리부문의 자율적, 분리적 성격은 임팩트를 추구하는 기부자에게 기회를 만들어 준다. 또한, 공동 가치와 목표를 가진 그룹을 찾아 운동을 조직하거나 이전에는 존재하지 않았던 협력을 끌어내는 것도 가능하다. 네트워크는 모범적인 실천 방법을 공유하는 데, 자원을 모으는 데, 그리고 애드보커시 활동을 하는 데 도움을 줄 수 있다. 협력 시스템 구축에 대한 지원은 비영리부문에서 가장 두드러진 일부 결점, 즉 중복된 노력이나 모범적 사례를 학습하는 능력 부재 등의 문제를 해결할 수도 있다. 서로 다른 영역 내에 역량 향상을 위한 네트워크 구축은 소규모 프로그램과 지역적 혁신의 규모를 확장해 나가는 데 적합하다. 사람들을 함께 모으고 소통과 협력의 지속가능한 네트워크의 구축을 통해 필란트로피는 궁극적으로 광범위한 운동 전개를 위한 구성 요소를 만들 수 있으며, 많은 비영리조직이 경험하는 고립성을 극복해 갈 수 있다. 물론 특정 사건이 행동으로 옮길 기회를 만들어 준다면 소통과 협력의 네트워크는 정책 및 정치 운동으로 전환해 갈 수도 있다.

또 다른 변화이론은 **정치**에 영향을 주는 기부자를 포함한다. 필란트로피는 적어도 세 가지 서로 다른 접근방법을 통해 정책 수립에 영향을 줘 왔다. 첫째는 기부자가 시민참여 독려 프로젝트를 지원하는 것이다. 이를 통해 시민들에게 정치가 무엇인지 알게 함으로써 직접 행동으로 옮기게끔 독려한다. 흔히 유권자 등록, 개인을 공공영역으로 되돌리기 위한 자력화 활동 등과 같은 풀뿌리 캠페인을 통해 시민참여는 직접적 시민행동으로 발전해간다.

둘째는 대중과 정책 수립자들을 교육하기 위해 기부자들이 흔히 비영리조직에 그 역할을 요구한다. 애드보커시 활동은 지역, 주, 국가, 국제적 차원에서 일어날 수 있고, 이들은 흔히 정책연구와 대중 정보캠페인의 형태를 띠고 나타난다. 필란트로피 자금의 상당 부분이 생식에 대한 권리, 담배의 위험 등등 기타 대의를 위한 전국적 광고 지원에 사용됐다. 또한, 보수적 성격의 재단은 그들이 원하는 공공정책의 우선순위를 만들어 내기 위해 공공정책 씽크탱크에 지원을 하기도 했다.

셋째, 기부자들은 특정 입법 이슈에 직접적인 로비를 하는 비영리조직에 대해 지원을 하는 것이다. 특정 입법 이슈에 초점을 맞춘다는 점에서 애드보커시와는 차이점이 있는데 비영리조직 로비활동에 대해 지원하는 것은 필란트로피 자금을 직접적인 정치 행동으로 전환하는 방법이기도 하다. 재단이 로비를 직접 하게 되면 법에 저촉되지만, 개인이나 기업은 그렇지 않다. 특히 기본 법률이 기부자의 관심 및 대의를 위해 상당한 정도의 공공 지원을 배정하거나 거부한다면 입법절차를 통해 법안 상정을 막거나 통과시키는 일은 매우 영향력 있는 간섭 과정이다.

정치나 정책 수립을 넘어 기부자는 더 높은 수준의 추상적 개념의 차원에서 해당 문제에 참여할 수 있다. 즉 기초 지식을 토대로 중요한 돌파구를 만들고, 전 분야에 걸쳐 모든 것을 재정렬할 수 있는 새로운 아이디어와 패러다임을 창출하기 위한 지원이 그런 유형에 속한다. 물리학, 지리학, 경제학과 같은 다양한 분야에 기초연구와 이론 정립 등에 대한 지원을 하는 것은 문제를 이해하고 세계를 이해하는 새로운 방법을 제시할 수 있다. 만일 새로운 관점이 해당 분야들을 폭넓게 관통할 수 있다면, 주된 변화를 제시할 수 있을 것이다. 이들 변화는 아이디어 생산뿐만 아니라 현장활동가들이 실천에 옮길 방법에도 지속적인 영향을 줄 수 있을 것이다. 의미 있는 유망한 연구가 무엇으로 어떻게 이뤄졌는지를 판단하는 것은 도전이다. 특히 모든 기부자는 각 분야에 걸친 학문적 논쟁에 깊게 얽히기를 원하지 않기 때문에 더욱 그러하다. 이런 이유로 지원기관은 흔히 제출된 연구제안서에 대해 동료 평가를 한다. 그런데도 변혁적 아이디어에 대한 의미 있는 지원을 하기란 쉽지 않다. 결과가 예측되거나 기대되는 연구는 거의 없으며, 어떤 의미 있는 결과가 있으리라는 것도 보장하지 못한다. 죠나스 설크Jonas Salk와 데이비드 호David Ho가 한 것과 같이 중요한 진전을 위한 신중하면서도 위험한 평가작업은 아마도 지원을 받기가 쉽지 않을 것이다. 그렇지만 이러한 위험에도 불구하고 새로운 아이디어와 주제를 지원하고자 하는 기부자는 지배적 가설에 대한 도전과 해체에 의하든 혹은 문제에 대한 새로운 이해의 촉진에 의하든 중요한 변화를 만들어 낼 수 있다.

연구를 지원하는 일은 흔히 정치와 서로 얽혀 교차할 수 있다. 비영리부문의 아이디어가 공공영역을 통해 걸러지고 이것이 정치영역으로 흘러가는 것처럼 정책연구지원은 성공만 한다면 지대한 영향력을 발휘할 수 있다. 따라서 기부자는 정책에 대한 대중 의견과 엘리트 의견 형성에 관한 연구지원을 통해 막대한 영향력을 행사할 수 있다. 의료보험, 사회복지정책 등의 영역에 대한 정책 관련 논쟁을 후원하고 주도해 가는 것은 얼마 안 되는 필란트로피 투자를 통해 대중의 삶에 지대한 영향을 끼치는 조정과 간섭 과정이 될 수 있다. 이런 이유로 많은 지원기관과 기부자는 '아이디어 필란트로피'(idea philanthropy)를 상당히 영향력 있는 방법으로 간주한다. 즉 서비스전달시스템의 일부를 점차 개선해 가는 것보다 광범위한 변화를 유발할 수 있기 때문이다. 새로운 영향력 있는 아이디어를 만들어가는 일에 대한 도전은 얼마나 올바르게 행동하느냐도 중요하지만, 아이디어가 수용되고 정치적 과정에 확실하게 녹아들어 갈 방법을 찾는 것이기도 하다.

▪ 미해결 이슈

만일 필란트로피가 여기서 언급한 다섯 가지 차원, 개인, 조직, 네트워크, 정치, 그리고 아이디어 모두에서 제대로 작동한다면 적어도 자신에게 부여된 두 가지 주요 질문, 모두에 가시적이지만 그렇다고 누구나 답할 수 없는 질문이 존재한다. 그 첫째는 이들 차원 간의 **상호작용**이다. 둘째는 이들 차원 각각의 **상대적 효과성**에 관한 것이다. 이들 질문에 답이 이뤄져 오지도 않았고 명확히 제기조차 되지 않았다. 기부자들은 변화이론을 어떻게 묘사할 것인가라는 질문과 씨름을 계속하고 있을 따름이다. 왜냐하면, 이들 영역이 근본적인 가정을 명확하게 정의하지 않기 때문이고, 그것의 인과적 주장의 강건함도 보여주지 못하기 때문이다.

언뜻 보기에 필란트로피에서 변화가 일어나는 다섯 개의 차원은 깔끔하게 자리 잡은 것처럼 보인다. 즉 개인이라는 미시적 차원에서 시작해서 조직과 네트워크라는 중간적 차원으로 이동하고 최종적으로는 정치와 아이디어라는 거시적 차원에서 막을 내린다. 그러나 이들 각각 차원 사이의 상호작용은 선형적으로 종합되지는 않는다. 사실상 대다수의 재정 지원자는 동시적 운영을 선호하며, 둘 혹은 세 차원을 가로질러 시너지를 얻고자 한다. 복수의 다양한 프로그램을 갖는 재단은 그들이 정의한 목표와 결과로 가져온다고 믿는 인과사슬에 대한 일련의 기초적 주장을 일반적으로 인식하고 확인할 것이다. 변화의 다섯 가지 모든 차원이 아니라면, 프로그램 영역 내에서 그리고 이를 가로질러 시간의 흐름에 따라 많은 것들이 지속해서 추구될 것이다. 영역 내에서 그리고 이를 가로질러 변화를 추동하고자 하는 서로 다른 시도가 어떻게 기부자가 성취하고자 하는 광범위한 임팩트에 귀결되는지를 명확히 알기란 쉬운 일이 아니다.

이들 차원 사이의 상호작용에 대한 불확실성을 넘어, 변화를 추동하고자 하는 이들 접근방법이 가진 상대적 효과성에 대한 난해한 문제는 아직 남아 있다. 소규모 단위(개인)의 변화로부터 가장 큰 단위(아이디어)로 변화해 가듯이, 위험과 보상 모두가 증가한다는 사실은 그리 놀랄 일이 아니다. 필란트로피 영역은 변화이론과 관련된 경쟁적인 효과성 주장들 사이에서 뭔가를 판단하기에는 그 기초가 많이 부족하다. 규모가 가장 큰 재단은 1년에 지원금으로 수백만 달러를 쓰는 반면, 규모가 작은 수많은 기부자, 특히 재단이라는 문맥에서 벗어나 있는 기부자들은 얼마 안 되는 적은 자원을 보유하고 있다. 이들 기부자에게 다섯 가지 차원 각각이 바라던 결과를 얻을 수 있는 환경이 어떤 것인지를 아는 것은 매우 중요하다. 소규모 기부자에게는 맥락에 따라 애드보커시에, 또 다른 맥락에서는 교육훈련 프로그램에, 제3의 상황에서는 네트워크 구축에 초점을 맞추는 것이 자신의 필란트로피 자원을 효율적이고 효과적으로 쓸 수 있는 방법이 될 수 있다. 그렇지만 불행하게도 변화를 둘러싼 다섯 가지 차원의 상대적 효과성에 대한 정보는 찾기가 쉽지 않다. 왜냐하면, 직접적인 서비스 제공과 애드보커시라는 단조로운 두 가지 구분 이외의 조건에서 좀 더 다른 방법을 모색하고자 하는 기부자가 거의 없기 때문이다. 더구나 보편적인 규칙과 의견이 있을 수 있는지, 신뢰할 수 있는 지식을 만들어 내기 위해 어떤 종류의 데이터가 필요한지는 아직 답이 없는 상태로 남아 있다.

서로 다른 변화이론에 대한 상대적 효과성을 측정할 수 있는 신뢰할 만한 수단이 부재한 상태에서 각각의 영역은 재정 지원자가 인식한 것에 기초할 수밖에 없다. 프로그램 효과성은 측정할 수 있다손 치더라도 문맥을 고려한 그 어떤 변화이론 한 가지에 내재하는 수월성을 확인하기란 쉬운 일이 아니다. 이렇듯 지식 간의 차이는 개별 기부자나 전문가 스텝이 가장 쉽고 편안한 것에 의지할 수밖에 없게 한다. 예를 들어 공공정책에 대한 경험이 있다면 기초연구를 지원하기보다는 정치적 이슈를 지원하는 일이 쉬울 수밖에 없다. 인간은 그 특성상 자신이 아는 것만 하려 하지 낡은 것을 부수고 새로운 것을 만들려고 하지 않기 때문이다.

레버리지이론

기부자들은 그동안 변화를 만들어 내기 위해 다양한 전술을 구사해 왔다. 이들 모든 수단은 그것이 한 가지 방법이건 혹은 여러 가지 방법이건 레버리지(leverage), 즉 **소규모의 자금을 통한 변화와 의미 있는 사업을 통해 임팩트를 극대화하고자 소위 지렛대 효과**라는 것을 염두에 둔다. 이를 위해서는 고정되고 폐쇄적인 약속보다는 좀 더 생산적인 결과를 만들어 낼 수 있는 촉매 역할과 힘이 필요하며, 필란트로피에서 이를 탐색하고 발견하는 일은 매우 중요하다. 왜냐하면, 대부분 기부자에게 가용한 자금은 한정된 것이기 때문이고, 배려와 관심을 절대적으로 필요로 하는 인간사와 관련된 문제인 경우는 특히 그러하다. 따라서 욕구와 가용 자원의 제한성이라는 맥락에서 어떻게 나눔과 기부의 지렛대 효과를 극대화할 것인가의 이슈는 오랫동안 많은 기부자의 관심을 끌어왔다. 적지 않은 돈을 어떻게 써야 할지 긴박한 문제이기는 하지만, 기부와 나눔을 위한 '도구상자' 속의 도구, 즉 어떻게 지렛대 효과를 창출할 것인가에 대한 아이디어는 오래되어 녹슬고 무디기까지 한 것이 현실이다. 따라서 기부와 나눔의 레버리지를 만들어 내기 위한 전술을 간략하나마 다음과 같이 분류하여 설명해 보고자 한다. 이들은 새로운 기부금조성 기술 개발의 결과라고 할 수 있는 것과 특별한 종류의 개입 및 중재 프로그램의 구성을 포함한 것으로 대별해 볼 수 있다.

▪ 기부금조성 전술

재단은 레버리지를 만들어 내기 위해 지원금 그 자체의 성격과 특징에 맞춘 전술을 사용한다. 대다수의 재단은 해당 지원금과 관련된 과정과 조건을 조절함으로써 더 큰 임팩트와 레버리지를 얻을 수 있다고 믿는다. 나는 여기서 기부금조성과 관련된 대표적인 다섯 가지 전술을 소개하고자 한다. 이들은 여러 시기에 걸쳐 변화와 임팩트 성취와 관련하여 재단 역량증진의 가능성을 보여줬다. 꼭 이것만으로 한정하는 것은 아니지만, 여기에는 운영비 지원이 아닌 프로젝트 지원, 매칭펀드, 대출과 프로그램 연계 투자, 자발적 제안서 요청, 기술·기획·역량강화 지원 등이 포함된다. 이들 각각의 전술은 지원프로그램이 아니라 기부금조성 및 지원과정에 초점을 맞추고 있다.

① 운영비 지원이 아닌 프로젝트 지원

기부자가 지원대상자에게 행할 수 있는 감독과 통제를 강화함으로써 레버리지를 얻을 수도 있다. 지원금의 사용 목적을 좁게 제한하는 것이 통제와 관련된 하나의 전략이라 할 수 있다. 대다수 기부자는 책무성, 보고, 평가 등을 쉽게 할 수 있기 때문에 조직 내 특정 프로그램 혹은 프로젝트에 기부의 초점을 맞추고자 한다. 즉 프로젝트에 초점을 맞춤으로써 기부자는 조직의 프로그램 목록 내 특정 활동을 선택하여 지원할 수 있으며, 더 큰 책무성을 요구할 수 있기 때문에 통상적으로 프로젝트 기부가 특히 효과적이라고 생각한다. 그렇지만 비영리조직에게 프로젝트 기부는 유리하기도 하고 불리하기도 한데 지원신청서를 통해 구체적인 계획과 목표를 갖게 하는 반면, 비지정 일반 운영자금의 확보를 어렵게 한다. 따라서 기부자가 프로젝트에 대한 기부를 확대해 감에 따라 일부 비영리조직은 자신의 핵심 사업을 유지하기가 쉽지 않게 되었고 이에 대해 불만을 토로해 왔다.

② 매칭펀드

레버리지를 만들어 내기 위한 가장 분명한 방법의 하나가 추가적 자금을 확보할 수 있는 능력이 있는지를 전제 조건으로 지원하는 것이다. 매칭펀드는 여러 형태를 취할 수 있는데 일대일 매칭, 삼대일 매칭, 오대일 매칭 혹은 지원기관이 원하는 또 다른 형태로 매칭을 취할 수도 있다. 종종 주요 문화단체에 매칭펀드는 연중 모금 계획 및 실천과 관련하여 중요한 부분을 차지한다. 매칭펀드 프로그램의 존재 여부가 일부 기부자에게는 기부 결정을 하는 데 결정적인 영향을 미치기도 한다. 또한, 매칭펀드 프로그램은 추가적 모금 가능성과 동기를 증가시키기 때문에 이는 또 다른 기부를 촉발할 수 있다는 아이디어가 전제되어 있다.

③ 대출과 프로그램 연계 투자(PRI)

빌려주고 돌려받고, 이를 지속해서 반복할 수 있다면 왜 돈을 한 번에 그리고 영원히 기부하고 마는가? 대출을 통해 자본을 확보하거나 프로그램을 확장하는 것이라면 레버리지를 만들어 낼 수 있다는 전제가 그 답이 될 수 있다. 즉 기부금조성을 위한 자원을 지속해서 유지

관리하고 장기간에 걸쳐 광범위한 도움을 가능하게 하는 방법으로 이를 가능하게 할 수 있다는 것이다. 대출의 방식을 통해 책무성을 강화함으로써 중복 지원 제한과 이에 대한 책임감과 같은 것을 만들어 내기도 한다. 예를 들어, 프로그램 연계 투자(PRI, program-related investment)는 대출에서 한 걸음 더 나아가 대규모 지원기관의 투자 욕구와 기부금조성의 목표 사이에서 시너지를 창출하고자 할 때 사용되는 방법이다. 프로그램 연계 투자 방식은 투자 자산을 토대로 사회적 목적에 부합하는 서비스 분야에 기금을 설정함으로써 레버리지를 만들어 낸다.

④ 자발적 제안요구서를 기반으로 한 지원(RFP)

대다수 지원기관은 사무실에 조용히 앉아 지원요청 우편물을 기다리지는 않는다. 지원요청이 절대 적지 않지만, 주제라든지 일관성의 이슈와 관련하여 제출된 지원신청서는 지원기관에 실망을 안기는 것이 다반사다. 따라서 지원기관은 특정 비영리조직을 접촉하게 하여 지원신청서를 제출하도록 권장한다. 특히 과거에 긍정적인 관계와 결과를 산출했던 비영리조직의 경우는 특히 그러하다. 또는 적극적 지원기관의 경우는 문호를 개방하여 누구나 지원설명회에 참석할 수 있도록 하고 제안요구서(RFP, request for proposal)를 제출하도록 널리 공지한다. 제안요구서에는 성취해야 할 것은 무엇이며 프로그램은 어떻게 운영해야 하는지 등 지원기관이 원하는 것이 구체적으로 설명된다. 그러나 이와 같은 제안요구서 방식은 사회문제 해결과 관련하여 지원기관이 해당 분야 서비스전달기관보다 더 많이 알고 있다는 사실을 전제로 하며, 이러한 사실은 논쟁적이기까지 하다. 만일 욕구와 필요에 대해 경청하고 적극적으로 대응해야 하는 '아래로부터'의 접근방식을 선호한다면, 제안요구서 등 적극적인 '위로부터'의 접근방식은 일부 지원기관의 심기를 불편하게 할 수도 있다.

⑤ 기술, 기획, 역량강화 지원

지원을 받을 준비가 안 되어 있다든지, 혹은 성장과 발전에 일정한 한계가 있다는 사실을 수긍할 비영리기관은 어디에도 없다. 그렇지만 많은 지원기관이 오직 프로젝트 지원만이 비영리조직이 전략을 기획하고 역량을 증진할 수 있다고 믿지는 않으며, 이러한 생각은 오랫동안 지속하여 왔다. 따라서 대규모의 지원을 약속하기 전, 지원기관은 종종 비영리조직에 기술적 지원, 기획과 역량강화를 위한 자문을 제공할 목적으로 과정의 첫 번째 라운드를 시작한다. 이는 훗날 더 큰 자금을 요청할 수 있게 비영리조직을 차별화하거나 혹은 단순히 프로그램 규모를 확장하기 위함이다. 흔히 이런 유형의 지원은 이사진 역량강화에서부터 자원개발을 위한 마케팅에 이르기까지 해당 주제에 대한 컨설팅 방식을 취한다. 일부 비영리조직은 자신의 기획과 운영권에 대한 침범으로 간주하고 불편한 심기를 보이지만, 지원기관 처지에서는 레버리지를 만들기 위한 이런 접근방식이 비영리조직이 과도한 염려와 관심을 일으키게 하는 것이 아니라는 사실을 분명히 하는 중요한 단계라고 할 수 있다. 즉 기술적 지원, 기획과 역량강화를 위한 지원은 비영리조직이 스스로 일을 할 수 있도록 컨설턴트 선택권이라든지 인사권을 넘겨주는 것이 일반적이다. 단순하기는 하지만, 외부의 간섭으로부터 비영리조직의 자율권을 보호하기 위해 이런 방식의 접근을 할 수 있다면, 비영리조직의 역량을 개발하고 발전시켜나가기 위한 지원과 기부금조성은 우호적이고 긍정적인 반응을 얻을 가능성이 훨씬 커진다.

▪ 계획에 따른 전술

두 번째 레버리지 전술은 지원프로그램과 관계가 있다. 자금 투입을 특정 사업에 제한함으로써 이들 전술은 지원의 효과성을 증진하고자 한다. 이런 전술은 매우 다양하지만 여기서는 최근 대중의 관심을 받고 있거나 이미 지원금의 실질적인 통로가 되어 온 다섯 가지만을 언급하고자 한다. 특정 지역사회에 대한 직접 지원, 비영리 간의 협력에 대한 지원, 공적 프로그램에 대한 사적 지원, 비영리 생태계 내의 상업적 벤처 지원, 기부자의 설립 조직에 대한 지원이 그것으로, 레버리지 증진을 위한 이들 접근방식은 변화이론 속으로 스며들게 된다. 왜냐하면, 이들 모든 전술은 지원금 자체의 특징이나 조건보다 지원받는 활동에 초점을 맞추고 있기 때문이다.

① 프로그램 관련 분야보다는 지역사회: 특정 지역사회에 대한 직접 지원

오늘날 대다수의 재단은 사회서비스, 보건의료, 교육, 예술, 환경과 같은 분야의 프로그램에 지원하거나, 더 좁게는 지역사회 발전, 유아발달, 청소년 폭력 예방과 같은 분야에 지원한다. 재단들은 국가 혹은 도시 차원의 필요와 욕구에 초점을 맞추기도 하지만 대부분은 자신이 정한 주제에 대해 고려를 한다. 프로그램 스텝은 이들 실제적인 분야에 이를 처리하기 위해 고용되며 해당 분야의 전문가가 되기를 기대한다. 그렇지만 최근 레버리지와 관련된 새로운 이론은 이러한 기초적인 방법에 도전을 해왔다. 즉, 전통적인 프로그램 분야를 폐기하고 특정 지역에 초점을 맞춰 광범위하고 복합적이면서도 교차 기능적인 것을 선호한다. 이런 움직임의 배후에는 간단한 논리가 존재한다. 사회문제가 기분류한 범주대로 존재한다기보다는 지역사회 내에 서로 연관되어 전 영역에 걸쳐 있다는 점이다. 이는 특정 카운티, 타운, 시 등에 초점을 맞추고 제한된 지역에 활동을 집중함으로써 의도한 레버리지를 얻을 수 있다고 믿기 때문이기도 하다. 이렇듯 지리적 범주와 영역으로의 이동은 사회문제를 좀 더 실질적이고 전체적인 개념에 토대를 두고 접근하고자 하는 것이다. 즉 지원의 새로운 방식은 전통적인 프로그램 분야를 토대로 한 범주화를 통해 문제를 구체화하고 해결한다기보다는 집중과 조정을 통해 레버리지를 극대화하고자 하는 것이다.

② 비영리조직 간의 협력에 대한 지원

일부 재단은 최근 사회서비스의 '원스톱 쇼핑' 즉 모든 것을 한 곳에서 한 번에 처리한다는 다소 철 지난 방식으로 복귀함으로써 레버리지의 또 다른 가능성을 발견해 왔다. 물론 이런 방식은 현재 협력과 프로그램 융합이라는 좀 더 세련된 언어로 표현되고 있기도 하지만, 비영리조직 간에 협력을 증진한다는 것은 상당히 호소력이 있어 보인다. 왜냐하면, 비영리 서비스의 전문화 혹은 특화는 대다수의 서비스 이용자가 특화된 시스템을 이해하고 찾아가는 것을 점점 어렵게 만들어 왔기 때문이다. 협력을 독려하기 위해 일부 재단은 단체 간의 협력과 조정 계획이 포함된 지원신청에 우선권을 주기도 한다. 서비스 제공의 중복과 분절을 제거함으로써 레버리지는 확장될 수 있으며, 이를 통해 서비스전달 시스템 전체의 효과성이 증진될 수 있기 때문이다.

③ 공적 프로그램에 대한 사적 지원

일부 재단은 비영리조직에 대한 지원에 만족하지 않고 주와 지방정부 산하기관을 대상으로 직접적인 지원을 해 왔다. 표면적으로 정부는 조세를 통해 예산을 확보할 수 있으므로 이러한 전술은 레버리지가 없을 것처럼 보이기도 한다. 그렇지만 시간의 흐름에 따라 이와 같은 우려는 사라지기 시작했다. 대다수 주와 지방정부는 현금이 부족하고 따라서 지출에 대한 자유 재량적 집행력을 갖고 있지 않으며, 재단은 지원기간이 끝난 후 정부가 프로그램(예를 들면, 학교 내 산아제한 클리닉)을 집행한다는 조건으로 지원을 시작한다. 아울러 단기적으로 무료로 서비스를 받을 수 있는 사업으로 제한함으로써 상당한 정도의 레버리지를 만들어 낼 수 있다. 그렇지만 이러한 전술은 민주주의 책무성과 관련하여 큰 우려를 낳게 할 수도 있다. 왜냐하면, 해당 지역의 의사결정 과정에 직간접적으로 관여하는 결과를 가져오게 되고, 궁극적으로는 이를 위태롭게 할 수 있기 때문이다. 그러나 적극적인 재단은 정부기관에 이런 식의 조건을 제시하고 사업을 추진하는 데 주저하지 않는다. 단기적 지원을 통해 해당 의제를 장기적으로 압박할 기회가 있다는 사실을 충분히 인지하고 있기 때문이다.

④ 비영리 생태계 내의 상업적 벤처 지원

최근 비영리부문의 가장 중요한 변화 중 하나는 조직이 스스로 벌어들인 수익의 증가라고 할 수 있다. 기부금과는 달리 수수료와 사업을 통해 벌어들인 수입은 사용에 특정 조건을 갖고 있지 않으며, 따라서 많은 비영리조직은 이에 매력을 느낄 수밖에 없다. 이와 동시에 지원기관은 일부 비영리조직이 갖는 사업가적 기술과 능력에 대해 인지하고, 레버리지 극대화, 즉 비영리조직의 영리적 활동을 적극적으로 권장하는 접근 방식으로 이에 대응해오고 있다. 따라서 비영리조직이 영리사업을 시작하거나 확대해가는 것을 돕기 위한 지원기관의 수가 증가하고 있는 실정이다. 이들 사업은 보통 비영리조직의 미션과 실질적으로 관계가 있기도 하지만 종종 그렇지 않은 경우도 존재한다. 비영리조직이 영리 활동을 통해 수입을 얻을 수 있게 한다면 지원기관은 상당한 정도의 레버리지를 얻을 수 있다. 자선적 기부금이 일개의 프로그램 활동을 위해 주어질 수도 있지만, 수입 산출 능력을 구축함으로써 지원이 끝났을 때도 지속가능할 수 있도록 사용될 수도 있다. 그렇지만 비영리조직의 처지에서 보자면 영리 및 수입활동의 강조는 양면성, 즉 비영리조직이 모금과 기부 등 자원개발에서 벗어나게 해 주기도 하지만 혼란을 가중할 수도 있다. 아울러 성공적인 영리사업 운영을 위해서는 스텝의 시간, 이를 위한 자원 등이 더 필요한 것은 당연할 것이다. 외부 지원의 의존성에서 벗어나기 위한 능력과 이를 키우고자 지원하는 기부금의 가용성은 결국 잠재적으로는 자력화(empowerment)의 이슈인 것이다.

⑤ 기부자(기관)가 설립한 조직에 대한 지원

레버리지를 만들어 내기 위한 지속적인 탐색은 일부 대형재단이 현존하는 비영리 서비스 제공자들의 장을 벗어나 새로운 시도, 즉 독립적인 비영리조직을 설립하여 재단의 관심과 의제를 직접 실현하게 하였다. 공공정책의 수립, 동일 분야 비영리 간의 협력, 혹은 서비스 제공과 직접 관련이 없는 또 다른 기능과 연계 등의 분야에서 새로운 조직을 설립하는 것은 일반적이다. 물론 어떤 재단도 현존하는 비영리조직과 경쟁하기 위해 새로운 조직을 설립하지는 않는다. 대신에 산하기관을 만들어 레버리지를 추구하려 하거나, 다른 비영리조직이 충족시키지 못하는 욕구를 채워나가고자 한다. 종종 이들 조직은 한시적일 때도 있고 지속성을 갖고 진화해 나갈 때도 있다.

이렇듯 다양한 필란트로피 실천 방식이 던지는 질문은 분명하다. 즉 이들 전략과 전술, 구조와 이상이 기부의 효과성과 사회적 임팩트를 실질적으로 증진하는가이다. 그 답이 분명하지 않지만, 확실한 것은 필란트로피 실천이 가져올 임팩트의 가장 강력하고 큰 기회가 아주 오랫동안 무시되어 왔다는 사실이다. 이는 변화를 만들고 레버리지를 만들어 낼 새롭고도 기초적인 필란트로피에 관한 연구가 필요하다는 사실을 방증한다. 또한, 이 글을 시작하면서 던진 간단하지만은 않은 질문, "기부자(기관)는 어떻게 임팩트를 만들어 갈 것인가?"에 답하는 것이기도 하다. 필란트로피의 역사가 수많은 개혁의 시도로 채워져

왔다는 사실은 우리에게 희망을 주기도 하고 우리를 낙담시키기도 한다. 여기서 언급한 레버리지이론 가운데 어떤 것도 향후 저절로 필란트로피를 바꿔나갈 가능성은 없지만, 지금까지 기부자들이 자신의 기부행위를 진전시키기 위해 끊임없이 노력해 오고 있다는 사실은 우리에게 또 다른 희망을 준다.

규모이론

기부자(기관)가 자신의 기부행위를 지속해서 이끌고 갈 정도의 일관성과 설득력을 갖춘 변화이론, 레버리지이론을 만들어 낼 수 있다고 전제한다면, 가능한 한 많은 사람이 목표를 완수할 수 있도록 입증된 성공에 기초하여 뭔가를 만들어 내야 한다는 난해한 임무와 마주하게 된다. 효과적이란 것은 단순히 프로그램 혹은 계획을 잘 실천하는 것을 넘어서는 것이며, 적은 수의 일부 사람들의 욕구를 충족시키는 것 그 이상을 의미한다. 효과성은 또한 다수 사람에게 다가가는 것, 중재와 간섭을 통해 레버리지를 성취하는 것, 그리고 그 결과를 광범위하게 확대하는 것을 포괄한다. 만일 기부자(기관)가 실질적인 임팩트에 관심이 있다면, 일정한 규모가 되어야 하고 그 규모의 지속적인 확장을 염두에 둬야 한다. 아울러 이를 반영한 프로그램을 다양한 방식으로 표출할 수 있어야만 한다. 규모란 정확하게 무엇을 의미하는 것일까? 규모를 확대한다는 것은 핵심적인 임팩트를 만들고 이를 지속시키는 것에 집중하는 것이라고 할 수 있다. 필란트로피에서 규모란 양적으로 좀 더 많은, 그리고 좀 더 큰 임팩트라는 생각을 넘어 적어도 다음과 같은 세 가지 핵심적인 의미가 있다. 즉 실천적 의미에서는 (1) 재무적 견고성, (2) 프로그램의 확장성, (3) 다중적 지역의 재생산과 관련이 있다.

- **재무적 견고성으로서 규모**

규모의 첫 번째 의미는 조직의 견고함 그리고 지속가능성과 관련이 있다. 박물관, 대학교와 같은 대형 기관은 일정한 규모를 유지해 왔다. 왜냐하면, 이들 기관은 가시적인 인지도와 우호적 평판, 대형 빌딩과 캠퍼스 그리고 상당한 정도의 재정 상태를 유지하고 있기 때문이다. 이런 것들을 전제로 한다면 규모란 재무적 견고성 및 지속가능성과 같은 것이며, 기금이나 안정적인 수입을 토대로 한 상당한 정도의 운영 예산이 확보되어야 한다. 재정적 위기가 일상화된 영역에서 규모란 어려움을 극복하면서 오랜 시간을 견딜 수 있는 능력을 의미한다. 이런 정의에 근거할 때 규모를 이야기할 수 있는 비영리조직의 숫자는 적어질 수밖에 없으며, 대개 몇 개의 비영리 활동 범주로 축약된다.

원칙적으로나 이론상으로나 규모를 조정하거나 변경하기 위해 어떤 유형의 조직이든 일개 조직만 선택한다면 문제가 될 것은 거의 없다. 필란트로피를 위한 재원에도 일정한 한계가 존재하기는 하지만, 소수 기관으로만 한정한다면 영속성을 갖는 큰 규모의 기관들로 새로운 그룹을 만드는 것은 가능하다. 실제로도 상당한 정도의 재정적 규모를 갖는 많은 조직이 존재해 왔으며, 이들은 흔히 출연자가 생존해 있는 가족재단이나 혹은 개인의 지속적인 지원을 받아 왔다. 사립대학과 문화기관이 그런 예로, 이들은 소위 사회적 엘리트층으로부터 지속적인 지원을 받아 온 수혜자이며, 이에 대한 보상으로 그들에게 다시 일정 편익을 돌려주는 제공자이기도 하다. 특히 사립 교육기관과 문화기관의 경우, 지속해서 더 많은 기부를 독려하게끔 하는 것은 바로 가시성(visibility), 명성(prestige), 그리고 다른 기부자와의 경쟁(competition)과 같은 것들이다.

물론 예외는 있지만, 대규모 사립재단은 개인만큼이나 규모에 대한 이와 같은 개념을 쉽게 수용하지는 않는 것 같다. 규모 확대를 위해 하나의 비영리조직을 선택하는 것 또한 공정하지 않으며, 일정한 규칙을 갖고 있지도 않은 것처럼 보인다. 즉 이를 위해서는 일개의 기부자가 경쟁적 상황을 제어할 수 있어야만 하며, 비영리 영역 내에서 승리하는 자가 누구이고 패배하는 자가 누구인지 결정할 수 있어야만 한다는 것을 의미한다. 이는 한 개인이 얻고자 하는 것이 무엇인지를 정확하게 나타낼지는 모르지만, 어떤 재단도 자신이 불평등하다거나 불필요하게 힘을 행사한다거나 하는 식으로 인식되기를 원하지는 않는다. 따라서 그들은 특정한 일개 조직의 규모를 확대하는 데 영향을 끼치려 하지 않으며, 그럴 가능성 또한 거의 존재하지 않는다. 왜냐하면, 재단은 그들이 지원하는 조직 그 자체보다는 이들 조직이 전달하는 서비스, 즉 특정 프로그램과 결과에 관심이 있기 때문이다. 재단의 우선순위는 비영리조직의 의제와 공통분모를 가지며, 우선순위가 변경되면 새로운 비영리조직을 다시 물색한다.

개별 비영리조직이 대규모 자금의 유입을 통해 규모를 확대하지 않는 또 다른 이유는 효율성 이슈와 관계가 있을 수도 있다. 즉 풍파와 우여곡절 속에서 생존할 수 있는 능력을 비영리조직에 부여한다는 것이 일견 합리적일 수도 있지만, 그것은 필란트로피 자원을 가장 비효율적으로 사용하는 방법일 수도 있다. 기금은 흔히 4~5%의 선수율을 갖고 설립되는 것이 일반적이다. 따라서 이런 기금을 통해 대규모 의제와 프로그램을 지원한다는 것은 비용이 많이 소요되는 기획안이 될 수밖에 없다. 또한, 규모에 변화를 주기 위해 일개 조직을 선택하는 것도 궁극적으로 해당 조직에 기대한 레버리지 효과를 제거할 것이라는 우려가 존재한다. 왜냐하면, 기금이 해당 조직을 자원 의존적인 관계로부터 자유롭게 할 것이기 때문이다. 결국, 새로운 자금 유입이 계속되지 않더라도 자신의 프로그램을 유지, 운영해 갈 수 있을 정도의 재정적 능력이 있는 비영리조직의 존재는 성과를 증진하고자 하는 중요 유인책을 무색하게 만들 수도 있다.

▪ 프로그램 확장으로서 규모

규모의 두 번째 의미는 서비스의 폭, 범주와 관련이 있다. 이는 보통 서비스지원대상자의 수로 측정된다. 이런 의미에서 규모를 확대한다는 것은 프로그램의 확장과 도달할 수 있는 범위라고도 할 수 있다. 테스트를 위해 파일럿 프로그램이나 프로젝트에 착수하게 되면 흔히 더 많은 자금지원을 하고 서비스지원대상자를 늘려감으로써 그 규모를 확장하고자 한다. 그렇지만 어떤 의미에서 좋은 프로그램이란 충분한 수의 사람들에게 서비스를 결코 제공할 수 없다는 것을 뜻하기도 한다. 비영리조직의 경영관리자나 지원자(기관)는 특정 계획과 프로그램이 의미 있는 결과를 얻게 되면 바로 서비스지원대상자를 증가시킬 방법을 모색하려는 충동을 느끼게 된다. 과거에는 흔히 민간 자금으로 시작해서 지방, 주, 연방 정부로부터 지원을 끌어내는 것이 궁극적인 희망이자 목적일 때가 있었다.

다양한 추진력을 통해 비영리와 지원기관은 프로그램을 확장하게 된다. 이와 관련하여 첫 번째로 지원금 규모의 확대를 들 수 있는데 이는 과거 성과에 대한 보상이라는 점에서 공정하고 공평하다고 할 수 있다. 성취한 실제적 결과는 지원 결정을 정당화할 수 있기 때문이다. 두 번째 프로그램의 확대는 관리운영비의 한계비용을 축소함으로써 더 높은 운영 효율성을 가능하게 할 수 있다. 세 번째, 이러한 접근방식은 비영리조직에 인센티브를 제시함으로써 성공적인 프로젝트를 개발하고 이를 실제로 서비스할 수 있도록 한다는 점이다. 즉 비영리조직의 운영관리자가 자금과 프로그램 확대가 프로그램의 운영 성과와 관련된 것을 알게 된다면 그들은 성공적 운영을 위해 최선의 노력을 다하기 때문이다. 네 번째는 일반적인 프로젝트 펀딩에 비해 지원기관과 지원 대상 비영리조직이 장기간에 걸쳐 서로 협력하게끔 한다는 점을 들 수 있다.

비영리조직은 특히 프로그램 확장을 통한 규모 확대에 대해 만족한다. 이는 지역의 소규모 조직으로서 비영리조직이 더 큰 파급효과를 구체화해 가면서 진화해 간다는 자연스러운 현상을 표출하는 것이기 때문이기도 하다. 더구나 프로그램의 규모에 따라 급여 규모가 결정되는 비영리 운영관리자의 경우, 비영리부문의 재정적 인센티브는 예산 규모와 급여 사이에 존재하는 상관관계에 지대한 영향을 끼친다. 따라서 성공의 징조로서 그리고 발전의 도구로서 프로그램 확장을 통한 규모 확대는 많은 비영리조직에 매력적일 수밖에 없다.

지원기관의 관점에서도 기록을 추적, 입증 가능한 비영리조직이 그 운영을 확대할 수 있게 한다는 것은 높은 보상을 담보하는 것이자, 상대적으로 위험도가 낮은 일을 선택할 수 있는 것을 의미한다. 비영리조직은 이미 자신에게 부여된 프로그램을 수행할 수 있는 능력을 충분히 입증해 왔으며, 따라서 그들이 찾고 있는 것은 프로그램 확대를 위한 자금이다. 이를 통해 하나의 정해진 활동을 넘어 더 많은 일을 할 수 있다. 새로운 일을 디자인해서 착수하는 것보다 훨씬 더 낮은 위험성을 갖고 있으므로 수월하게 제안되고 수행된다.

▪ 다중적 지역에 반복 재생산으로서 규모

특정 기획이나 서비스 모델이 성공적이라면 많은 사람이 이들 모델의 핵심적 구성 요소가 무엇인지 해부해 보려 한다. 이는 다른 조건과 인력을 가진 또 다른 장소에서 이들 노력을 재생해보려 함이다. 이런 복제 작업은 규모를 확대하는 또 다른 한 가지 방법이다. 즉 이 방법은 오랫동안 시장부문에서 테스트에 테스트를 거쳐 온 기술이라고도 할 수 있다. 복제는 다음 두 가지 서로 다른 방법으로 행해진다. 즉, (1) 다소 긴밀한 관계를 맺고 있는 지부 간에 혹은 서로 독립되어 있으나 프랜차이즈 시스템을 통해 조직 내에서 이뤄지는 것과 (2) 유사 프로그램을 만들어 내기 위한 각기 독립된 노력을 통해 조직 외부에서 이뤄지는 것으로 나눠 볼 수 있다.

지부 혹은 제휴 관계를 통해 서비스를 복제하는 방법은 이미 설립된 지 오래된 서비스 제공 기관이나 시민사회단체가 규모를 확장할 때 활용하는 상당히 중요한 요소라는 사실이 이미 증명됐다. 한 국가 내에 각 도시에 지부를 설립함으로써 빠르게 규모 확대를 꾀할 수는 있으나 어느 정도는 중앙 통제 방식을 통해 유지할 수밖에 없다. 흔히 지부는 허브 엔 스포크(hub-and-spoke) 모형, 즉 부챗살과 같은 모양의 중앙 통제 혹은 대도시 거점 방식으로 설립되며, 자금 등의 자원이 중앙과 주변부를 오가게 된다. 이 접근법의 가장 큰 문제점은 지부 간의 균일성과 일관성을 유지하기가 쉽지 않다는 것이지만, 지부의 자율성의 정도가 가장 큰 문제 중 하나라는 사실은 그리 놀라운 일이 아니다. 어떤 조직체들은 느슨한 연맹체(confederations) 형태로 성공적인 관계를 유지해 오고 있지만, 또 다른 조직체들은 엄격하게 통제된 네트워크(networks) 방식으로 오랫동안 운영해 오기도 했다.

프랜차이즈 접근법은 특정 모델이 만들어지면 가능한 한 많은 지역에 같은 모델을 복제, 확산한다는 비교적 단순한 가정을 전제로 한다. 프랜차이즈 접근법은 이 모델이 신속한 행동을 가능하게 한다고 믿는 젊은 사회적기업가 사이에서 일반화되어 왔다. 비영리조직은 '브랜드'

즉 특정 상표를 이용하여 신속하게 규모를 확대해 갈 수 있다. 이 접근법의 가장 큰 도전은 이 모델을 지역사회에서 실행, 정착시킬 수 있는 숙련된 적임자를 찾는 일이며, 품질인증을 통해 브랜드를 일정 수준으로 유지해야만 하는 것도 또 다른 쟁점이 된다. 그렇지만 비영리 부문에서 일관성을 유지하고 품질을 측정하기가 쉽지 않은 일임은 분명하다.

앞서 살펴본 대로 지부를 이용하건 프랜차이즈를 이용하건 이를 이용한 복제라는 방식에 일정 정도 어려움이 존재하는 것은 분명한 사실이며, 지원기관의 의도대로 쉽게 만들어지는 접근법 또한 아니다. 물론 인센티브나 자금을 통해 지원기관이 어느 정도의 복제를 추진할 수 있을지는 모르지만, 대부분의 외생적 복제 의도는 똑같은 모습으로 모방하거나 한 곳으로 수렴되기를 꺼리는 비영리조직의 특성상 갈등을 유발할 가능성이 상당히 크다. 혁신과 아이디어 그 자체는 일정 정도 복제됐지만, 프로젝트 다수는 좋은 조건과 약속을 제시했음에도 불구하고 이를 실행할 기관을 찾는 데는 실패했다. 이 접근법이 비영리조직은 쉽게 판에 박힌 대로 똑같이 복제할 것이라는 불확실한 가정을 전제로 하고 있기 때문일지도 모른다. 더구나 복제 전략을 경험한 일부 지원기관은 소규모 지역 차원에서 특정 계획이 성공적일 수는 있지만, 애초의 맥락과는 다른 곳에 적용했을 때 저항에 부딪힐 수밖에 없다는 사실을 확인하기도 한다. 특히 사회적 소외계층을 대상으로 하는 비영리조직의 경우, 믿음과 신뢰가 가장 중요한 전제인 만큼 이는 분명한 사실로서 받아들일 수밖에 없을 것이다.

기부자가 파일럿 혹은 모델 프로그램을 만들어 실행한 후, 정부나 또 다른 기부자가 그 규모를 확대하고자 한다면 복제라는 방식을 택하게 된다. 예를 들어 필란트로피 실천가인 유진 랑Eugene Lang은 그가 여러

해 전에 다녔던 도심 중학교의 학생들을 대상으로 '한 학급 택하기'(adopting a class)라는 기발한 아이디어를 갖고 있었다. 즉 학생들이 열심히 공부하면서 학교에 다닌다면 그들 모두에게 대학교 학비를 전액 지원하겠다고 약속했다. 뉴욕 주 의회는 이러한 내용을 접하자마자 바로 사회적 소외계층을 대상으로 한 장학금 프로그램을 만들었다. 그렇지만 이것은 문제가 있을 수밖에 없었다. 공공부문의 모방적 시도에는 랑의 혁신적 교육 기부의 핵심적 부분이라 할 수 있는 사람 대 사람의 직접 접촉이라는 매우 중요한 요소가 빠졌다. 따라서 복제 모델이 현존하는 프로그램과 제도를 단순히 증식한다는 점에서 매력적이기는 하지만, 실제로 그 과정은 매우 큰 노력이 집약적으로 요구된다. 성공한 많은 프로그램의 근저에 자리 잡은 것은 개인의 비전과 헌신이다. 프로그램이 다른 장소에 복제될 때 흔히 사람 대 사람의 직접적인 접촉은 빠지고, 조직은 한 개인의 가치와 믿음의 표현적 실체로부터 공공 편익의 산출이라는 도구적 시도로 바뀔 수도 있다.

많은 지원기관이 '규모 확대'라는 아이디어를 선호하지만, 어떤 형식의 규모 확대 시도든 그 수는 낮은 수준에 머물러 있다. 150만 개의 비영리조직 중 단지 20만 개 정도만이 2만 5천 달러 이상의 연간 예산을 갖고 있으며, 이 중 일정 정도의 규모가 있는 성공적인 조직의 숫자는 1만 개 정도다. 더구나 그중 대다수는 대학교와 병원이다. 따라서 어느 정도의 규모를 갖는다는 것, 즉 규모를 확대한다는 것은 다음과 같은 몇 가지 질문을 낳게 한다. 세 가지 서로 다른 확대 전략은 언제 그리고 왜 적용되어야만 하는가? 종종 규모 확대가 실패하는 이유는 무엇인가? 규모 확대는 비영리부문보다 시장부문에 더 적합한가? 규모와 형평성에 대한 약속이 동시에 수용될 수 있는가? 공공정책이 실행되는 영역의 사례를 단순히 덜 성공적인 규모 확대 시도라 할 수 있는가?

규모 확대가 조직화한 필란트로피의 주된 목표가 되어 오기는 했지만, 이 모든 질문에 대한 명확한 답은 아직 존재하지 않는다. 쉽지 않은 질문에 답하기보다는 차라리 편익을 확산시켜 함께 공유하고 효율성 향상이라는 원래 이슈로 되돌아가는 것이 훨씬 더 쉬운 일일 것이다.

필란트로피 분야에서 규모라는 개념이 갖는 근본적인 문제는 필란트로피를 통해 성취된 공적 임팩트의 범주와 산출된 공적 가치 사이에 상관관계가 존재한다는 전제다. 모든 상황이 같다면 천 명을 도와주는 것보다 만 명을 도와주는 것이 더 낫다는 점에서 규모 확대는 분명히 바람직하다. 이런 전제는 필란트로피라는 맥락에서는 특히 그러하다. 왜냐하면, 비영리조직 프로그램의 품질을 측정하기가 쉽지 않기 때문이기도 하다. 적은 수의 사람보다 많은 수의 사람에게 서비스를 제공하는 프로그램이 공공복지에 더 많이 이바지한다는 생각이 받아들여지기 때문에 임팩트를 대신해 이처럼 양적인 크기를 이용하는 것이 수월해질 수밖에 없다. 그러나 효과성과 관련해서 규모라는 것이 반드시 좋은 대용물은 아니다. 즉 규모는 작더라도 그 가치를 인정받을 만한 프로그램이 있지만, 대형 프로그램이라도 그렇지 못한 경우가 많기 때문이다. 효율성에 대한 타당한 증거, 품질에 대한 적절한 관리 없이 규모 확대에만 몰두한다면 논리모델의 일관성은 왜곡될 수 있다. 따라서 기부의 전략을 모색하는 데 이런 식의 잘못된 적용을 바로잡기 위해 이런 사실을 염두에 두고 노력하는 것은 매우 중요하다.

논리모델의 완성을 지향하는 것이 규모이론의 전형이라 할 수 있지만, 사회적 임팩트 산출을 목표로 한 통합된 시스템의 한 부분으로서 변화이론 및 레버리지이론과 함께 이해되어야만 한다. 이 시스템을 가시화하기 위한 한 가지 방법은 앞에서 살펴본 필란트로피 가치사슬의 선형적 형식으로부터 탈피하여 <그림 4>에서 보듯이, 세 개의 요소가 서로 연계되고

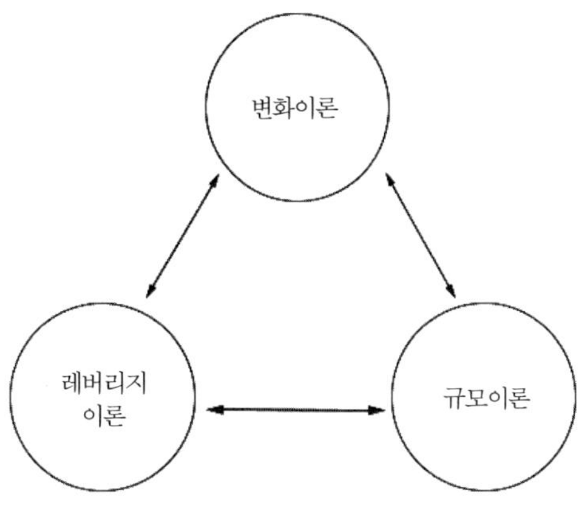

<그림 4> 필란트로피 논리모델의 세 요소

지탱하는 삼각구도를 지향하는 것이다.

필란트로피 세계의 수많은 기회를 바라보면서 기부자 다수는 기본적인 논리모델 안에 변화이론, 레버리지이론, 규모이론을 포괄하기 원할 것이다. 따라서 이들 세 가지 개념은 기부자의 이해를 돕고 기부에 대한 그들의 전제가 무엇인지 분명하게 초점을 맞추는 도구가 될 수 있다. 그렇지만 이와 동시에 보편적으로 적용 가능한 그리고 성공적인 변화이론, 레버리지이론, 규모이론은 존재하지 않는다. 기부자가 원하는 이슈와 분야에 따라, 혹은 필란트로피 프리즘 상의 또 다른 부분에서 기부자의 선택에 따라, 사회적 편익을 산출할 수 있는 능력이란 점에서 본다면 그 선택지는 매우 다양하다고 할 수 있다. 특정 분야에서 논리모델을 만들어 내 또 다른 곳에 이를 도입 적용하고자 하는 기부자가 있다면 매우 실망하게 될 것이다. 논리모델뿐만 아니라 **필란트로피 프리즘의 모든 구성 요소를 선택할 때 맥락적 이해는 무엇보다 중요**하기 때문이다.

결국, 강력한 논리모델에 대한 실질적 타당성은, 평가 틀을 제공할 수 있다는 점은 물론, 기부자 스스로 왜 기부하는지 자신의 기부 목적을 깊이 인식할 수 있게 한다. 기부자의 믿음과 가설이 논리모델을 기반으로 형식화된다는 것은 전략적 명확성을 향한 의미 있는 진전이다. 어떤 점에서는 필란트로피의 의도가 갖는 타당성, 기부의 근저에 잠재하는 사고의 질은 궁극적 임팩트만큼이나 중요하다. **논리모델은 기부자가 어떤 생각과 판단을 하고 있는지 가장 정확하게 대변**하기 때문이다. 기부자가 필란트로피에 관해 관심을 두고 노력한다는 것은 기부자가 자신의 기부와 나눔에 대해 완벽하게 제어하고 조절한다는 것이며, 이들 행위에 대한 책임과 의무를 져야만 한다는 것을 인지하고 있다는 의미이기도 하다.

Chapter 4

기부 스타일

"개인이 어떤 기부 스타일을 갖고 있더라도 기부자 자신의 참여 수준, 갈망하는 대중적 인지도라는 두 가지 핵심적인 차원이 존재한다."

"필란트로피는 기부자의 개인적인 특징을 확대하고 이를 새롭고도 더 공공적이라고 할 수 있는 영역으로 이동시킨다. 또한, 필란트로피는 개인의 잠재적 개성을 일깨우고 자신의 대의에 대해 헌신할 수 있도록 길을 제시하기도 한다."

"기부가 단순히 돈과 가시성 및 인지도와의 교환으로 바뀌었을 때 필란트로피가 갖는 중요한 그 어떤 것, 이른바 사적 우선순위와 공적 우선순위 사이의 균형이 깨지는 것이다."

만일 필란트로피가 진정한 의미에서 과학이라면 기부자가 할 일의 대부분은 기술적인 일이다. 즉, 기부와 관련된 법과 규칙을 배우고, 갈망하는 사회적 욕구에 대한 자선적 의도를 충족시킬 수 있는 시스템과 도구를 학습하면서 사람들이 직면하고 있는 어려움 해결을 위해 모든 지식을 단순히 적용하면 될 일이다. 그렇지만 필란트로피를 기술관료적 지시나 명령 정도로 혹은 규범적 주장 정도로 범위를 축소할 수는 없다. 왜냐하면, 본연적인 형태로서 필란트로피는 예술과 개성으로 가득 차 있고 깊은 열정 또한 갖고 있기 때문이다. 또한 많은 기부자가 범하는 실수 중 하나가 자신의 기부를 대단히 효율적이고 확실하며 일관성 있는 어떤 것이 되기를 갈망한다는 것이고, 이러한 접근방식 즉 좀 더 과학적으로 접근하고자 하는 충동은 기부의 보편화와 합리화를 꾀하려는 전문적인 지원자 집단의 출현으로 말미암아 더욱더 부추겨지고 지지가 되어 왔다. 대규모 사립재단 대다수에는 재단 설립자 혹은 출연자가 현존하지 않으며, 따라서 기부금조성사업을 수행하는 전문가집단은 자신의 가치를 투영하기 위한 권한을 부여받을 필요도 없었다. 그렇지만 이들은 대신 주어진 공공 편익의 극대화라는 사명을 중립적으로 그리고 공정하게 해석하고자 했다. 이 책에서 반복되는 주제 중 하나는, **필란트로피 분야의 전문직업화**(professionalization)**가 비영리부문을 공론의 장으로 끌어낸 기부의 표현적 차원을 약화**시켰다는 사실이다.

필란트로피의 모든 것이 다 중립화되고 균질화될 수는 없다. 개별 기부자가 추가하는 많은 목적과 그들이 만들어 낸 다양한 논리모델은 다원주의와 다양성을 지향하는 이들 분야의 능력을 증명하기에 충분한 것이다. 미국 필란트로피의 역사는 형형색색의 특징들로 가득하다. 예를 들어, 종교적 동기로 도움을 자처하는 사람, 정치적 수완가, 비즈니스와 금융계의 불한당, 사과하지 않는 병적인 자기중심주의자, 안정지향적인 점진주의자, 가만히 정주하지 못하는 사회개혁가, 조용하지만 호기심에 가득 찬 사상가 등이 그러한 예라 할 수 있다.

기부행위가 기부에 참여하기로 한 사람들에게 죄책감을 씻어주어 다시 태어나게 한다고 믿게 하기도 하지만, **실제 필란트로피는 기부자의 개인적인 특징을 확대하고 이를 새롭고도 더 공공적이라고 할 수 있는 영역으로 이동시킨**다. 또한, **필란트로피는 개인의 잠재적 개성을 일깨우고 자신의 대의에 대해 헌신할 수 있도록** 길을 제시하기도 한다.

개인이 어떤 기부 스타일을 갖고 있더라도 **기부자 자신의 참여 수준, 갈망하는 대중적 인지도라는 두 가지 핵심적인 차원이 존재**한다. 그리고 지원 전후 혹은 도중에 기부자가 맞닥뜨리는 가장 핵심적인 도전은 주는 쪽이나 받는 쪽 모두 염두에 두고 있는 궁극적 목적에 대해 합의를 이루는 것이다. 그 목적이란 전부는 아닐지라도 필란트로피가 갖는 복잡한 기능 대부분을 통합하고 이를 반영하는 것이라 할 수 있다.

이 게임에서 기부자는 카드 대부분을 갖지만, 기부를 받는 기관은 진행 과정의 일정 부분만을 자신들이 통제하기 원한다. 이런 협의 과정에서 기부자는 자신의 기부와 관련, 어느 정도 참여하고 관여할 수 있는지, 대중적 인지도는 어느 정도나 높일 수 있는지와 관련하여 중요한 선택을 한다. 기부자의 기부 이유와는 상관없이, 결국 기부가 얼마나 정확하게 이뤄질 것이며, 필란트로피 의도를 어떻게 행동으로 옮길 것인가라는 질문에 답하는 것이다. 기부라는 행위 이면에 잠재한 동기가 궁극적으로는 기부자의 참여와 인지도를 만들어 갈 것이다. 만일 기부자가 원하는 모든 것이 선을 행하는 것이라면 대중 인지도는 낮겠지만, 프로젝트에 대한 참여 수준은 적절하게 유지될 것이고, 필란트로피를 둘러싼 처리 과정은 양쪽이 함께 합의한 정의에 따를 가능성이 크다. 그러나 또 다른 한편으로 기부자가 프로젝트 그 자체에 관해서는 관심이 없고 참여와 관여, 대중적 인지도에 대해서만 강한 관심을 두고 있다면 이는 문제가 될 가능성이 크다. 따라서 한마디로 요약하자면, 기부와 관련하여 좋은 전략의 핵심적 요소란 적절한 참여와 대중적 인지도를 조정하고 유지하기 위해 노력하는 것이라 할 수 있다.

참여

참여(engagement) 전략이 포함된 기부 계획을 수립하기 위해서는 누가 어떻게 필란트로피를 실천할 것인가에 대해 주의 깊게 생각할 필요가 있다. 어떤 경우는 기부자가 가족 구성원, 친구, 법률가, 컨설턴트 등에게 자문해 필란트로피 의제를 만들고 이의 이행에 도움을 요청할 것이다. 그렇지만 이들을 제외하고 소위 '직거래' 방식이 나타난 것은 최근의 일이다. 젊은 기부자들은 점차 이런 유형의 중개인을 없애고 있으며,

대신 자신의 필란트로피 의제를 실천하기 위해 자신을 스스로 실천의 주체로 내세우기에 이르렀다. 물론 이런 방식으로의 전환은 대리인 이슈를 해결할 수 있는, 즉 필란트로피를 둘러싼 책임을 위임함으로써 발생하는 기부자 의도 왜곡이라는 위험성을 제거할 수 있는 가장 간결한 방법이다.

참여 스타일은 비영리조직의 자율성과 전문성을 존중하는 불간섭주의에서부터 프로그램 개발과 문제 해결을 위해 기부자와 지원대상기관이 함께하는 것에 이르기까지 매우 다양하다. 일부 기부자는 자신의 기부 전 과정 및 지원대상기관의 일에서 직접 참여하고자 한다. 필란트로피란 돈을 내는 것 그 이상의 것이라는 생각에서 이들 참여적 기부자들은 서로 연계되었다는 느낌을 원하며, 돈 이상의 무엇, 즉 자문과 같은 것을 해주기 원한다. 기부자들은 지역사회를 더 잘 이해하기 위해 도심지역의 활동가들과 함께 이야기하고 노력할 수도 있으며, 어려움을 극복하고자 하는 기관의 이사회에 참가하여 경청하고 적절한 제안을 할 수도 있다. 또한, 그들은 정기적인 프로그램 평가를 위해 독립적인 평가자와 평가제도를 도입하여 특정 프로그램 설계와 실천이 갖는 장단점에 대해 해당 조직과 기부자들에게 도움이 되는 의견을 줄 수도 있다. 이처럼 금전적 도움을 주는 것 이상으로 기부자가 이바지할 방법은 많다. 그렇다면 기부자는 왜 참여하게 되며, 참여를 통해 어떻게 가치를 더하게 되는가?

왜 기부자는 지원대상기관과 일정한 거리를 유지하는 전통적인 관계보다 그들의 활동에 적극적으로 참여하려고 하는가? 적극적 참여를 하고자 하는 이유는 독립성을 유지하면서 자기 자신을 돕기 위해 남을 돕는 것이고 이렇게 하기를 원하기 때문이다. 혹은 그들이 비록 지원대상기관의 리더와 같이 전문적인 훈련과 경험이 있지는 않지만, 어떻게 프로젝트를 운영 관리해야 하는지는 다른 누구보다도 더 잘 안다고 스스로 믿기 때문일 수도 있다. 세심한 운영 관리와 간섭하고자 하는 충동은 현재의 부와 성공을 있게 한 비즈니스 부문에서의 다년간에 걸친 경험의 소산일 수 있다. 그렇지만 필란트로피 분야에서도 성공으로 이끌 것이라는 가정은 흔히 하찮은 — 종종 어리석기까지 한 — 비약이다. 또한, 참여를 추동하는 것은 허영심, 과도한 자만심, 혹은 자신의 의지를 남에게 강요하려는 욕망과 관련이 있을 수도 있다.

또 다른 한편에는 지원과정에서 일정한 거리를 두고 지원대상기관 스스로 적절하다고 판단하는 일을 할 수 있도록 하는 것에 만족하는 기부자가 있다. 그렇지만 이들의 수는 점차 줄어드는 추세다. 비영리기관에 대한 이와 같은 존중은 대개 그들이 문제를 더 잘 이해하고 있다는 인식에서 출발한다. 그것은 또한 적극적 참여의 결과가 고통스러웠다는 자신의 경험에서 연유할 수도 있다. 이러한 경험은 결과적으로 비영리조직의 관리자가 프로그램 운영의 자유재량을 선호한다는 인식을 낳게 되었을 것이다. 낮은 수준의 참여는 또한 전문가적 공정성이라는 이름 아래 그리고 객관성 유지의 필요성으로서 정당화되어 왔다. 기부자의 입장에서 보면, 기부를 둘러싼 관계의 범주를 지원에 대한 사전 평가와 사후 평가로 제한하는 것이 프로그램 실행 혹은 지원대상기관의 성과에 대해 부분적으로라도 책임을 지는 것보다 훨씬 수월하면서도 시간을 절약할 방법이다. 사실상 프로젝트 참여의 정도가 높으면 높을수록 그 관계를 끝맺는다는 것은 점점 더 어려워질 수밖에 없다. 참여하고 관여하는 것이 기부자를 자신이 지원하는 프로그램 속에 가둠으로써 성과의 질과 임팩트를 객관적이고 엄격하게 판단하는 데 많은 어려움을 준다. 이런 이유로 일부 기부자는 경쟁으로 몰아넣음으로써 자신을 곤경 속에 빠뜨리는 유혹을 적극적으로 회피하고자 한다.

기부자가 기부에 대해 점차 익숙해짐에 따라 그들 스스로 적극적 참여와 불간섭주의 사이 어딘가에 자신의 참여 스타일을 정하게 된다. 스타일에 대한 이러한 결정이 비영리조직에는 중요한 결과를 가져올 수 있다. 즉 적극적인 기부자의 참여는 긍정적으로는 그들이 가진 상당한 정도의 자원과 재능에 접근할 수 있다는 것을 의미하지만, 비영리조직의 입장에서는 기부자를 만족하게 해야 할 필요가 생기게 되고, 따라서 이를 위해 많은 시간을 추가해야 할 필요가 있을지도 모른다. 이런 이유로 일부 비영리조직은 가능한 한 조건이 없는 운영자금의 지원을 선호한다. 그렇지만 시간이 흘러감에 따라 거의 모든 비영리조직은 서로 성격과 특성이 다른 참여스타일을 가진 기부자들과 어떻게 함께 일해야 하는지를 학습하게 되고, 다양한 모습이 존재한다는 사실을 이해하게 된다.

참여의 수준은 기부자의 스타일뿐만 아니라 지원 대상 비영리조직이 수행하는 일의 성격에 따라 달라지기도 한다. 과학연구라든지 예술과 같은 분야의 일은 기부자가 직접 참여하기 쉽지 않다. 왜냐하면, 이들 분야는 일정 정도의 독립성이 필요하기 때문이다. 그렇지만 청소년 프로그램과 장학금과 같은 프로젝트의 경우는 기부자 참여, 심지어 조직 혁신과 관련해서도 더 개방적이다. 궁극적으로 청소년, 청년에게 어떻게 도움을 줄 수 있을까에 대해 모든 사람이 자신만의 의견을 가질 수는 있으나 누구도 유전학 연구에 대해서는 충분한 지식을 갖고 적극적으로 참여할 수는 없다.

기부자가 원하는 참여 수준 외에도 필란트로피와 관련된 참여의 특징은 기부하는 사람과 기부를 받는 사람 각각이 갖는 의도와 가치의 일치 정도에 따라 달라질 수도 있다. 어떤 상황에서는 기부자와 지원대상자가 서로 같은 생각을 하고 지향점을 공유할 수도 있지만, 또 다른

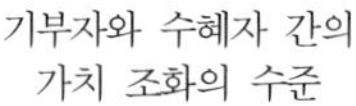

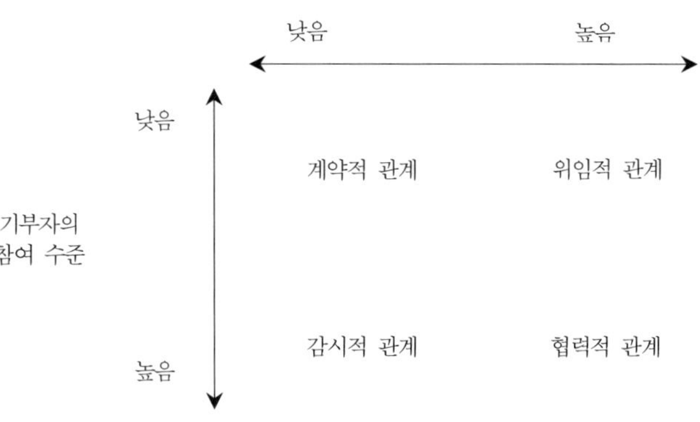

<그림 5> 필란트로피를 둘러싼 관계의 형태

상황에서는 양자가 출발점에서는 인지 못 했지만 서로 많이 다를 수도 있다. 어떤 경우든 관점의 일치, 중복, 우연의 일치 등을 경험할 수 있으며, 강력한 관계 형성에 핵심이라 할 수 있는 양자 사이에 잠재하는 가치를 발견할 수 있다. 이런 두 가지 차원은 서로 결합해보면 <그림 5>에서 보듯이 네 가지 형태의 필란트로피를 둘러싼 관계를 확인할 수 있다. 즉, 기부자와 지원대상자가 제한된 조건 아래서 단순하게 서로 주고받으면서 자신의 길을 가는 **계약적 관계**(contractual relationship), 기부자가 지원대상자에게 모든 책임을 위임하는 **위임적 관계**(delegating relationship), 지원금을 제대로 쓰는지 지켜보기 위해 관리·감독을 강화하는 대신 낮은 신뢰 관계를 유지하는 **감시적 관계**(auditing relationship), 마지막으로 양자가 긴밀하게 협력하면서 공통의 목표를 지향하는 **협력적 관계**(collaborative relationship)가 그것이다.

참여 전략의 차이가 실제로는 어떻게 보일까? 작가인 제임스 미체너James Michener가 1980년대 초반에 주의 이름이 소설의 제목에 들어간 자신의 소설을 연구하기 위해 텍사스로 갔다. 그곳에서 텍사스대학에 있는 대규모의 농장을 둘러보게 되었고 주지사로부터도 특별한 관심을 받게 되었다. 미체너는 텍사스를 좋아하게 되었고 오스틴Austin에 집을 샀다. 그는 그곳 대학에서 그의 말대로 대학원 소설 워크숍의 '조교'를 자청해 자원봉사 활동을 하게 되었다. 미체너는 학생들과 매우 친하게 지내면서 학생들의 작업에 대해 논평도 해주고 필요하면 그들을 독려하기도 하면서 진로에 대해 상담을 해주기도 했다. 1988년 순수예술 학제간 석사학위 통합과정을 설립하기 위해 그는 백만 달러를 대학에 기부했고, 이 기부금은 학생들의 소설, 시, 희곡, 영화시나리오 습작 훈련을 위해 쓰였다. 프로그램의 목적은 분야를 넘나들며 저작 활동을 할 수 있는 작가를 양성하기 위해 대학원생을 교육 훈련하는 것이었다. 미체너는 소위 부재 기부자는 아니었으며, 학생들과 함께 작업하면서 센터의 방향을 설정하는 데 도움을 줬다. 몇 년 후 그는 3백만 달러를 추가로 기부했으며, 곧이어 제임스 A. 미체너센터James A. Michener Center for Writers 설립과 작가 지망생을 위한 펠로우십을 위해 1,500만 달러를 기부했다. 미체너는 1997년 그가 이 세상을 떠날 때까지 프로그램에 적극적으로 참여했다. 이처럼 협력적 관계란 돈을 기부하는 것은 물론 공유가치와 상호 관심의 토대 위에 함께 작업을 같이 해나가는 것을 일컫는다.

기부 대부분은 처음에는 적극적 참여 관계로 시작하지만, 점차 위임적 관계로 전화해 간다. 이런 과정을 통해 상호 간의 가치가 정렬되면서 기부자는 구체적 운영에 참여하고자 하는 시간도 의지도 사라지게 된다. 이런 설명에 잘 들어맞는 사례가 하나 있다. 이는 역사상 가장 규모가 큰 기부 중 하나면서 가장 논쟁적 기부 중 하나였는데 미디어의 거물 테드 터너Ted Turner가 향후 10년 동안 10억 달러를 유엔에 기부한다고 공표한 사건이 바로 그것이다. 규모 면에서는 찬사를 불러일으켰지만, 비효율성과 관료적 성격 때문에 많은 비판을 받고 있었던 유엔기구를 지원한다는 점에서 조롱거리가 되기도 했다. 그러나 터너의 기부는 국제적 협력에 대한 자신의 관심과 약속 이행을 반영하는 것이기도 하다. 수년 동안 CNN 사무실이 있는 건물에 유엔 깃발을 게양했으며, 국제적 긴장이 고조될 때 굿윌게임스Goodwill Games를 지원하기도 했다. 터너의 기부는 그 후 많은 변화가 있었다. 그 첫 번째는 TBSTurner Broadcasting System를 매각한 후 취득한 타임워너Time Warner 주식을 보유하기 위해 유엔재단UN Foundation을 설립한 것이었다. 법적으로 보자면 유엔재단은 재단이라기보다는 사업을 위해 외부로부터 모금을 통해 자원을 확보하는 공공자선단체(public charity)라 할 수 있다. 기부금을 유엔 자체에만 제한한 것이 아니라 유엔인권위원회UN Commission on Human Right, 환경 애드보커시 비영리조직 등 소위 유엔의 대의를 실천하는 기관을 포괄했다. 또한, 정확한 기부금의 액수는 타임워너의 사업성과와 이에 따른 주식의 평가액에 따라 달라질 수 있었고 주식 가격이 내려가면 그 이하가 될 수도 있었지만 우선 10억 달러로 그 한도를 정해 두었다. 이런 변동과는 관계없이, 기부금 규모와 포부 덕분에 터너의 기부는 필란트로피 전반에 대해 포문을 연 셈이 되었다. 유엔재단을 운영하기 위해 터너는 국제정치 분야에 경험이 많은 전 상원의원인 티모씨 워드Timothy Wirth를 선택했다. 또한, 부결되기는 했지만, 당시 연체되었던 미국의 유엔 분담금을 대신 지급하는 것을 조사하는 등 유엔재단이 완전히 자리 잡기 전에 필란트로피를 위해 내놓은 자신의 재원을 다른 곳에 사용할 수는 있는지에 대해서 숙고하기도 했었다.

참여방식의 또 다른 한쪽 끝에는 진행 상황을 지켜보면서 재무보고서를 살펴보고 지원계약서의 조건들이 제대로 충족되고 있는지 이외에는 관심을 두지 않는 기부자가 있다. 가치가 얼마나 긴밀하게 정렬되어 있느냐에 따라 이러한 방식은 꽤 괜찮은 계약적 관계 혹은 좀 더 긴장된 감시적 관계를 만들어 낼 수 있다. 이러한 회계 감사를 중심으로 한 감시모델은 많은 숫자의 적은 금액을 지원하는 소규모 재단에서 발전되어 왔다. 지원대상기관을 감시하는 것 이외에 아무것도 할 수 없는 이들 재단은 일련의 절차상의 제한을 두어 외관상의 책무성을 유지한다. 지원을 받는 비영리기관은 주기적으로 진행되는 감사에 따를 수밖에 없다. 해당 기관이 자신의 사명을 얼마나 성취했는가보다는 재무상태를 모니터링하는 것이 더 쉽고, 이 때문에 필란트로피 부문에서 감시모델이란 지출과 이에 대한 설명을 자세히 살피게 될 수밖에 없다.

계약적 관계는 기업 필란트로피의 세계에서는 흔한 일이다. 기부금은 흔히 다른 곳과 비교해 볼 때 일정한 거리를 두고 전달되는 것이 일반적이지만, 쌍방의 가치, 혹은 적어도 관심의 정렬이라는 전제가 필요하다. 기부하는 기업은 기부받는 조직이나 단체와 너무 긴밀해지기를 원하지 않는다. 여기에는 여러 이유가 있는데 그중에서도 가장 큰 이유는 자신들이 지원한 프로그램이 실패하거나 역효과를 일으킴으로써 부정적 평판을 얻을 수도 있다는 두려움이다. 기업의 CEO는 해변을 청소한다든지 건물을 재생한다든지 하는 지역사회 자원활동 프로젝트에 기업 직원이 참여하는 것을 원하지만, 범죄라든지 약물 남용과 같은 논쟁적이고 해결이 쉽지 않은 문제와 관련된 지역사회 프로그램에 깊게 관여하는 것을 원하지 않을지도 모른다. 더구나 기업 필란트로피에서 흔히 볼 수 있는 예술 분야 지원은 기업이 참여하는 것을 더욱더 어렵게 만든다. 왜냐하면, 기업 CEO에게는 전시회나 극장 공연을 도울 기회가 거의 존재하지 않는다. 물론 기업의 현수막을 걸 기회는 무궁무진하지만, 일반적으로 볼 때 기업기부자의 참여 수준은 여러 가지 이유로 해서 다른 기부자에 비교해 낮다고 할 수 있다. 즉, 진행 상황에 대한 보고 요청과 타당한 지원 결정에 집중하는 것 이외에 뭔가를 더 할 수 있을 만한 충분한 수의 직원을 가진 기업재단은 거의 존재하지 않는다. 실제로 참여란 상당한 정도의 시간, 자원, 사람 등을 필요로 하며, 기업 필란트로피라는 맥락에서 볼 때 항상 가능한 것은 아니다. 이는 기업 기부 대부분이 비영리 활동에 직접 관여하거나 참여하기보다는 기업의 이미지와 인지도를 확장하기 위해 설계되었기 때문이다.

참여는 기부자에 의해 정의된 스타일의 중요한 부분이다. 기부 전략의 전체적인 적합성과 정렬을 위해서뿐만 아니라 또 다른 한편으로는 비영리조직을 위해서도 의미 있는 것이기 때문이다. 전략적 필란트로피의 많은 어려운 문제들과 마찬가지로, **참여 수준도 매우 다양하며 공익적 목적과 사적 가치 사이에 존재하는 상호작용과 맥락적 이해를 통해 정의된**다. 참여는 기부자의 지시나 명령에 의해서도, 지원대상기관의 주장에 의해서도 결정되고 공표되어서는 안 되며, **양쪽이 소통을 전제로 적합성과 정렬을 통해 모두를 만족할 수 있는 수준**이 모색되어야만 한다.

프로파일: 익명성과 찬사

기부 스타일과 관련된 두 번째 요소는 기부자의 프로파일, 즉 **대중의 관심과 인지도**이며, 필란트로피에 대한 대중적 인지도의 예상과 관련된 시기와 방법에 대한 이슈이기도 하다. 이는 필란트로피 의제가 실행되는 것을 의미하며 **일반 대중에게 기부자가 어떤 이미지** — 바람직하기는 좋은 이미지 — **로 투영되는지**와 관련이 있다. 필란트로피 분야에서 프로파일을 이야기할 때 익명성(anonymity)과 찬사(acclaim), 즉 두 극단에 관한 관심이 가장 높다. 참여와 마찬가지로 프로파일에도 그 스타일은 광범위하다. 어떤 기부자는 지원된 조직을 대중에게 홍보하고 추가적인 지원을 끌어내기 위해서라도 높은 가시적, 대중적 인지도의 중요성을 강조한다. 모든 기부자가 미디어의 관심과 인지도 상승을 의도하는 데 비해 낮은 대중 인지도, 대대적인 찬사 같은 것 없이 조용하게 기부를 하고자 하는 기부자도 존재한다. 기부자에 대한 대중의 관심은 기부자로 하여금 소중한 자원을 낭비하게 하고 기저를 이루는 미션과 대의로부터 관심을 왜곡시키기도 한다. 기부자가 얼마나 높은 대중적 인지도를 원하는지는 각 개인의 개성에 따라 다르겠지만, 익명 기부의 상대적 희소성은 기부자가 어느 정도의 인정과 인지도를 원한다는 사실을 반증하는 것이기도 하다. 따라서 비영리조직은 정확한 준비를 통해 자신의 자원개발 환경을 이해하고 이에 대응할 수 있는 능력을 테스트해 볼 수 있게 한다. 이는 사실 복잡한 일이다. 왜냐하면, 기부자는 인정의 폭이 확대되기를 바라기는 하지만, 이를 지원대상기관에 요청하지는 않는다. 이럴 때 기부자의 생각을 읽는 것은 비영리조직의 몫이기도 하다.

'참여'라는 스타일이 긍정적 혹은 부정적 방법으로 기부자와 비영리조직을 연결하는 반면, '프로파일'이라는 스타일은 상대적으로 덜 명쾌하고 덜 직접적이다. 적어도 요구하는 것이 그리 대단하지 않고 기부자가 지원대상기관에 나쁜 영향을 줄 수 있는 어떠한 행동에도 참여하지 않는다면, 대중에게 기부자를 인식하게끔 하는 일은 비영리조직에 많은 대가를 치르게 할 가능성은 낮다. 그러나 일부의 사례이기는 하지만, 스캔들 때문에 기부금을 되돌려 줄 수도 있다. 대학 내 집회 공간에 주요 기부자를 기리기 위해 기부자의 이름을 새겨 넣었지만, 훗날 그가 국제적 무기거래상이라는 사실이 밝혀지는 경우가 그런 사례에 해당한다. 기부자는 자신의 이름이 특정 목록, 명단, 명판 등에 새겨지길, 혹은 언론 보도자료, 대외 홍보자료 등에 언급되기를 원할지도 모른다. 남보다 앞서기 위한 이런 모든 행동 때문에 기부자를 만족시키고 더 많은 기부를 하도록 유도하기 위해 소중한 자원이 조직의 사명을 실천하는 일을 위해서보다 단지 기부자를 만족시키는 일을 위해 사용될 수도 있을 것이다. 그렇지만 기부자가 대중에게 공개적으로 다가가 자신의 필란트로피에 대한 대중적 인지도를 높이고자 할 때 왜 기부를 하는지 그 동기와 관련된 의문이 항상 내재한다. 물론 자기를 돋보이려 하는 행위는 많은 전략적 근거가 있으며 그 행위를 방어할 수는 있다. 자신의 존재를 해당 분야에 좀 더 광범위하게 알리고자 하는 새로운 기부자, 혹은 대중에게 잘 알려지지 않은 새로운 분야에서 사업하고자 하는 이미 잘 알려진 기부자를 위해서는 특히 그러할 것이다. 그러나 높은 인지도는 대중의 관심을 끌 수 있는 좋은 방법이기는 하지만, 자만과 공명심에 대한 우려가 항시 내재하고 있다는 사실을 염두에 둬야만 한다.

높은 대중적 인지도를 추동하는 동인은 현재의 정체성에서 벗어남으로써 대중이 갖는 인식을 바꾸고자 하는 갈망의 결과일 수 있다. 기혼 여성의 경우, 세간의 이목을 끄는 필란트로피는 자신을 다시 규정하고 오랫동안 지속하여 온 배우자의 그늘로부터 빠져나오는 방법이기도 하다. 쉘라 존슨Sheila Johnson이 그런 사례에 해당한다. 그녀는 일 년 안에 이혼절차를 마무리함으로써 전남편과 함께 설립한 텔레비전 네트워크인 블랙엔터테인먼트 텔레비전BET, Black Entertainment Television 매각과 동시에 1억 5천만 달러라고 하는 뜻밖의 재산을 손에 넣게 되었다. 그리고는 두 자녀와 함께 버지니아주 미들버그로 이주, 새 삶을 시작했다. 존슨은 얼마 지나지 않아 많은 기부를 했고, 그녀의 필란트로피 비전을 실현하기 위해 1억 달러 정도의 자산을 가진 재단을 설립할 계획을 세웠다. 존슨은 위기에 처한 지역사회 재산을 사들임으로써 미들버그의 선도적 시민으로서의 위치를 확고히 하고 파멜라 헤리슨Pamela C. Harrision이 소유했던 342에이커의 부동산을 매입함으로써 시장을 비롯해 오랫동안 이 지역에 살아왔던 많은 주민을 안심시켰다. 이들 매입된 부동산이 바람직하지 않은 결과를 낳지 않을까 걱정을 했지만, 존슨은 이를 모두 셀러맨더 인Salamander Inn이라 불리는 고급 숙박시설로 만들 것이라는 계획을 공표하였다. 그녀는 또한 라우던 병원센터Loudoun Hospital Center의 의료서비스 밴을 위한 모금행사 개최를 지원해 지금까지 서비스 지원이 미비했던 지역을 순회하도록 했으며 그의 아들이 다니던 힐스쿨Hill School의 예술공연센터를 위해 250만 달러를 기부했다. 존슨의 기부 스타일은 부분적으로는 개인의 목표, 그리고 그녀와 배우자가 만들었던 비즈니스로부터 자신을 구별하고자 하는 동기가 서로 섞여 있었다. 그녀는 또한 자신의 영향력을 이용, 뉴스쿨 파슨스 디자인 학교Parsons the New School for Design의 이사진으로 활동하는 등 학교 관리 운영에도 적극적으로 참여하였다. 필란트로피 분야에서 더 많은 가시적 효과를 그녀가 갈망했듯이, 파슨스의 참여는 고급모시라는 새로운 분야의 패션과 디자인 산업에 진입하고자 하는 그녀의 열망으로 더욱 자극되었을 수 있다. 그럼에도 불구하고 이러한 과정에서 새로운 정체성과 필란트로피의 역할에 대한 그녀의 모색은 매우 중요하다. 왜냐하면, 기부가 기부를 받는 자만이 아니라 기부자 자신을 어떻게 변화시켜나갈 수 있는지를 보여주었기 때문이다.

기부자는 때때로 익명으로 남아 있기를 원하는 때도 있다. 여러 가지 이유로 필란트로피 분야에서 익명 기부란 특별한 경우다. 익명으로 기부함으로써 기부자는 선행했다는 개인적 만족감을 느낄 뿐 어떠한 보상의 가능성도 배제할 수 있다. 익명 기부는 말 그대로 이름을 밝히지 않고 기부하고 이로 인해 전혀 대중에게 노출되지 않기 때문에 구체적인 연구나 탐색을 하기에는 어려운 주제이기도 하다. 대다수의 현대 기부자들이 선호하는 높은 인지도를 향한 접근방법과 비교한다면 드물기는 하지만 이들 사례는 매우 유용할 수 있다.

가장 유명한 익명 기부자로서 찰스 피니Charles Feeney를 들 수 있다. 평범한 뉴저지 사람인 그가 수백만 달러를 기부했지만, 사람들은 그가 누군지 알 수 없었다. 버뮤다에서 활동하는 재단에 뒷돈을 대는 사람이라는 것을 알기 전까지는 그랬다. 비밀의 베일은 회사 매각을 통해 세상에 알려지게 되었다. 피니는 공항에서 시작한 면세점 사업의 매각 자금으로 아틀랜틱 필란트로피즈Atlantic Philanthropies를 설립했다. 재단의 재산은 피니의 결심, 즉 향후 15년 이내에 수백만 달러짜리 재단을 사라지게 한다는 결심에 따라 점차 줄어들어 왔다. 자선에 대해 스스로 책임을 다하지 못했다는 이유로 마음이 편치 못한 기부자 피니의 생전 기부에 대한 접근방식은 단순한 개념에 근거한다. 즉 오늘날 인간의 문제를 해결하기 위한 기부된 돈이 먼 미래를 위해 기부된 돈보다 더 잘 사용될 수 있다는 것이고, 더군다나 기부자는 자신의 필란트로피 자원을 통해 행한 좋은 일과 그 결과를 보고 느낄 수 있다는 점이다. 피니는 뉴저지 엘리자베스Elizabeth에서 노동자들과 어울려 성장했다. 그는 군인 장학금으로 코넬대Cornell에서 공부했으며 호텔경영학을 전공했다. 그와 그의 파트너가 호놀룰루와 홍콩에서 면세점을 개업했을 때 큰 기회가 찾아왔고 그는 증가일로에 있었던 관광객을 잡기 위해 곧이어 세계 각지에 면세점 사업을 확대해갔다. 피니의 주식은 10억 달러를 넘었지만, 그의 관심은 버뮤다에 있는 아틀랜틱 필란트로피즈에 가 있었다. 남들에게 알려지는 것이 싫어 피니는 기부를 통해 얻을 수 있는 세제 혜택도 받지 않았다. 대중이 인지하지 못하도록 한 그의 결심의 한 부분에는 평범한 삶을 통해 가족들의 안전을 보장하고 싶은 그의 열망이 자리 잡고 있었다. 아틀랜틱 필란트로피즈는 아일랜드의 고등교육, 미국 내 비영리조직의 인프라를 위한 지원, 전 세계 보건의료와 같은 이슈에 관해 관심을 두고 지원사업을 전개해 갔다.

필란트로피에 대한 대중 인지도는 관리 운영될 수 있는 전략의 한 요소지만 그 정도는 그렇게 크지는 않다. 자신이 아닌 단순히 다른 사람에 의해 인지도가 결정되던 시기도 있었다. 뉴욕의 한 택시 운전기사는 필란트로피를 위해 미국에서 번 돈을 그의 고향 인도 두부허 키샨퍼Doobher Kishanpur에 보내기로 했다. 그의 이름은 옴 두타 샤르마Om Dutta Sharma라는 사람으로 일 년에 2,500달러 정도의 기부로 그가 자란 작은 집의 소녀를 위한 학교를 운영할 수 있었다. 교사의 월급이 약 50달러 수준이었기 때문에 샤르마는 1학년부터 5학년까지 200여 명의 소녀를 교육할 수 있었다. 사업 확대를 위한 그의 계획은 일주일에 7일, 매일 12시간씩 일하는 것에서 은퇴할 때 택시면허를 매각하는 것에 맞춰져 있었다. 인도로 돌아가고자 하는 샤류마의 결정은 두 가지 요인에 의해 가속화되었다. 첫 번째는 글을 모르는 그의 모친을 기리기 위해 뭔가를 하고 싶었고 그래서 그는 모친의 이름을 따 학교 이름을 지었다. 두 번째는 미국에서 차별성 있는 뭔가를 하기 위해 충분한 자금을 갖고 있지 않다는 사실을 알게 되었다는 것이다. 그러나 많지 않은 기부였지만, 인도에는 훨씬 더 많은 것을 줄 수 있었다. 따라서 그의 화려하지 않은 평범한 필란트로피가 임팩트를 극대화할 수 있는 범상치 않은 첫 발자국을 내딛는 계기가 되었다. 그는 기부와 관련하여 대중의 인지도를 높이려는 어떤 시도도 하지 않았지만, 주요 언론의 중요한 취재 대상이 되었고 이를 통해 사람들에게 널리 알려지는 계기가 되었다.

기부자 대부분은 자신의 기부가 공공연히 알려지고 감사 인사받기를 원한다. 이렇듯 가시적 효과는 일부 기부자의 기부를 촉진하는 중요한 요인이 될 수 있다. 기부자가 인지도를 모색하는 방법은 빌딩에 기부자의 이름을 붙인다든지, 홍보회사를 이용한다든지, 기부 사실을 알리고 기념하기 위해 특별 행사에 참석한다든지 매우 다양하다. 이런 경향을 악화시키는 것은 직업적인 모금 분야 내의 변화, 즉 기부자와의 관계, 기부자에게 감사 표시하기와 같은 것들을 점점 더 정교한 그리고 광범위한 활동으로 만들었다는 점이다. 인지도에 대한 기부자의 욕구를 충족시키기 위해 기부 기회를 조직화하는 것은 이제 거액 기부를 확보하기 위한 일상적인 과정이 되었다. '명명의 기회'(naming opportunities), 기부 대가에 대한 제안 등의 분명한 메뉴를 갖고 기부자에게 접근하는 것은 이제 특별한 일도 아니다. 그렇지만 **기부가 단순히 돈과 가시성 및 인지도와의 교환으로 바뀌었을 때 필란트로피가 갖는 중요한 그 어떤 것, 이른바 사적 우선순위와 공적 우선순위 사이의 균형이 깨지는 것**이다. 인정과 인지도에 대한 모색은 필란트로피를 아주 먼 엉뚱한 곳으로 데려갈 수도 있다. 즉 기부의 가장 우선적인 동기가 공적 문제에 대한 창조적인 해결책 모색이라기보다는 기부자의 사적 만족에만 머무르게 할 수도 있다는 것이다.

바라는 참여의 수준, 선호하는 대중 인지도 양자를 포함한 필란트로피 스타일은 대체 어디에서 연유하는 것일까? 대개는 특정 기부에 대한 전략적 숙고의 결과라기보다는 필란트로피를 행동으로 옮기기 이전 기부자의 인생 경험의 산물인 경우가 많다. 스타일은 전략 틀을 구성하는 다른 어떤 요소보다 변화가 적다. 그러나 차별성 있는 기부 스타일의 선택, 테스트, 적응은 지속적인 평가와 수정이 필요하며, 이를 통해 '필란트로피' 프리즘의 다른 요소와 조화를 이뤄 일관성을 유지해 갈 수 있다. 비록 기부자에게 스타일의 변화가 쉽지는 않더라도 참여 수준과 인지도에 관한 한 유연할 필요가 있으며, 특정 환경의 특별한 요구에 적응할 수 있어야 한다. 기부자가 취한 스타일은 지속적인 기부가 가능하도록 개인적인 만족도를 높이지만, 문제 해결을 위한 필란트로피 실천에 부가된 가치에 대한 이중적 테스트를 충족해야만 한다. 따라서 **조화를 이루고 균형을 유지하는 일은 상당한 정도의 자기 성찰과 기부 환경에 대한 지식이 있어야** 한다. 새로운 필란트로피 유행 흐름은 이러한 과정의 진행을 방해할 수 있으며 특정 스타일을 매력적으로 보이게 하기도 한다. 그러나 불행하게도 스타일은 좋은 전략의 구성 요소 중 하나일 뿐, 결코 이를 대체할 수 없다.

새로운 스타일: 벤처필란트로피

최근 필란트로피의 가장 인기 있는 스타일 중 하나는 냉철한 사업가 혹은 투자자의 구성 요소를 비영리 활동이라는 좀 더 부드러운 것으로 바꿔 놓는 것이다. 기부자들은 투자자와 투자를 받는 자 사이의 관계처럼 보이기 위해 기부자와 기부를 받는 자 사이의 필란트로피 관계를 고칠 수만 있다면 또 다른 중요한 가치가 추가될 수 있다고 생각해 왔다. 따라서 이런 생각에 기초하여 **벤처필란트로피란** 자격이 되는 모든 종류의 조직에 단순히 자선 관련 자금 공급자라기보다는 **기부자 스스로 냉철한 사회투자자로의 전환을 약속한다**는 것이다. 이 과정은 한 세기 동안 깊은 믿음과 신뢰를 유지해 온 분야에 투자 세계의 원칙을 적용함으로써 이뤄진다. 그렇지만 기업은 투자비 회수와 보상이 이뤄지는지를 결정할 수 있는 분명한 방법이 있지만, 필란트로피 분야는 필란트로피

투자에 대한 임팩트 평가를 위한 성과측정 도구 개발에 오랫동안 씨름해 왔다. 더구나 필란트로피는 중요 임팩트를 만들어 내기 위해 충분한 자원을 모아야 하고 이를 위해 많은 고민과 노력을 기울인다. 임팩트와 측정 이슈를 해결하기 위한 모색은 벤처필란트로피의 핵심적 부분을 형성해 왔다. 특히 이러한 현상과 접근방법은 소위 기업가정신을 통해 재산을 모은 젊은 기부자들 사이에 널리 퍼지기 시작했다. 분야를 넘나드는 지식의 이전 시도는 자신을 스스로 '벤처필란트로피스트'(venture philanthropist)라고 명명한 개인과 재단 기부자 그룹에 활기를 불어넣었다.

벤처필란트로피의 영향은 점차 확대일로에 있으며, 현재 벤처필란트로피 운동의 정확한 규모를 알 수는 없지만, 최근 연구조사는 40여 개의 기관 지원자들이 이러한 접근방식을 채택, 연간 약 6천만 달러 정도의 투자 규모를 유지하고 있다고 추정하기도 한다. 현재 벤처필란트로피는 전체 연간 기부 규모인 2천억 달러와 비교해 볼 때 그리 큰 규모는 아니지만, 그 영향력만큼은 상당하다고 할 수 있다. 필란트로피를 사회적 투자라는 개념으로 전환하고자 하는 아이디어는 조기 아동보건의료, 환경보호, 지역사회개발과 같은 분야에서 적극적으로 이뤄져 왔다. 벤처필란트로피는 점차 미디어의 관심 주제가 되어 왔고 일찍이 이에 참여한 실천가들은 해당 분야에서 관심을 불러일으켜 왔다. 중요하게는 켈러그재단W.K.Kellogg Foundation과 퓨 채리터블 트러스트 Pew Charitable Trusts와 같은 몇몇 대규모 재단이 최근 벤처필란트로피의 언어와 실천에 관심을 두고 이를 시도해 보기 시작했다. 따라서 이들이 필란트로피에 제시하고자 하는 접근방식이 무엇인지를 이해하는 것은 매우 중요하다.

핵심적인 내용을 살펴보면, 벤처필란트로피는 세 가지 기본적인 특징을 토대로 하는데 그 각각은 **전통적 필란트로피가 가진 문제, 그리고**

그에 대한 해결책으로 볼 수 있다. 첫 번째 아이디어는 비영리조직에 대한 장기간에 걸친 상당 액수의 재정적 지원과 이를 통한 규모 확대를 들 수 있다, 두 번째 아이디어는 조직 성과를 측정하기 위한 새로운 척도의 개발, 세 번째는 자금 제공자와 받는 자 간의 밀접한 관계 설정, 즉 기부자가 중요 전략 혹은 경영 이슈에 참여하면서 해당 비영리조직의 자문가와 문제 해결사로서 노력하고자 하는 것이라 할 수 있다. 세 가지 모두 독특한 스타일로 앞에서 살펴본 대로 **적극적인 참여와 높은 인지도를 전제로** 한다.

벤처필란트로피는 비영리조직의 성공 가능성을 증가시킬 목적으로 다양한 도구를 개발해 왔는데 여기에는 일반적인 비영리조직의 그것과는 다른 종류의 자금 흐름도 포함된다. 일반 운영관리비는 전체 지원금의 약 15% 정도를 차지하며 그 나머지가 특정 프로젝트를 위한 지원금으로 사용하는 것이 통상적이다. 지원기관 대부분은 프로젝트 지원을 선호하는데 그 이유는 비지정 지원금보다 좀 더 적극적으로 관리와 감독을 할 수 있다고 믿기 때문이다. 일반 운영관리비 지원의 문제점 중 하나는 그것이 "필수적이지 않은"(non-essential) 것, 즉 사명과는 관계가 없어 보이는 스텝 지원, 임대, 기타 기본 운영비 등과 관계가 있다는 것이다. 설상가상으로 지원기관 대다수가 특정 비영리조직의 프로젝트 지원을 2년 또는 3년으로 제한한다는 점이다. 전통적인 기관 지원자들은 지속가능성을 방해하는 의존성이 생겨날 수 있으므로 단기적 지원 방법을 채택해 왔다. 이는 이사진의 관심이나 지역사회 조건이 변한다면 빨리 방향을 수정할 수 있는 유연성을 갖고 있기 때문이기도 하다. 자금지원의 이런 패턴이 비영리조직에 가져올 결과는 자명하다. 즉 재정적 불안전성, 계획의 불확실성, 노력의 낭비 등이 예견되며 이 모든 것들이 결과의 확산, 규모 및 임팩트 성취를 어렵게 만든다.

그렇지만 벤처필란트로피는 다른 접근방식, 즉 제한성이 덜 한 장기적 지원방식을 제시했다. 한 기관에 대한 지원을 빨리 종료하고 또 다른 기관으로 지원을 옮겨가는 방식 대신 장기적인 자금지원을 통한 조직의 발전과 성장 지원을 강조했다. 예를 들면, 벤처필란트로피 분야에 일찍이 입문한 뉴욕의 로빈후드재단Robin Hood Foundation은 10년 정도 기간을 염두에 두고 그들이 지원하는 기관과 지속적인 관계를 구축하는 데 많은 시간을 투자해 왔다. 대부분은 소규모 재정지원이었던 반면, 몇몇 사례는 큰 규모의 재정지원 약속으로 이어졌다. 벤처필란트로피는 장기간에 걸쳐 비영리조직 역량강화에 대한 대규모 지원을 바탕으로 비영리부문의 가장 큰 결점 중 하나인 실질적인 규모 확대와 임팩트 성취 불가라는 한계를 극복할 수 있다고 믿게 되었다.

장기간에 걸친 지원 약속이 실행되기 전, 벤처필란트로피스트는 "실사"(due diligence)라고 그들이 부르는 상당히 엄격한 과정에 관여한다. 이런 조사 검토 과정이 다른 모든 기부자가 이미 했던 것(재정관련 자료 검토, 전략기획 프레젠테이션, 현장 방문 및 실사 등)과 어떻게 다른지는 분명하지 않지만, 책무와 약속 실천을 위한 의사결정 과정에 상당한 수준의 배려와 주의가 전제된다. 따라서 이런 사실을 강조하고 주의를 집중시키기 위해 새로운 언어가 고안되기도 했다. 어느 단체를 지원할지 결정할 때 뉴 프로핏New Profit Inc.과 같은 벤처필란트로피 그룹은 중요한 기준으로서 규모 확장을 이뤄낼 수 있는지 해당 비영리조직의 능력을 검토한다. 뉴 프로핏의 장기 투자는 이미 사회 소외계층 어린이를 위한 유아원 교육 프로그램을 전국 12여 개 도시로 확산시켜 온 점프스타트Jumpstart와 같은 조직에 초점을 맞춰 왔다.

비즈니스 노하우를 공립학교 개혁에 적용한 가장 가시적인 것 중 하나가 팔로 알토Palo Alto 벤처자본가인 존 도어John Doerr가 실행했던 뉴스

쿨즈 벤처펀드NSVF, New Schools Venture Fund다. 이 펀드는 공공교육 분야 운동에 잠재력을 가진 유망한 새로운 영리조직과 비영리조직의 초기 자금 제공을 목적으로 1998년 도어에 의해 설립되었다. 지원 결정을 위해 도어는 일련의 분명한 기준이 있었다. 그는 강력한 리더십을 갖고 학교 성과에 직접적인 영향을 끼칠 수 있는 조직을 지원하고자 했다. 또한, 지원받는 조직은 규모를 확대해 갈 수 있어야만 한다는 개념이 있어야 하고, 바로 이점이 그의 접근방식이 만들어 낸 차이점이라고 주장하기도 했다. 다른 비즈니스 투자자와 마찬가지로 도어는 이 펀드에 투자할 파트너팀을 조직했고 총 2천만 달러가 모금되었다. NSVF의 추가적인 비영리부문 투자에는 캘리포니아 공립학교에 대한 포괄적인 온라인 가이드, 영리와 비영리 차터스쿨(charter school) 경영조직, 학교 리더십 교육 훈련 프로그램, 수학 과목 커리큘럼 개발 등이 포함되어 있었다. 영리 분야에서 NSVF는 영리기업에 의해 운영되는 차터스쿨 네트워크에 투자했으며, NSVF의 학교 혁신 방법은 지속해서 벤처필란트로피 모델을 적용하는 것이었다. 성공적인 기업가와 CEO의 재능에 기대어 NSVF는 규모 확대의 아이디어와 방법을 발전시켰다. 즉 성장과 임팩트의 잠재력을 가진 조직을 재정적으로 지원하는 것은 물론, 학교 개혁가들의 네트워크를 조직했으며 이를 통해 혁신과 아이디어를 널리 알릴 수 있었다. 따라서 NSVF는 피투자기관의 임팩트를 극대화하고 이를 통해 규모를 확대해가고자 하는 목표를 갖고 함께 모여 투자를 지속해 왔다.

벤처필란트로피는 장기간에 걸친 대규모 지원뿐만 아니라, 평가 혹은 성과 경영의 중요성을 강조했다. NSVF와 뉴프로핏과 같은 지원기관은 주요 목표의 성취와 이를 추적할 방법을 비영리조직과 함께 만들어 나가는 등 모든 일에 긴밀히 협력하고자 했다. 이는 장기간에 걸친 관계가 지속 가능해지려면 비영리조직이 자신의 성과에 대한 책무성이 필요하다는 전제에서 출발한다. 이를 위해 균형성과표(balanced scorecard)를 비롯하여 단순히 재정적 성과측정만이 아닌 다양한 도구를 비즈니스 부문으로부터 빌려 와 적용하고자 했다. '투자에 대한 사회적 수익률'(SROI, social return on investment)과 같은 것으로 의미를 확장해보려는 시도가 있기도 했지만, 세밀하고 다양한 검증은 더 이상의 진전을 허락하지는 않았다. 일부 것들은 비영리 활동을 화폐 가치로 환산, 재정적 분석을 하기도 했지만, 비영리 대부분의 활동을 이런 식으로 환산할 수는 없다. 따라서 이와 같은 혼란과 지체의 시간을 경험한 후, 벤처필란트로피 운동은 좀 더 신중한 노력, **즉 비영리와 함께 목표를 정하고 진전 상황 및 그 결과에 대한 질적 평가에 좀 더 큰 노력을** 기울였다. 특히 벤처필란트로피스트들은 평가작업과 관련하여 비영리조직을 독려, 이들 스스로 목표를 관리하고 성과 증진에 대한 조절 능력을 키우게 하고자 했다. 또한, 측정에 대한 이러한 집중적인 노력은 장기적이고 실제적인 재정지원에 대한 약속이었으며, 자문을 통한 참여라는 제3자적 접근법으로 확장되어 갔다.

전통적 필란트로피의 흐름을 변화시켜 임팩트를 만들어 내고 이를 광범위하게 확대하고자 하는 시도 속에서 벤처필란트로피 역시 지원자와 피지원자 간의 관계 변화에 초점을 맞춰갔다. 벤처필란트로피의 지지자들은 대다수의 개인 혹은 기관 기부자들의 기부 방법을 관찰한 후, 그들 노력의 대부분이 지원대상자를 선정하는 데 집중되어 있으며 지원금이 나간 후에는 비영리조직의 성공을 돕고자 하는 노력이 매우 미흡하다는 사실을 인식하게 되었다. 사실상, 재단 대다수는 지원금이 나간 후부터 최종보고서가 들어 올 때까지 그 중간에 자문이나 기타 후속 조치를 하는 경우는 거의 없다. 지원신청 결정에 모든 노력을 집중하는 이유 중 하나는 집행의 효과성이라기보다는 투명성, 공정성, 책무성과 관련된 지원기관에 대한 실질적 압력이 존재하기 때문이다. 따라서 이런 압력과 요구가 있다면, 지원기관 대다수가 지원신청서를 신중하게 검토하고, 이사회가 개최되기 전에 현장을 방문하고, 이를 토대로 이사회 보고서를 만드는 일 외에 또 다른 무엇을 할 시간이 없다는 것은 그리 놀라운 일이 아니다. 이러한 지원사업의 사이클이 계속되면 될수록 이를 깨고 나와 지원대상기관과 지속 가능한 관계를 만들어간다는 것은 사실상 불가능하다.

벤처필란트로피는 모든 관련자와의 접촉을 깊게 가져가고 그 시간 또한 연장 확대하는 식으로 기부자와 기부받는 자, 투자자와 투자받는 자 사이의 관계를 기존의 방법과는 다른 식으로 접근한다. 단순히 수표를 발행하는 것으로 끝나는 것이 아니라, 그들의 포트폴리오를 토대로 비영리조직을 직접 접촉한다. 이런 식의 적극적 참여 전략(high-engagement strategy)에는 두 가지 인지된 편익이 존재한다. 첫 번째는 **비영리조직이 이전에는 알지 못했던 어떤 것들을 배울 수도 있다**는 것이다. 특히 컨설팅을 통해 비영리부문에서는 알 수 없는 특화된 기술이라면 더욱 그러하다. 뉴프로핏의 경우, 지원대상기관이 컨실팅계의 거물인 모니터그룹Monitor Group으로부터 실천 위주의 경영컨설팅 지원을 받게 했다. 성인 자원봉사자가 창의적 프로젝트를 통해 청소년에게 실질적인 기술을 가르치는 방과 후 프로그램인 씨티즌스쿨Citizen School의 경우, 이렇게 부가된 서비스는 조직의 지속적 성장 가능성을 높였다. 이렇듯 경영 컨설팅 회사의 전문성을 자신의 피투자자에 연계시킴으로써 투자와 성취된 사회적 편익 양자를 동시에 보호하고자 했다.

자문과 참여적 관계를 통한 두 번째 인지된 편익은 **비영리조직의 성과와는 아무런 관계가 없으며 모든 것이 기부자의 만족과 관계가 있다**는 점이다. 적극적 참여 필란트로피는 비즈니스 외의 삶에서 의미를 찾고자 하는 대다수 부자 자신들의 욕망을 만족시키기 위한 사회적 활동이다. 벤처필란트로피에 적극적인 젊은 기업가들은 참여적 접근방식을 즐기면서 이를 개인의 학습과 성장 과정으로 이해한다. 최초의 벤처필란트로피라 할 수 있는 소셜벤처파트너스SVP, Social Venture Partners는 최소한 5천 달러의 회비를 내면 SVP가 지원한 비영리조직에 직접 참여할 수 있다. 심지어 다른 벤처펀드의 투자자 대부분은 모금 활동이나 이사진의 일원으로서 그가 투자한 조직에 참여할 수도 있다.

벤처필란트로피 모델의 참여에는 몇 가지 가정이 존재한다. 첫 번째는 비영리조직은 그들 사업을 전략화하기 위해 외부 도움을 원한다는 점, 두 번째는 컨설팅을 제공하는 사람들은 비영리부문에서 간과하기 쉬운 기술과 지식을 갖고 있으며 비영리조직이 이러한 도구와 모델을 접하게 되면 더 잘 운영될 수 있다는 점, 세 번째는 필란트로피 부문에서 이러한 참여와 관여는 윤리적이고 적절하다는 점이다. 그렇지만 **이 모든 가정에 대해 합리적 의문**을 제기할 수 있다. 특히 적극적 참여방식을 택한 지원기관의 지원을 받은 비영리조직에 대한 최근의 한 연구조사는 **지원기관과 긴밀한 관계를 갖고 일을 진행하는 것은 소모적이며 더구나 특별한 가치를 더 만들어 내는 것도 아니라**는 사실을 밝히기도 했다. 일반적으로 알려져 있듯이, 후원하는 자와 요청하는 자 사이의 긴장된 관계는 극복하기가 쉽지 않다. 비영리조직 대다수는 꼬리표가 달리지 않은 수표를 창 봉투에 넣어 보내주는 것이 가장 좋은 지원방식이라고 믿고 있다. 두 번째는 지원기관의 적극적 참여 기술을 적용할 때 시장부문에서 자본운용을 해봤거나 기업경영에 대해 전문적 지식을 가진 자가 **비영리를 성공적으로 만들어 갈 수 있다고 주장할 만한 증거는 어디에도 없다.** 비영리조직의 사명 완수는 서비스지원대상자의 욕구를 충족시키는 것만도 아니고 시장의 흐름에 빠르게 대응하는 것도 아니다. 때때로 비영리는 즉각적인 대응과 지원이 거의 이뤄지지는 않지만, 사회적 욕구가 절실한 곳에 사회서비스를 제공함으로써 사회적으로 중요한 역할과 기능을 선도해야 할 필요가 있다.

마지막으로 **기부 윤리와 관련해서 벤처필란트로피의 신조는 문제가 있어 보인다.** 시간이 흐를수록 기독교, 유대교, 이슬람교 등 모든 종교에 걸쳐 반복적으로 되풀이되는 주제는 기부하는 자와 받는 자는 분리되어 서로 알지 못하도록 해야만 한다는 것이다. 그래야 기부받는 자가 그 누구한테 직접 돈을 기부받았다 하더라도 수치심을 느끼거나 창피하게 생각하지 않는다는 것이다. 익명 기부는 기부자를 기쁘게 하기보다는 다른 사람을 돕는 것을 목적으로 하는 것이고, 그럼으로써 기부자의 의도가 순수하다는 사실을 보장한다. 이런 주장에 대해 자선(charity)과는 다른 의미의 투자(invest)를 한다는 벤처필란트로피스트의 반론을 예견할 수 있다. 즉 시작부터 자금이 다른 용어와 조건으로 전달되기 때문에 자선과 관련된 도덕적 문제를 적용할 수 없다는 것이다. 또한 '사회적 투자'(social investments)란 지원(grants)과는 근본적으로 다른 것이며, 제기될 수도 있는 윤리적 이슈를 이런 차이점을 통해 충분히 해명 가능하다고 좀 더 강조해 이야기하는 사람도 있다. 벤처필란트로피스트들은 돈을 '투자'할 때 그에 따른 보상을 기대하기 때문에 그들이 지원하는 프로그램을 적극적으로 만들고 운영해 갈 자격이 있다고 느낀다. 그렇지만 이는 궁극적으로 의미론적 궤변이거나 모든 필란트로피 형식이 갖는 힘의 비대칭이라는 현실을 에둘러 가는 것이라 할 수 있다. 게다가 투자 대비 수익을 측정하는 일관성 있는 척도가 부재한다면, 지원(grant)이 곧 투자(investment)라는 아이디어는 문제가 될 수밖에 없으며 이를 위한 또 다른 근거가 될 수 있다. 그런데도 벤처필란트로피의 세속적이면서도 기업가적인 전환은 행동을 통해 사회적 영역에서 자신을 표현하고자 하는 열망, 이러한 열망을 가진 새로운 기업가적 기부자 세대를 만족시킬지도 모를 일이다.

오늘날까지도 벤처필란트로피는 물음표로 남아 있다. 벤처필란트로피가 만든 새로운 용어가 성공적으로 안착하기 위해서는 실천적 의미에서 돌파구를 찾아야 한다. 즉 **벤처필란트로피와 전통적 필란트로피 사이에 진정한 차이, 분명한 차이가 무엇이며, 이들 차이가 무엇을 만들어 낼 수 있는지를 밝혀야** 한다. 현재 새로운 용어를 정당화할 수 있는 신뢰할 만한 혁신을 발견하기는 쉽지 않다. 벤처필란트로피스트들이 만든 '투자'라는 것의 대부분은 대다수 다른 기부자들이 만들고 사용해 온 '지원'과 별 차이가 없는 것처럼 보인다. 이를 가장 잘 뒷받침하는 증거는 벤처필란트로피로부터 지원을 받는 비영리조직 대다수가 정기적으로 주류 지원기관으로부터도 지원을 받고 있다는 사실이다. 사실상, 대중적 인지도가 높은 일부 벤처필란트로피만이 지원을 받을 수밖에 없는 비영리조직 운영 예산의 상당 부분을 담당함으로써 이를 대변할 따름이다. 이와 비슷하게 많은 사람이 벤처필란트로피의 특징으로 언급하는 '컨설팅 참여'도 몇십 년 동안 전통적 기부자들이 제공해왔던 '기술적 지원'의 다양한 형태와 비교할 때 커다란 차이를 발견하기가 어렵다. 이외에도 또 다른 많은 용어가 갖는 차이를 비교해 보더라도 이전에 해왔던 것들과 큰 차이를 보이지 않는다. 그렇지만 어떤 의미에서는 벤처필란트로피의 언어가 만든 흥분과 에너지는 긍정적인 영향을 끼치기도 했다. **새로운 사람들이 필란트로피 분야에 입문해 공익적 가치의 창출이라는 도전과 기쁨**을 함께 만들어가고 있기 때문이다.

임팩트를 탐색하고자 하는 벤처필란트로피의 시도가 필란트로피 세계를 생동감 있게 만들었다는 사실은 분명하다. 어쨌든 전통적 필란트로피가 갖는 문제 또한 분명하며 부정할 수 없는 사실이기도 하다. 그런데도 용어의 장황함, 사회벤처펀드 설립에 대한 지나친 열광 등의 일련의 문제점도 아울러 존재한다. 그렇지만 한 가지 부정할 수 없는 것은 비즈니스 영역의 개념과 언어를 비영리 세계로 가져옴으로써 벤처필란트로피를 마케팅의 승리로 봐야만 한다는 사실이다. 이를 통해 새롭고도 적극적인 참여 스타일의 필란트로피를 새로이 입문하는 모든 기부자에게 이해시켜 왔다. 그렇지만 실질적인 필란트로피 혁신의 집합체로서 벤처필란트로피가 이들 분야에 어떻게 이바지를 했는지는 훨씬 더 규명하기 어려운 영역으로 남아 있다.

필란트로피를 둘러싼 관계

벤처필란트로피가 출현하기 이전에도 참여와 관여에 대한 강조가 있어 왔다. 익명 기부를 제외한다면, 일반적으로 필란트로피의 세계는 일정한 거리를 두고 관조하면서 뭔가를 할 수 있는 호화로움을 기부자에게 허용하지 않는다. 돈과 미션이 서로 그 자리를 가로채듯이, 기부라는 행위는 항상 기부자와 기부받는 자 서로가 관계를 맺도록 끌고 들어간다. 기부자와 기부받는 자 사이의 관계만큼이나 복잡하고 팽팽한 긴장감이 도는 것도 없다. 오랫동안 비대칭적 관계 속에서 도전과 긴장이 존재해 왔지만, 이는 전문적 상호작용의 정상화된 유형으로 자리 잡았다. 그러나 권력, 계급, 인종, 그리고 수많은 무시, 의혹과 관련된 불편하면서도 해결되지 못한 질문들이 표면 아래 숨어 있는 것 또한 사실이다. 대다수 기부자와 비영리조직 간의 상호작용이 일정한 양식에 맞춰 이뤄지고는 있지만, 의례적인 웃음, 사무실에서 이뤄지는 한담, 정교하게 만들어진 문서 등의 수준에 머물 수밖에 없다는 것은 애석한 일이다.

비영리조직 경영자와의 인터뷰는 기부자에 대해 지원받는 기관들이 많은 불만을 느끼고 있다는 사실을 확인해 준다. 이 중 가장 시선을 끄는 것은 기부자를 만족하게 해 다음번 지원을 확보하기 위해서는 조직을 재구성, 재위치, 재조정해야만 한다는 것이고, 이로 말미암아 비영리조직이 느끼는 괴로움과 피곤함이다. 비영리조직이 기부자의 심중을 파악하고 그들이 원하는 것을 제공해야만 하므로 모금 요청과 비영리조직의 현실과의 생동감 있는 연계성이 감소할 수밖에 없고, 결국 이는 기부자의 욕구와 관심에 부응하려는 분명치 않은 시도로 전락하고 만다. 따라서 비영리조직은 필란트로피를 둘러싼 관계를 구축해 나가기 위해 자신의 필요와 선호를 순화하게 되는데, 이는 기부자가 매력을 느낄 수 있는 수준에서 참여를 보장하고, 기부자 자신의 관심을 구현할 수 있는 프로젝트 추구와 대중적 인지도를 높일 기회 부여를 전제로 한다. 그러므로 필란트로피 스타일을 결정하는 데 가장 심각한 도전이자 아이러니 중 하나는 기부자가 도움을 주기로 선택한 바로 그 비영리조직에 왜곡된 효과를 감내하게 할 수밖에 없다는 점이다.

왜 지원기관과 지원대상기관 사이에 의사소통의 질과 순수함이 지원과정에서 붕괴하는 것일까? 그 이유는 무엇일까? 여기에는 두 가지 주요 문제가 있다. 즉 **필요의 언어**(language of needs)**가 기회의 언어**(language of opportunities)**로 교체됐다는 점**이다. 이는 일반 운영 관리를 위한 지원, 자원개발과 구성, 역량강화 등 비영리조직의 필요가 기부자 관심을 충족하기 위한 기회 부여로 바뀌었다는 의미다. 비영리조직의 지원요청 내용이 자신의 필요보다는 기부자가 무엇을 원하는지, 이들은 어떤 기회를 원하는지에 관심을 두게 되었다는 것이다. 그 이유를 두 가지로 나눠 살펴볼 수 있다. 첫째는 비영리부문 내 재정적 압박과 경쟁이 급격하게 상승하고 있다는 점이다. 어떤 의미에서는 비영리의 숫자가 지속해서 급격하게 상승하고 있으므로 지원을 얻어내기 위해서는 쉽지 않은 조건일지라도 무엇이든 기꺼이 하려는 비영리는 항상 존재할 것이라는 뜻이기도 하다. 또한, 기부자와 기부받는 자 사이의 힘의 불균형으로 말미암아 받는 자가 자신의 필요와 욕구에 대한 언급을 자제하려는 문화적 장애도 존재할 수 있다. 기부자가 정한 지침은 많은 비영리조직에는 불변적이며 확정적이다. 재정적 압박 하에 가장 쉬운 대응은 지원요청서에 기부자의 관심과 기회를 반영하고 그들이 정한 지침 범위 내에서 지원요청서를 공들여 만드는 것이다.

동시에 기부자들은 자신들이 어떤 종류의 지원신청서에 관심을 두는지 지역사회 비영리부문에 공공연히 언급함으로써 지원사업에 점차 더 적극적인 자세를 취해왔다. 필란트로피 부문에서 경력 확장과 지원사업에 대한 전문 지식이 축적됨에 따라 의제설정에 대한 재단 프로그램 스텝들의 역할은 증가하게 되고 이런 흐름은 강화되어 갔다. 벤처캐피털 모델은 비영리가 역량강화와 관련된 지원신청을 하도록 권장함으로써 비영리부문의 필요와 욕구 중 중요한 한 측면을 다루고자 했다. 그렇지만 이 모델은 비영리가 필요로 하는 지원금의 형태를 더 좁게 제한하는 결과를 낳았다. 물론 어떤 비영리조직은 조직의 역량과 인프라를 위한 도움이 필요하며 또 다른 조직은 또 다른 지원을 통해 도움을 받을 수도 있다. 궁극적으로 프로젝트 펀딩과 기부자의 적극적 접근방법에 대한 집중적 관심은 필요와 욕구에 대한 진정한 대화를 차단하기 때문에 여러 경우에서 문제를 낳을 수밖에 없었다. 미리 결정된 특정 주제에 대해 직접 지원하는 형태보다는 오히려 지원하는 기관과 지원받는 기관이 서로 신뢰할 수 있는 근거를 통해 필요의 범위를 제한하되, 좀 더 광범위한 지원을 할 수 있도록 확장된 목표를 함께 추구해 가는 것이 필요하다.

기부자는 벤처캐피털과 기타 비즈니스 모델에 근거한 필란트로피 스타일의 요소들을 수용하기 전에 비영리 경영자가 근본적으로 다른 관심과 목표를 가질 수도 있다는 사실에 대해 심각하게 고려하는 것이 첫 번째 순서가 될 것이다. 즉 양자가 함께 이해하고 만들어가면서 서로 존중할 수 있어야만 한다는 뜻이다. 물론 이들 목표는 기존의 '임팩트' 정의에 잘 맞을 수도 그렇지 않을 수도 있다. 비영리조직의 대다수 스텝은 서비스 전달과 프로그램 성과라는 도구적 목표뿐만 아니라, 연대, 지역사회에 대한 책무, 일을 통한 가치의 표현을 토대로 한 갈망과 열정에 의해서 고무되기 때문이다. 구체적으로 기록하기는 어렵지만, 제안과 소통에서 중요한 목표가 될 수 있는 이런 것들을 비영리조직이 포괄할 수 있도록 기부자는 그 방법을 모색할 필요가 있다.

과연 기부자와 비영리조직 간에 개방적이고 진솔한 관계가 존재할까? 물론 존재한다. 그렇지만, 기부자 대다수가 지원대상기관으로부터 그들의 진솔한 이야기를 경청하고 있을까? 그렇지는 않다. 따라서 궁극적으로 모든 기부자가 적어도 한 가지는 동의해야만 한다. 즉 새로운 비즈니스 규칙을 통해 필란트로피 스타일을 재구조화하고자 하는 그들의 제안은 필란트로피를 진화시켜 나가는 과정에서 최우선 순위라기보다는 그다음 단계에서 고려할 수 있을 것이다. **지원하는 자와 받는 자는 지원을 주고받는 과정에서 의사소통의 진정성과 그 품질을 증진하기 위한 일을 최우선으로** 해 나가야만 한다. 이런 점에서 필란트로피 스타일의 효과성과 적합성을 위한 핵심적 테스트 중 하나는 견실한 프로그램의 계획과 발전을 위한 토대로써 **신뢰를 바탕으로 한 조직과 지역사회의 욕구, 이를 둘러싼 대화를 함께 해나갈 수 있는지**다.

그런 스타일을 어떻게 만들 수 있는가? 이 질문에 대한 간단명료한 대답은 존재하지 않지만, 기부자는 다음 두 가지를 지속해서 기억해야만 한다. 첫 번째는 비영리조직은 상당히 광범위한 욕구를 갖는데, 이는 기존 재단의 지침과 맞을 수도 또는 그러지 않을 수도 있다는 것과 비영리의 근거 있는 진정한 욕구를 억압하면 누구도 얻는 것이 없다는 사실이다. 두 번째, 비영리조직은 도구적 목적과 표현적 목적 모두에 의해 동기가 부여되고 이런 동기부여에 따라 움직이게 된다는 사실이다. 따라서 기존의 성과기반 평가는 중요하며 지속하여야 하지만, 또 다른 형식의 평가 방식, 즉 비영리 기여도를 측정하기 쉽지는 않지만, 그 중요성을 받아들일 수 있는 방식의 개발이 필요하다. **재단과 비영리조직 간의 관계에서 정직함과 진솔함이 적극적으로 형성된 이후라야 비로소 주목받는 새로운 지원 모델을 토대로 주는 자와 받는 자가 함께할 수 있다.** 더구나 비영리조직과 기부기관의 관계를 올바르게 만드는 것은 전략적 적합성과 정렬을 이뤄가는 데 매우 중요한 요소가 된다는 사실은 아무리 강조해도 지나치지 않다.

앞서 살펴본 대로 지원 스타일은 참여 수준과 선호하는 인지도 양자를 포괄한다. 따라서 이를 결정하는 데 기부자는 단순히 자신의 개인적 위안과 안락한 수준을 평가하는 것 이상으로 더 많은 것을 해야만 한다. 즉 어떤 형태의 조직과 수단이 현재 지원하는 프로그램 유형 및 현재 기부 구조와 가장 잘 정렬이 되는지 자문해 봐야 한다. 또한, 필란트로피 프리즘 내에 또 다른 요소와의 관계라는 측면에서 기부자의 스타일을 이해할 때만이 비로소 그 적합성에 대한 평가가 가능하다는 점에 유념해야 한다.

기부 스타일을 우연적이고 상황에 따라 정해진 것으로 보는 것은 고도로 개인화된 관점과 전망과는 매우 다른 것이다. 즉 불변적인 개인적 특성, 깊게 뿌리내려진 가정, 이전의 경험 안에 배태된 스타일을 기부자가 고착시켜 왔다고 전제하는 것과는 매우 다르다는 뜻이다. **기부자 자신이 처한 실제적인 도전을 통해 기부 스타일의 수용처를 모색한다기보다는 필란트로피를 둘러싼 도전의 성격에 따라 스타일을 적용하고 수정해가는 일이 필요한 것**이다. 이는 단지 전략적으로만 매력적인 접근법은 아니다. 오히려 주는 자와 받는 자의 힘의 비대칭을 해소하는 방법이 될 수 있다. 만일 기부자 스스로 자신의 기부 스타일이 맥락적으로 정의될 필요가 있다고 절실하게 느낀다면, 이는 필란트로피를 둘러싼 힘의 불균형을 약화할 수 있다는 뜻이기도 하다. 이를 통해 비영리조직의 만족도를 증진할 수 있음은 물론, 기부자 자신도 좀 더 만족할 기회를 얻게 되고, 그들이 지원하는 조직, 대의와 균형적인 관계를 모색해 갈 수 있다.

Chapter 5

타임프레임

"시간이라는 차원을 선택하기 위해 기부자는 자신의 필란트로피 의지 실현을 위한 속도, 공공의 욕구와 필요를 충족하기 위한 자원의 투입 속도를 결정해야만 한다."

"살아생전 기부할 것인가 사후에 기부할 것인가는 개인적인 선택이며, 이는 또한 기부자가 필란트로피에 대한 소명을 느끼는지 혹은 그들이 부를 쌓고 다른 이에게 자신의 기부금을 남기는 것이 사회에 가장 잘 이바지하는 길이라고 믿는지에 달렸다."

기부에서 타이밍, 즉 시기 선택은 중요한 요소다. 기부를 위한 자원은 항상 제한적일 수밖에 없으므로 기부자는 현재 얼마만큼을 사용해야 하고 미래를 위해서는 얼마만큼을 보존해 둬야 하는지 결정해야만 한다. 개인의 부와 자원이 증가함에 따라 시기 선택에 대한 이슈는 특별한 의미가 있다. 미래에 사용할 것인가 혹은 현재 사용할 것인가 사이에 놓인 상충적 관계는 더 극명해지며 여기서 연유하는 이해의 관계는 커진다. 또한, 필란트로피에서 시간 선택에 대한 문제의 핵심은 개념적 이슈의 어려운 융합 과정을 포괄하고 있다는 점이다. 여기에는 특정 문제나 이슈의 진화와 관련된 미래에 대한 예측, 초기 간섭의 편익에 대한 평가, 적절한 할인율에 대한 고려 등이 포함된다. 이들 개념적 작업은 예측의 정확성과 관련된 제한성 때문에 복잡해진다. 그렇지만 시간 선택 이슈를 자신의 필란트로피에 적용하는 데 실패한 기부자는 일관성 있는 기부 전략을 발전시키는 데 많은 어려움을 겪게 된다. 설명하기는 쉽지 않지만, 기부의 타이밍은 가치 설정 문제, 기부 실천의 수단, 기부자의 스타일, 추구하고자 하는 변화이론 등과 관련이 있다. 따라서 모든 기부자는 어떤 타이밍과 속도로 지출해야 할지를 결정해야만 하는데 이는 매우 다양하므로 하루에 이뤄질 수도 있고 영속적일 수도 있다. 선택된 지출 비율은 기부자가 단기간에 얻고자 한 프로그램 임팩트와 미래를 위해 남겨 두고자 하는 자원 양에 영향을 미친다.

대개, 필란트로피와 관련하여 시간이라는 차원은 간과되곤 한다. 사업 분야와 사명에 관한 숙고, 기부자 관여에 대한 서로 다른 수준의 탐색, 그리고 적절한 기부 수단의 선택조차도 많은 관심과 연구를 필요로 하지만, 돈을 쓰는 타이밍은 매우 중요하다. 왜냐하면, 그것은 필란트로피 프리즘의 또 다른 차원과 일관성 있게 조화를 이루기 위해 적절한 속도를 모색하고 이와 관련된 전략적 도전에 대해 언급하기 때문이다. 시간의 경계와 범위를 정하지 않거나 잘못 정해지면 그것만으로도 필란트로피 전략 기반을 약화할 수 있다.

일부 기부자는 자신이 살아생전에 자신의 기부를 완수하겠다고 공언하기도 하지만, 거액기부자 대다수는 먼 미래에 걸쳐 실천해 가는 방법을 선택한다. 기부에 대한 시간 선택과 관련하여 기부자는 전통과 유산, 자선의 의도가 얼마나 중요한지 따져 봐야 한다. 시간의 흐름에 따른 과거의 경험은, 지역재단의 기부자 지정기금에서부터 대학과 병원과 같은 비영리기관을 위한 사립재단의 기금에 이르기까지 이들에 대해 관리와 통제를 지속하는 것이 불가능하지는 않지만, 매우 어려운 일이라는 사실을 이야기해 준다. 또한, 시간의 흐름은 흔히 세계를 변하게 하고, 공공적 필요와 욕구의 성격, 이사회의 기억과 의지를 변하게 한다. 모든 기부자가 이런 현실을 받아들이는 것은 아니지만, 세상을 떠난 많은 기부자가 시간이 그들의 유산을 어떻게 취급해 왔는지를 알게 되면 매우 섬뜩해야 할지도 모를 일이다. 그런데도, 기부자가 영속성을 택한다면, 그것은 사후에도 오랫동안 자신이 살았던 사회에 영원한 표시를 남기고자 하는 갈망을 지지하고 단언하는 것이라 할 수 있다. 이는 곧 기부자의 특징과 가치, 그리고 공공 문제 해결과 이를 위한 전략적 선택에 대한 심오한 사적 표현이다. **시간이라는 차원을 선택하기 위해 기부자는 자신의 필란트로피 의지 실현을 위한 속도, 공공의 욕구와 필요를 충족하기 위한 자원의 투입 속도를 결정**해야만 한다.

사회문제와 시간

기부자의 개인적 시간의 경계와 범위에 상당한 정도의 편차가 있듯이, 공공의 욕구와 필요도 역시 시간에 대해 일정한 범위의 경계가 존재한다. 이는 공공의 욕구와 필요의 경계가 증가할지 줄어들지 그대로일지 아니면 예측할 수 없을 정도로 변화무쌍할지 장기간에 걸친 욕구나 문제의 예상된 진화 방향을 나타낸다. 시간의 경과에 따른 기부의 속도도 적어도 다루고자 하는 문제의 경계와 어느 정도 관련하여 선택되어야만 한다. 다루고자 하는 이슈의 발전과 함께 기부자의 기부행위를 안내할 일정표와의 조화는 중요하다. 지연에 따른 비용이 클 경우, 예를 들어 질병, 기근, 극심한 사회적 위기 같은 경우, 기부자는 현재의 기부에 비중을 높인 일정표를 고려할 필요가 있을 것이다. 그러나 대다수의 전 지구적 보건의료 문제와 같이 기부자가 해결하고자 선택한 이슈가 몇십 년 혹은 몇 세기에 걸쳐 나타날 가능성이 큰 경우 장기간에 걸친 일정표가 필요할지도 모른다.

시간의 흐름에 따라 필란트로피가 다루어야 할 공공적 목적을 염두에 둔다면 적어도 두 가지 도전에 부딪히게 된다. 첫 번째는 미래 예측에 대한 어려움과 전반적인 흐름에 대한 전망이 쉽지 않다는 점이다. 사회적 · 경제적 흐름을 둘러싼 불확실성은 미래의 불확실성을 더욱 증가하게 할 뿐이다. 모델은 광범위한 사회 부문의 흐름을 그려내고 미래의 욕구를 예측하기도 하지만, 해를 거듭할수록 이들 모델의 정확성은 감소한다. 더구나 사회적 문제가 덴버시의 공기 질과 같이 좁혀지기보다는 지구온난화와 같이 그 범위가 확장되고 개념화되면 점점 더 불확실성은 심화하고 복잡해질 수밖에 없다. 간략히 말하자면, 이슈의 범위가 확장되면 논리모델의 잡신호가 증가하고 판단은 추측으로 바뀐다.

이슈의 윤곽과 경계를 예측하는 것과 관련된 두 번째 문제는 소위 '내생성'(endogeneity)이라고 불리는 것이다. 이상적이고 순수한 형태에서 그래프의 커브가 사회문제의 모습을 진짜로 나타내고 있는지 혹은 현재와 미래의 공적 및 사적 우선순위에 대한 체계적인 효과를 실제 나타내고 있는지 불명확하다는 점이다. 다른 말로 하자면, 증가하고 있는 욕구와 필요가 시간의 경과에 따라 예측되는 공적 및 사적 공급 수준에 견주어 볼 때 부적절성을 암시하고 있을 수도 있다. 그렇지만 전적으로 실현 가능하지 않다고 한다면, 필란트로피를 위한 지출을 포함하여 모든 간섭적 요소가 안정적이고 시간의 흐름에 따라 추세에 영향을 미치지 않는다고 가정하기는 쉽다. 미래의 행동에 대해 현재 아는 것은 거의 없으므로 기부자가 염두에 둔 추세는 매우 단순화한 가정, 즉 모든 요인이 일정한 상태에서 흐름이 지속될 것이라는 가정을 전제로 하게 된다.

그럼에도, 사회문제 전체를 아우르는 풍경은 시간이 문제의 진화에 극적으로 영향을 끼친다는 사실을 보여준다. 예를 들면, 전 지구적 환경 이슈를 살펴보자. 환경문제에 대한 추세를 시간의 흐름에 따라

표시를 한다면, 그리고 온실가스, 공기와 물의 질, 환경 관련 또 다른 글로벌 지표를 통해 측정한다면, 상대적으로 급상승하는 커브의 모습을 보일 것이다. 내용을 잘 아는 기부자는 현재와 미래에 행동이 필요할 것이라는 결론을 당연히 내릴 것이며 데이터는 이런 사실을 보여준다. 그러나 기부자가 언제 기부를 할 것인가를 결정하려면 지금 또는 먼 미래에 자선적인 간섭을 통해 커브의 가파름을 크게 변화시킬 수도 있다는 개연성에 대해 쉽지 않은 판단을 해야만 한다. 만일 그렇지 않다면 그리고 필란트로피가 미래의 문제의 모습과는 상관없이 단지 그 크기 순으로만 따진다면 자원을 보존해야 하는 좋은 이유가 될 수도 있으며, 자원이 긴급하게 필요할 때를 위해 축적해 둘 수도 있다. 그러나 이런 종류의 분석에는 골칫거리가 존재한다. 제한된 자원을 갖고 있는 기부자가 사회문제의 미래 모습에 어떤 영향력도 발휘할 수 없다면 아마도 사람들은 도대체 왜 기부를 하느냐고 물어볼는지 모른다. 물론 이에 대한 대답은 사회문제의 폭이 정의되는 방식에 따를 것이다. 어떤 기부자는 시카고 주변의 무분별한 도시 확산 이슈를 합리적으로 추구해 가는 반면, 또 다른 기부자는 이산화탄소 배출에 대한 국제협약에 대해 자신의 노력을 기울일 것이다. 이런 점에서 전략적 기부는 기부 타이밍에 대한 생각뿐만 아니라, 해결하고자 하는 문제의 경계 안에서 시작하게 된다. 따라서 이들의 기부가 미래의 사건 진행에 영향을 줄 수 있는 영역을 선택할 때만 오로지 그들이 간접적으로나마 전략적인 어떤 것을 행하고 있다고 주장할 수 있다.

다음으로는 반대의 상황을 생각해보자. 환경문제가 점점 심각해진다면 많은 지역에서 다른 이슈에 대한 강도가 감소한다. 예를 들어, 소아마비 백신의 개발을 통해 이들 병에 의한 인명 희생과 그 규모는 줄어들어 왔다(〈그림 6〉 참조). 시간이 지남에 따라 선진국에서는 소아마비에

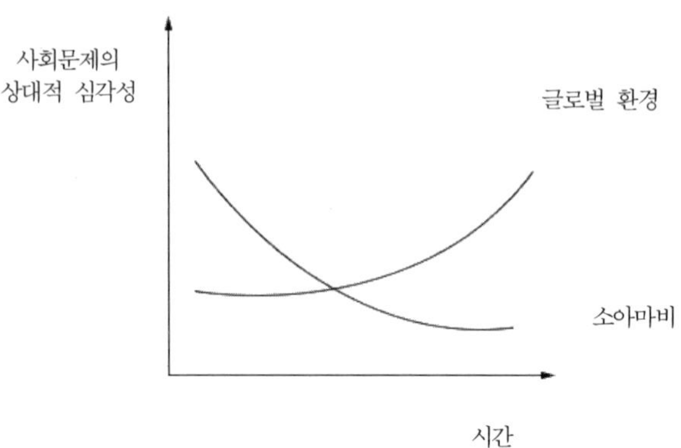

<그림 6> 시간 경과에 따른 소아마비 및 글로벌 환경 이슈의 예상된 진화

의해 희생된 어린이의 숫자는 급격하게 감소하고 개발도상국에서도 역시 상당한 정도로 감소해 왔다. 빌엔멜린다게이츠재단Bill and Melinda Gates Foundation은 현재 질병이 계속되는 지역에 수백만 달러를 사용하고 있다. 따라서 이들 사업에서 내생성 이슈를 고려해 보는 것은 유용한 일이다. 소아마비의 경우, 그 흐름은 올바른 방향성을 갖고 있으며, 기부자는 미래의 문제 모습과 현재 필란트로피 실천 수준 사이에 연관성이 있다고 믿고 있으므로 해당 영역에서 활발한 활동을 전개한다. 즉 오늘의 기부행위가 아무것도 하지 않는 것보다 문제를 더 신속하게 약화시킨다는 점이다. 표면적으로 하향곡선을 그리는 사회문제에는 기부하지 않더라도 해당 문제가 감소 추세로 돌아설 가능성이 있다는 점에서 레버리지 효과의 기회가 낮아 보인다. 그러나 실제로 그러한 상황은 기회를 제공하며, 큰 관심이 있으므로 작은 변화일지라도 의미 있는 일이라면 특히 그러하다.

일부 공공의 욕구와 필요는 더욱 복잡하고 다양하다. 미국의 에이즈를 예를 들어 보자. 1980년대 에이즈는 빠른 속도로 확장되고 있었기

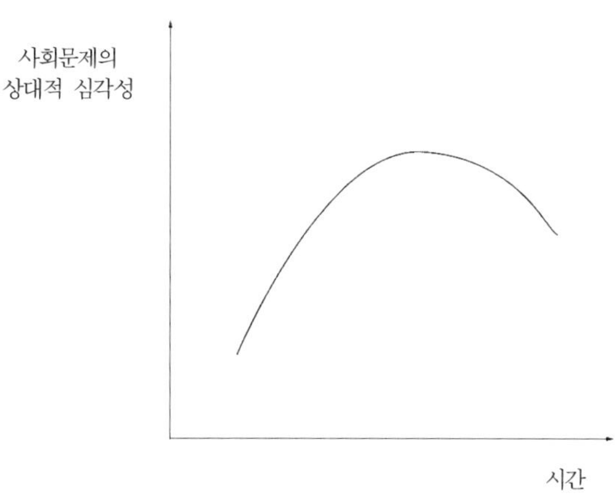

<그림 7> 시간 경과에 따른 미국의 에이즈 이슈의 예상된 진전 상황

때문에 개입의 필요가 절실했다. 현재 전염률은 낮아졌고 치료의 폭은 훨씬 더 확장되었다. 따라서 미국의 에이즈 커브는 볼록한 모양을 띤다 (〈그림 7〉 참조). 기부의 타이밍이라는 점에서 기부자에게 이는 매우 흥미로운 쟁점이 되었다. 1990년대 연구와 공보 노력에 대한 공공 및 민간의 적극적인 지원이 해당 곡선이 하향하게 하는 데 도움을 줬다면, 이들 분야에서 이뤄질 미래의 필란트로피 실천 노력이 단기간에 이뤄진 것만큼이나 가치 있는 일이 될 수 있었을까? 이 질문에 대한 대답은 현재를 어디에 위치시키느냐에 있다. 만일 우리가 곡선의 정점을 바로 지난 어딘가 있다고 믿는다면 단기간에 걸친 더 많은 기부가 곡선을 아래로 향하는 데 많은 도움을 줄 것이다. 그렇지만 정점을 이미 많이 지나 감소 추세에 있다고 믿는다면 현재 혹은 미래의 기부는 정당화하기 어려울 것이다. 특히 또 다른 대의가 존재하고 이에 대한 지원요청이 있다면 더욱 그러할 것이다. 여기에서 내생성 문제는 심각해진다. 확실하게 어떤 문제는 인구구성의 변동으로 발생했다 사라지곤 한다. 그러

나 대부분의 경우, 곡선을 하향으로 향하게 하는 것은 간섭과 투자의 산물이 될 가능성이 크다. 따라서 소아마비의 경우, 공보와 연구에 대한 공공 및 민간의 실질적인 투자가 없다면, 곡선의 변화가 일어날 가능성은 없다. 내생성과 관련된 가장 좋은 증거는 질병이 국외에서 발생할 때다. 이 경우 질병 퇴치 노력은 더 나중에 시작되며 선진국보다 그 강도 또한 훨씬 약하다.

물론 어떤 문제는 시간의 경과에 따른 강도라는 점에서 상대적으로 일정하다. 시골 지역 빈곤의 경우, 시골의 빈자들을 돕고자 하는 많은 공공 지원 계획이 도입되기도 했지만, 그 비율은 지난 50년 동안 별 변동이 없었다(〈그림 8〉 참조). 이들 그룹의 빈곤율 변화는 취약한 노동자 계층에게 상당한 고통을 줬던 경기침체와 함께 국가 경제와 긴밀하게 연관되어 있음이 입증되었다. 빈곤과 싸움에 관심이 있는 기부자에게 상대적으로 평평한 선의 존재는 기부일정표를 정의한다는 점에서 또 한 번의 개념적인 도전이 될 수 있다. 어떤 전략은, 이슈란 거시경제학

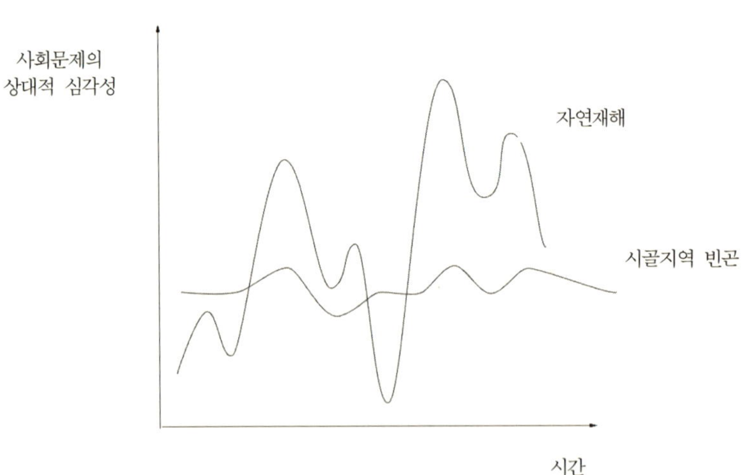

<그림 8> 시간 경과에 따른 시골 지역의 빈곤과 자연재해 이슈의 예상된 진전 상황

적 추세에 의해 움직이며, 필란트로피의 역할은 시간의 경과와 함께 필요에 따른 한결같은 대응일 수도 있다는 사실을 인정할지도 모른다. 이런 전략하에서는 장기적 대응을 위해 자금을 비축하고 현재 지출을 제한하는 것이 개연성 있는 행동 방침일 것이다. 또 다른 접근법은 아마도 사람들을 빈곤으로부터 탈출시키기 위해 좀 더 광범위하게 통합된 단계를 선택함으로써 사회적 스트레스를 최소화시키는 것일 수 있다. 또한 단기적으로는 공세적 행동을 통해 곡선의 방향과 흐름을 하향적으로 바꿀 수도 있을 것이다. 다시 한번 언급하자면, 기부의 타이밍은 다른 요인들에 의해 심하게 좌우된다는 사실이다.

아울러 또 다른 시나리오가 더해질 수 있다. 단기적으로는 매우 절박한, 그리고 약화했다가 후에 다시 출현하는 사회적 욕구와 필요가 존재한다. 이런 사례로서 가장 전형적인 것이 재해와 관련된 긴급구호다. 미국적십자와 같은 기관은 허리케인, 화재, 홍수 등으로 황폐해진 지역사회를 구조하기 위해 활발한 활동을 지속해서 수행한다. 여러 해에 걸친 경험을 토대로 이런 유형의 일에 대한 타이밍을 예견할 수 있는 일반적인 능력이 있을 수는 있다. 그러나 언제 일어날지, 이들이 서로 어떻게 연결되어 일어날지를 실제 정확히 알기란 쉽지 않다. 이 때문에 계획된 자선적 행동은 매우 어려운 것이며, 특정 사건에 대한 간섭과 중재를 위한 재정지원이 확보되기 전에 원활한 구조를 위한 동원 능력이 필요하다. 재난구조의 경우, 이른 시간에 대응하는 것이 필수적이다. 어떤 기부자는 자선적 계획을 시작하기 전에 몇 년, 몇 달 혹은 몇 주를 생각하고 또 생각하지만, 또 다른 기부자는 재난이란 예측 불가하며 혼돈 상태이기 때문에 구조에 관한 결정은 빠르고 단호하게 내려야만 한다는 사실을 인지하고 현장에서 직접 참여해 일하기를 원하기도 한다.

기부자 자신이 씨름하게 될 문제와 그 모습을 생각할 때 지리적 경계를 명확히 하는 것은 중요하다. 이들 경계가 넓으냐 좁으냐에 따라, 즉 작은 시골인지, 소도시인지, 지역인지, 한 국가인지 아니면 국제적인지에 따라 필란트로피 전략의 타이밍은 큰 차이가 있을 것이다. 초점이 확장됨에 따라 어느 정도 시간의 경계는 밖으로 확장되어야만 한다. 도시 전체는 고사하고 시카고 남부 지역에서만 청소년 폭력을 다룬다는 것도 엄청난 일이다. 전국적 차원에서 뭔가를 한다는 것은 또 다른 일이다. 더구나 국제적 차원에서 청소년 폭력을 다루는 일은 아주 다른 과제다. 당연한 이야기일지 모르겠지만, 기부자의 초점이 확대될수록 다음 두 가지 일이 발생한다. 즉 문제를 위해 사용되는 돈의 양이 증가한다는 것이 첫 번째이고, 행동을 위해 할당한 시간이 확장된다는 것이 두 번째다.

기부자의 시간 경계는 자신이 다루고자 선택한 문제 주변에 경계를 그리는 방법에 따라 영향을 받는다. **문제의 한시적 경계에 대한 실질적 평가와 지출 속도와의 관계는 효과적 필란트로피를 실천해 가는 데 매우 중요하다.** 기부자가 얼마나 빨리 혹은 얼마나 천천히 자원을 사용할 것인가에 대한 이슈는 흔히 지출률(payout rate)로 언급된다. 이는 사립재단에 대한 규제와 관리 감시의 핵심적 주제이기도 하지만, 지출률이 기부의 속도를 결정하기 때문에 그 개념은 법적 중요성뿐만 아니라 전략적 중요성도 갖는다.

지출률의 결정

필란트로피와 관련된 시간의 축, 즉 시간이라는 차원은 지출률을 어떻게 할 것인지 혹은 매해 자산 대비 자선적 목적을 위한 지출 비율을 얼마로 할지를 결정하는 일반 조직운영의 이슈로 전화하며, 이는 매우 흔한 일이다. 개인 기부자에게 지출률에 대한 문제는 기부에 관한 기꺼움과 기부 속도의 결정이라는 단순한 기능이 될 수 있다. 사립재단에 지출률이란 기본재산인 기금으로부터 지출되는 비율을 말하며, 정해진 법률에 따라 전년도 전체 기금의 월평균 가치의 최소 5%를 의무적으로 지출해야만 한다. 일정 비율의 지출을 고려할 때 적어도 다음 세 가지, 즉 효과성, 공평성, 가치 표현의 이슈는 염두에 둬야만 한다.

▪ 효과성

필란트로피 자원의 신속한 지출과 관련하여 가장 오래된 논쟁은 빅토리아 시대의 자선에 대한 과학적 필란트로피와 관련된 초기 주장이라 할 수 있다. 이 논쟁의 근저에는 효과성에 관한 믿음이 자리 잡고 있다. 미래보다 자신이 사는 현재에 더 많은 자원을 기부하는 것이 매력적이기 때문이며, **사회문제를 단지 대증적으로 다루기보다는 지역사회 내에서 기부자가 실제로 문제를 해결하게 하고 그렇게 함으로써 이런 과정이 한층 더 용이해지기 때문이다. 효과적이려면 기부자는 예방적 혹은 방어적 기부 실천이 필요**하다. 근본 원인을 제거하고 단기간에 대규모 지원을 함으로써 이론상으로는 장기간에 걸친 많은 자원의 낭비를 피할 수 있다. 보건의료연구와 같은 분야에서는 지금부터 20년, 50년, 100여 년에 걸쳐 연구지원을 하는 것보다 지금 바로 지원사업을 수행하는 것이 훨씬 더 가치가 있다. 필란트로피 간섭과 중재가 없으면 문제가 더 심각해질 수 있는 이러한 경우에는 미래보다는 바로 지금 공격적으로 행동에 옮기는 것이 훨씬 더 효율적이다.

물론 이들 모든 논쟁은 필란트로피가 단기적 프로그램(예: 직업훈련)을 통해 가시적 증상(예: 실업)만을 덜어주는 것이 아니라 빈곤과 같은 문제의 근원을 제거할 수 있다는 가정을 전제로 한다. 이런 가정이 타당하므로 기부자들은 현재라는 시점에서 대규모 기부를 약속할 필요가 있을 뿐만 아니라, 시간의 경과에 따라 빈곤과 같은 문제의 근원에 대한 실질적 제거를 위해 지속해서 자원을 기부한다. 그러나 애석하게도 기부자가 목표로 한 문제의 근원에 집중하는 식으로 지원을 집중하더라도 많은 경우 수 세기 동안 지속하여 온 문제를 해결할 수 있을 것이란 증거는 거의 존재하지 않는다. 더구나 특정 사회문제는 이의 해결을 위해 단기적 지원에 얼마를 투자하든 현재보다 더 심화될 수도 있다. 운명론적인 기부자에게서 문제 대부분이 지금보다 미래에 덜 위압적일 것이라는 사실을 확인하기는 쉽지 않다. 사실상, 일부 기부자는 다음과 같은 합리적인 주장을 할지도 모른다. 즉, 시간의 흐름에 따라 많은 지역에서 긴급성이 더 증가할 수 있으며, 미래에 더 심각해질지도 모르는 사회문제를 해결하기 위해 많은 자금이 필요할 것이고, 이를 위해서는 현재의 자금 지출은 보수적일 필요가 있다는 것이다.

문제의 근원을 제거하기 위한 시도로서 현재 시점에 더 많은 지출이 이뤄져야 더 효과적일 수 있다는 주장에 대해 또 다른 차원의 반론이 있을 수 있다. 기부자들이 영속적 성격을 갖는 기금 대신 상당한 정도의 자금을 비영리부문에 지원한다고 해서 이들 비영리조직이 실질적으로 더 큰 규모의 자원을 단기간에 효과적으로 사용할 것인지는 불분명하다. 아울러 필란트로피 부문의 일정 비율의 의무적 지출(payout) 이슈는 기부자의 필요와 이해만이 아니라, 서비스 전달을 위해 지원금을 사용해야 한다는 비영리부문 전체에 걸친 실질적인 함의를 갖고 있다. 또한, 자신의 필란트로피 목적 달성을 위해 숙의 중인 기부자가 비영리조직에 대해 실질적으로 지원을 늘린다고 해서 사회적 임팩트를 증가시키는 것은 분명 아닐 것이다. 특히, 소규모의, 지방에 있는, 그리고 덜 정교한 비영리조직이 이들 추가적인 자금을 사용한다고 하더라도 인프라가 만일 부족하다면 더욱 그러할 것이다. 더구나 비영리조직이 소규모이고 지역사회와 밀접하게 연계되어 있을 때 성장과 규모 확대가 보편적으로 추구할 수 있는 목적인지에 대한 의문은 항상 존재한다. 일부 비영리 사업영역에서는 아마도 필란트로피 투자에 대한 편익이 감소할 수도 있을 것이다. 예를 들면, 공공정책 애드보커시 분야는 이미 충분한 지원이 이뤄져 포화상태인데 이들 분야에 대해 다시 지원한다는 것은 상당히 효과적이지 못할 것이다. 또한, 소규모 지역사회 서비스 전달기관을 갑작스러운 대규모 지원을 통해 전국적 차원의 비영리조직으로 변신시키는 것도 상당히 실망스러운 결과를 낳을 수 있을 것이다. 따라서 일부 경우에는 지원금을 가장 효과적으로 사용하고 성장해 가기 위해서는 비영리조직의 역량에 맞게 자금 지원 속도를 고려할 필요가 있다.

▪ 공평성

미래에 쓸 것인가, 현재 쓸 것인가에 대한 또 다른 논쟁은 더욱 미묘하며 이는 결국 공평성(equity)에 관한 관심에 이르게 된다. **필란트로피를 위한 지출에 대한 모든 질문은 공정성이라는 심각한 이슈를 함축**하고 있다. 특히 향후 필란트로피를 위한 재산의 규모가 기하급수적으로 커진다면 더욱 그러하다. 어떤 이에게는 세대 간 공평성이 주된 관심사가 될 수 있고 지출률을 정하는 것은 당연한 것으로 이해된다. 그러나 당대에서 번 돈을 성공에 이바지한 사람들 혹은 잘 살지 못하는 사람들을 돕는 데 사용해야만 하는 도덕적 · 법적 의무를 수반하지는 않는다. 그럼에도, 어떤 기부자는 자신의 부가 다른 사람을 돕는 형태로 환원되는 것에 관심을 둔다. 이들에게 나이가 들 때까지 기부를 늦춘다거나 재단 설립 등을 통해 더 먼 미래로 미룬다는 것은 그리 매력적이지 못하다. 그렇게 하는 것은 기부자가 다른 사람들을 인지하고 그들에게 감사의 표현을 하기 어렵게 만들 것이고, 결국 이는 세대 간의 격차를 만들게 될 것이라는 의미를 내포하고 있다. 따라서 **개인 기부자에게 시간이라는 차원은 필란트로피가 창출한 공적 편익을 받을 자격이 과연 누구에게 있느냐**는 난해한 질문을 불러일으킨다. 일부 기부자는 부의 창출을 둘러싼 환경과 가장 근접한 것에 영향력을 집중하기 위해 자신의 자금을 더 빨리 신속하게 기부함으로써 이들 질문에 응답한다.

공평성 이슈는 영속성을 위해 설립된 사립재단에는 좀 다른 문제다. 오랜 세월 동안 높은 재산세율과 재산세, 즉 일정 액수를 넘는 큰 재산에 대해서는 50% 이상을 부과해 왔으며 재단은 이를 피하기 위한 몇몇 안 되는 대안 중 하나였다. 재단을 지금 설립한다고 하면 세금 수입의 감소는 세금 비용(tax expenditure)이라는 형태로 현재의 시민에게 전가된다. 그렇지만, 대개 어떤 특정 재단의 기부 편익은 재단 설립을 가능하게 한 세금 비용을 부담한 시민에게 축적되어 돌아가지는 않는다. 또한, 일련의 연구결과는 매년 대형재단들이 기부하는 액수가 법이 정한 최소한의 지출, 즉 총재산 가치의 5%와 거의 비슷하다고 보고하고 있다. 따라서 본질에서는 영속성 있는 재단의 설립 기회를 부자들에게 부여한다는 것은 현재의 많은 사회적 욕구가 미래 세대에게 충족되지 않을 경우, 오늘의 세금납부자가 미래 세대의 복지를 위해 보조금을 내라고 현재 시점에서 요청받고 있는 형국이라 할 수 있다. 각각의 세대가 세금 비용을 대체로 같이 부담한다면 세대 간 부의 전환은 별문제가 되지 않을 것이다. 그렇지만 그렇게 될 가능성은 거의 없다. 불균형적 규모와 자원 수준을 수반한 인구구성의 변동이 심화하고, 부가 재단으로 양도됨에 따라 재단 재산의 불균형한 세대 간 분포가

뚜렷하게 나타나게 될 것이다. 사회보장연금(social security)의 부담과 편익이 세대 간에 공평하게 분배되지 않았던 것과 마찬가지로, 영속성을 담보한 재단의 너무 낮은 지출률은 세대 간 불공평, 불공정을 낳게 될 것이다. 향후 재단 기부가 갖는 비용과 편익을 동등하게 하려면 더 높은 지출률이 필요할지도 모를 일이다.

▪ 가치 표현

현재의 필요에 기부하는 것에 우선순위를 두는 것이 타당하다는 주장의 세 번째 근거는 **미래를 위해 남겨 두는 것보다 지금 사용하는 것이 기부자를 기부의 행위에 참여시켜 이를 즐기게 하는 한편, 이를 통한 편익을 기부자에게 부여한다**는 사실에 기인한다. 교회와 신앙기반 자선사업에 관심을 둔 텍사스의 거액기부자인 밥 뷰퍼드Bob Buford는 스스로 모든 기부 관련 사업을 진행할 것이고, 이를 통해 비즈니스 성공의 결실을 자신의 중요한 대의를 위해 쓰겠다고 공표했다. 이는 극단적인 예이기는 하지만 기부자 대다수는 그냥 스스로 기부를 즐기고 싶고, 자신의 관심과 열망이 실현되는 것을 보고 싶어 한다는 이유로 살아생전에 더 많은 것을 하고자 한다. 이들 기부자에게는 오늘 기부하는 것이 그 누군가에 의해 미래에 기부하는 것보다 훨씬 더 자신을 이해시킬 수 있다는 뜻이기도 하다.

이는 궁극적으로 훗날이 아니라 지금 사용해야 한다는 이슈와 관련하여 가장 이목을 집중하게 하는 논쟁일지도 모른다. 단기간에 문제의 근원을 제거함으로써 더 큰 임팩트를 거둘 수 있다는 점에 대해 상당한 정도의 불확실성이 존재한다면, 세대 간 불공평성에 대한 불명확성 때문에 재단에 의문이 제기된다면, 살아생전에 자신의 재산을 빨리 사용해야만 한다는 기부자의 소명은 적어도 모든 사람에게 명확한 편익 하나를 만들어 낼 수 있다. 즉 필란트로피는 오직 개인만이 갖는 열정과 확신 때문에 고무된다는 것이다. 공익의 관점에서 보자면 대리인이 아니라 주인이 필란트로피를 직접 실천하게 하는 것에 우선순위를 둬야만 한다. 왜냐하면, 이는 필란트로피가 가진 특별한 목소리를 공공의 영역에 크게 지속해서 들리도록 할 수 있으며, 정부부문과는 다르게 그리고 강제적이지 않은 방식으로 의사를 표명할 수 있는 가장 좋은 길이기 때문이다.

그러나 이런 논쟁에는 항상 상반되는 주장이 있거나 있을 수 있다. 그 하나는 자기중심주의와 엘리트 통제에 대한 질문을 논의의 중심에 놓는 것이고, 또 다른 하나는 살아생전에 기부자로 하여금 기부하게 하는 것은 입증되지 않은 과장된 가정이란 것이다. 특히 후자와 관련해서 재단이나 또 다른 제도적 맥락이라는 규제된 상황에서 무관심한 대리인에 의해서 행해지는 것보다는 살아생전 기부하는 것이 장기적으로 사회를 위해서 좀 더 유익하다는 가정이 전제된 것처럼 보일 수 있을 것이다. 이런 유형의 상반된 주장이 갖는 결함은 필란트로피가 공공의 욕구와 필요에 대한 효율적인 만족에 대한 것일 뿐만 아니라, 기부자의 만족, 즉 사적 재산이 더 훌륭하고 더 광범위한 어떤 것으로 변화하는, 기부자 자신의 가치가 지역사회의 공적 목적과 교차하는 모습을 보는 기쁨과 만족도 포괄하고 있다는 점을 간과한다는 사실이다. 따라서 필란트로피에서 타이밍이나 의무적 지출에 대한 질문은 실현된 순편익 측면에서 대중에게 어떤 영향을 끼쳤느냐는 것만으로 이해될 수는 없다. **다원주의를 향한 필란트로피의 표현적**(expressive) **특징**과 이에 관련된 또 다른 중요 요소로 이뤄졌다는 점이 이해의 전제가 되어야만 한다. 효과성과 공평성에 대한 논쟁과 함께, 기부 타이밍의 주제는 논쟁의 논점을 **필란트로피의 목적에 잠재해 있는 것이 진실로 무엇인**

가라는 근본적인 질문으로 다시 데려간다. 초반에 제안했듯이, 이들에 대한 많은 답이 다양하게 존재할 수 있다. 그렇지만 돌봄의 표현적 행동을 통한 다원주의에 대한 확신은 필란트로피의 또 다른 기능, 즉 협의의 도구적 기능과는 다르고 더욱더 보편적이다.

할인

오늘 얼마를 기부하고 내일은 얼마를 기부할 것인가라는 질문이 복잡한 것처럼 보인다면, 그것이 유발하는 분석적 이슈를 꺼내기 시작하는 순간부터 더욱더 강한 도전에 직면하게 된다. 핵심적 이슈는 필란트로피와 관련된 할인(discounting), **시간의 흐름에 따라 기부의 가치를 어떻게 측정해야만 하는가**의 문제다. 이론상, 할인이란 시간의 경과에 따라 기부를 하려고 계획하고 있는 기부자를 위해 유용한 분석 프레임을 제공한다. 즉 시간에 대한 일관된 고려가 기부 의사결정에 어떻게 영향을 미치는가를 암시하는 프레임이라 할 수 있다. 만일 이를 필란트로피에 적용할 수 있다면, **할인을 통해 기부자는 미래에 이뤄질 기부가 현재 가치로 얼마나 되는지 생각할 수 있게 할 것이다.** 이런 정보는 기부의 타이밍과 어떤 속도로 기부해야 할지를 알려준다. 필란트로피에서 할인의 일부 사례는 아주 단순하다. 즉 재산의 배분 결정에는 항상 기회비용이 존재한다는 사실을 할인이라는 것을 통해 인식할 수 있다. 좀 더 세련된 결정을 내리기 위해서는 재무적인 그리고 필란트로피적인 접근이 필요하며, 이들 대안에 대한 이해는 필수적이다. 공식적이든 비공식적이든 기부자(기관)는 제한된 자원을 배분하기 위한 가장 좋은 방법을 찾기 위해 일상적으로 많은 지원신청서를 평가하고 선택해야만 한다. 할인의 실천은 기회비용의 개념을 확장해 시간의 경과에 따라 체계적이고 엄정한 방법으로 결정할 수 있게 해준다.

'할인'이라는 발상은 '복리'라는 우리에게 좀 더 친숙한 개념과 유사하다. 복리는 반환율에 기초하여 어떤 투자 펀드가 미래에 더 가치가 있을 것인지를 말해주지만, 할인은 비슷한 전제에 기초해 미래의 일정 시점에 어떤 지원금이 더 가치가 있는지를 말해준다. 할인은 한정된 자원을 사용하는 방법에 대한 선택과 관련하여 시간의 중요성을 정확히 포착한다. 시장부문이나 정부부문에 이를 적용할 때, 다수의 중요한 결정으로 둘러싸인 시제 선택(時際, inter-temporal choice)*에 대한 방법론적으로 난해한 질문을 극복하기 위한 수단이다. 시간이 흐르면서 기부자가 필란트로피 자원을 어떻게 사용할 것인가를 숙고함에 따라 할인은 현재 세대보다 미래 세대에 가중치를 줘야 한다는 반대 주장을 다시 한번 생각하게 하는 수단이 될 수도 있다. 만일 이를 의미심장하게 필란트로피에 적용한다면, 할인은 기부자가 자신의 필란트로피의 타이밍을 체계적으로 계획할 수 있게 할 것이다. 그렇지만 상황을 더 복잡하게 만드는 문제가 곧이어 나타난다.

현재의 필란트로피 자원의 가치보다 미래의 가치에 가중치를 둘 때 고려해야 할 중요한 점 하나는 **적절한 할인율의 선택**이다. 할인율의 구체적 내용에 의해 실제로 운영될 때까지 할인율은 개념일 따름이다. 할인율이 높아지면 높아질수록 미래보다 현재 사용하는 것의 기회비용이 커진다. 역으로 할인율이 낮으면 미래의 기부와 현재 기부의 기회비용은 거의 같아진다. 필란트로피는 지속적인 간섭과 지원을 필요로 하는 난해한 사회문제를 해결하고자 하며 이러한 행동에 대해 자부심을 느끼고 있으므로 기부자는 복잡한 사회문제에 대해서 장기간에

* **역주** 한 시점의 선택이 다른 시점의 가능성에 영향을 미칠 때 다양한 시점 각각에서 무엇을 얼마나 해야 할 것인지를 결정하는 방법이다. 저축, 작업 노동 투입, 교육, 영양, 운동, 보건 분야 등의 의사결정에 적용된다(https://en.wikipedia.org/wiki/Intertemporal_choice에서 인용).

걸쳐 체계적으로 해결해 가도록 노력해야 한다. 그렇게 함으로써 기부자는 시간의 개념이 포함된 틀을 토대로 자신의 필란트로피와 관련된 결정을 내리게 되고, 이를 통해 현명한 판단을 할 수 있게 된다. 그렇지만 문제는 현실에서 주어진 할인율을 토대로 명확하고 설득력 있는 사례를 만들기는 매우 어렵다는 점이다. 기부자는 모든 다른 요인이 변함없다는 전제하에 자신의 투자로부터 얻을 수 있는 비율을 살펴볼 수 있고, 이를 통해 필란트로피 할인율의 탐색을 시작할 수 있다. 금융투자 수익률이 필란트로피 할인율을 구하는 데 적절한 이유는 무엇인가? 그 답은 현재 기부되지 않고 투자된 기금의 금융수익률이 궁극적으로 미래 가치를 나타낸다는 사실에 근거한다. 기금을 운용하고 있는 재단이라는 맥락에서 보자면, 현재 사용되지 않는 재단의 현금성 자산은 금융계좌를 이용하여 이익을 얻을 것이다. 따라서 미래의 사용에 대한 현재의 사용, 즉 현재 사용된 지원금의 기회비용은 결국 보유하면 얻을 수 있는 포기된 수익처럼 보이기 시작한다. 그러나 이런 접근방식은 문제점이 있다.

예상 수익률은 기금의 투자를 통해 얼마나 많은 위험을 기꺼이 부담할 수 있을 것인가에 따라 편차가 있으므로 할인율은 기부자에 따라 천차만별일 수밖에 없다는 것은 당연하다. 어떤 기부자는 높은 수익을 위해 높은 위험을 부담하지만, 또 다른 기부자는 그렇지 못하다. 좀 더 낮은 할인율로 고정하기 위해 거의 위험이 없고 미래 가치에 대해 보수적인 평가를 염두에 둔다면 장기적인 미국 정부 국채를 생각해 볼 수도 있을 것이다. 기부자 대다수가 자신의 투자에 일정한 위험부담을 각오한다고 전제한다면, 실제 할인율은 주식과 채권 기대 수익의 가중 평균으로 계산해 볼 수도 있다. 그러나 이런 방법을 통해 필란트로피 자금을 위한 할인율을 비교할 수 있는 벤치마크를 제공할 수는 있지만, 이러한 금융투자 수익률은 판단의 기준으로서는 부적절하다.

단순히 금융 할인율만을 따진다면 더는 고민할 필요는 없지만, 현재 기부와 미래 기부의 서로 경쟁하는 가치에 대한 기본적인 결정은 적어도 다음 세 가지 요인 때문에 매우 복잡해진다. 첫 번째는 **선택해서 집중하려는 사회문제의 정도가 즉각적인 실천을 포기한 결과로 향후 악화할지 여부를 기부자는 알지 못한다.** 할인율을 정확히 적용하기 위해서는 현재 안 좋은 상황이 미래에 어떻게 될지에 대한 분명한 이해가 필요할 것이다. 그렇지만 이를 알기는 쉽지 않고 흔히 사회문제에 대한 예상은 빗나가는 경우가 많다. 두 번째는 **비영리 서비스를 운영, 집행하는 비용이 시간의 흐름에 따라 어떻게 전개될지 기부자는 알 수가 없다.** 어떤 분야는 급속하게 상승할 것이고 또 어떤 분야는 일정한 상태가 유지될 것이다. 특정 분야의 상승률을 확실히 알 수 없다면, 할인율을 적용한 미래의 비용이 얼마나 될지를 아는 것은 매우 어려운 일이다. 세 번째는 **시간의 흐름에 따라 기부자는 다중적 이슈를 다룰 수도 있고 그럴 때 이슈들은 각각의 할인율을 갖게 된다.** 오랫동안 모든 자원을 한 가지 이슈와 목적에만 집중할 수 있는 기부자는 거의 없다. 실제 대규모 지원기관 대다수는 사회문제가 야기될 때마다 이를 적용하여 변화해 나가며, 이를 위한 자유재량권과 유연성을 갖고 있다. 더구나 이들 기관은 동시에 여러 분야에서 사업을 진행한다. 할인율을 정확하게 산정해 적용하기 위해서는 각각의 분야에 신중한 계산이 필요한 것이다.

난해한 시제(time-temporal) 선택과 결정을 해야만 하는 모든 행위자와 마찬가지로 기부자도 합리적인 단순화한 가정에 의존할 가능성이 크다. 즉 사회문제는 시간이 흐름에 따라 진화할 것이고 해당 프로그램의 비용도 다른 모든 것들과 마찬가지로 이에 맞춰 증가할 것이며, 분야 간의 차이는 장기간에 걸쳐 평준화될 것이다. 예를 들어, 현재 긴박한 사회문제 대다수가 갑작스러운 반전이나 혹은 극적인 감소의 가능성은 거의 없으며 우리는 이 사실을 알고 있다. 이를 쉽게 알 수 있게 하는 '기부자 가격 인덱스'(donor price index)와 같은 것은 존재하지 않지만, 비영리 부문에서 서비스 전달의 비용이 넓은 의미에서 경제 부문의 그것과 명백히 다르게 진화해 오지는 않았다. 부문을 통틀어 어느 정도 비용 상승이 이뤄지고 있으며, 부문 내 특이치(outlier)라 할 수 있는 대학을 포함한 고등교육 부문과 여타 비영리부문 사이의 차이는 비영리부문의 조정된 추세를 반영하지는 않았을 것이라는 사실을 우리는 또한 알고 있다. 전반적으로, 과거의 기록은 필란트로피를 둘러싼 맥락이 시간의 경과에 따라 어떻게 진화해 갈지에 대한 숙고의 합리적 출발점을 제공한다. 단순화한 합리적 가설은 기부자가 부정할 수 없는 사실, 즉 현재 사용된 필란트로피 지원금은 미래 어느 시점에 사용할 그것과는 다르게 그 가치를 부여할 필요가 있다는 사실을 인식하고 이를 적용해 갈 수 있게 한다는 점이다.

이는 또한 많은 것을 우리에게 이야기한다. 기부와 나눔의 세계에 적용 가능한 필란트로피 할인이라는 아이디어를 진화시켜가는 데 아직도 큰 장애물이 존재한다는 사실이다. 그중 으뜸은 수학적 계산을 전략 기획 과정에 포함하여 해석해 보는 것이다. 첫 번째 단계는 기부자 스스로 지원신청서를 검토하고 지원 여부를 결정할 때마다 각각에 대해 사회적 편익을 산정해 보기 위한 일종의 계산법에 참여해 보는 것이다. 즉 프로그램에 대한 지원 결정을 할 때 발생할 수 있는 사회적 편익을 염두에 두고 서로 다른 지원방식의 옵션이 만들어 내는 대립하는 가치가 무엇인지 비교 검토를 하고 판단을 내려야 한다. 이는 정확성에 근거한 과학적 접근이라고 하기는 어렵지만, 서로 대립하는 수많은 지원요청 가운데 어떤 하나를 선택해야 한다면 필요한 일이다. 또 다른 한편으로는 미래 대비 현재에 얼마나 기부를 할 것인가를 결정할 때 서로 대립적인 시제 선택 전략의 비용이라는 측면에서는 심사숙고하는 것이 더더욱 타당하다. 따라서 언급한 할인 접근법은 특정 지원 결정의 편익에 대한 평가와 연계된 측정 문제를 일괄하여 다루면서 기부자가 활용 가능한 여러 다양한 대안적 전략과 그 비용에 관심을 둔다. 어떤 장애물을 극복, 혹은 적어도 관리 통제할 수 있다면, **할인은 바로 지원하는 것과 이를 뒤로 미루는 것 사이의 서로 다른 비용을 비교할 수 있도록 하며, 그 과정 중에 중요한 지원전략 이슈**를 다룰 수 있게 한다.

흥미롭게도 할인에 대한 가장 일반적인 두 가지 비판—특히 환경정책 분야에서 두드러진다—은 그 성격상 **윤리적인 것**이었으며, 비율 설정이나 이런 방식을 실천하는 것과 관련된 어려움과는 관계가 없었다. 그 첫 번째는 할인이라는 것이 미래 세대 비용으로 현재 세대에게 불공정하게 특권을 부여한다는 것이다. 혹자는 필란트로피 할인율을 금융수익률과 동일시하는 것은 미래의 필란트로피 편익의 가치를 수용 불가할 정도로 깎아내리는 것이라고 합리적 주장을 펼지도 모른다. 그렇지만 이런 주장은, 할인이 복리의 논리를 단순히 적용하고 있다는 점, 그리고 현재 사용되지 않지만 투자한 펀드의 규모가 시간의 경과에 따라 증가하고 그래서 미래 세대를 위해 더 큰 자원이 될 수 있다는 점을 인식하는 데 할인이라는 개념이 일조한다는 사실을 간과한 것이다. 할인이라는 개념은 이러한 사실을 반영하는 것이며, 누가 덜 혹은 더 자격이 있는지 어떤 윤리적 판단도 하지 않는다. 따라서 현세대건 미래 세대건 모든 세대를 동등한 위치에 놓는다.

할인 이슈에 대한 비판은 기부자가 자신의 기부에 대한 테스트를 어떻게 합리적으로 적용할 수 있는지, 즉 **다가올 미래에 구할 삶이 오늘 구한 삶보다 그 가치가 덜 할 것인가 혹은 더 할 것인가** 여부를 묻는 말을 통해 반대 관점의 두 번째 이슈를 제시할 수 있을 것이다. 즉 필란트로피는 한 사회의 취약한 계층, 가장 도움이 필요한 사람들이 접한 어려운 문제와 이슈를 적극적으로 해결하고자 한다. 이로 인해 할인은 그 기회비용을 금융자산의 수익률에 대한 유치한 비교로 종속시키고 필란트로피의 격을 떨어뜨린다. 따라서 할인의 실제적 적용이 옹호될 수 없는 것이 아니라면 의문스러울 수밖에 없다. 도덕적 위치를 지속하기 어려운 것은 필란트로피 할인주의자들에 의해 제기된 질문에 답하지 못할 뿐이라는 점이다. 본질에서는 도덕적 근거를 통해 할인이라는 개념을 거부한 기부자는 할인의 개념이 제기한 분석적 질문(우리는 기부자가 어떻게 미래 세대와 현세대의 욕구와 필요에 균형을 맞출 수 있게 하겠는가?)을 할 때마다 규범적 질문(우리가 미래 세대에게 빚지고 있는 것은 무엇인가?)으로 대체하게 된다. 이들 두 가지 질문은 매우 다른 것이다. 필란트로피의 핵심적 문제를 효율성과 관련된 쟁점 중 하나로서 정의하는 것, 그리고 세대 간의 공평성 이슈는 기부라는 행위를 분석과 윤리의 서로 대립하는 영역으로 신속하게 끌고 들어간다.

재단의 기부가 유발한 서로 대립적인 이들 분석적 질문과 윤리적 질문은 사려 깊어야 할 필란트로피가 의무와 기회비용에 직면해 있다는 사실을 보여준다. 필란트로피 할인은 심오한 그리고 좀 더 정치적으로 격론을 일으킬 만한 질문에 대한 해답, 즉 현재를 위해 얼마를 지출해야 하느냐 대 미래를 위해 얼마를 지출해야 하느냐는 질문에 대한 결정, 수십억 달러라는 규모와 그것이 갖는 함의와 관련하여 그 답을 찾는 첫 번째 단계이기도 하다. 오로지 전략을 정의하고 핵심적 질문과 관심의 틀을 만들고 하는 도구로서만 사용된다고 하더라도, 할인이라는 개념은 필란트로피 재원을 시간의 경과에 따라 지출해야 하는 기부자를 위해 집중하게 할 수 있는 장치, 기부자가 시간이라는 차원에 관심과 주의를 기울이게 하는 장치를 제공한다.

시간에 대한 기부자의 정의

사립재단의 세계 바깥에 개인 기부자의 수가 늘고 있으며, 이들은 언제 기부할 것인가에 대한 질문에 답을 구해왔다. 몇몇 사람은 세대 간 공평성 이슈에 맞서기 위해 대담하고 과단성 있는 움직임을 보여왔으며, 수억 달러에 이르는 '메가 기프트'(mega-gifts)의 출현을 목격했다. 기업가로서 사업에 성공한 신세대 거액기부자 중 많은 사람이 살아생전에 자신의 기부를 실천하겠다고 천명해 왔다. 이들 '손수 만들기'(DIY, do-it-yourself)형 기부자들의 출현은 뮤추얼펀드 회사에서 제공하는 자선 펀드와 같이 작은 규모의 기부를 위한 새로우면서 좀 더 유연한 수단을 고안했으며, 이는 부가 갖는 책임의 의미를 찾기 위해 기존 재단의 필란트로피 밖에서 새로운 채널을 여는 데 일조해 왔다. **살아생전 기부할 것인가 사후에 기부할 것인가는 개인적인 선택이며, 이는 또한 기부자가 필란트로피에 대한 소명을 느끼는지 혹은 그들이 부를 쌓고 다른 이에게 자신의 기부금을 남기는 것이 사회에 가장 잘 이바지하는 길이라고 믿는지에 달렸다.** 몇몇 거부는 자신의 필란트로피 실천을 미뤄 왔다. 왜냐하면, 자신의 사회에 대한 가장 의미 있는 기여는 훗날 다른 사람이 나눠줄 수 있는 부를 쌓는 것이라 믿기 때문이었다. 사업가인 존 맥아더John D. MacArthur는 보험업과 부동산업을 통해 부를 축적해 왔지만, 기부를 위해 다른 사람에게 이를 맡겼다. 그리고 그는 "나는 어떻게 돈을 버는지 알고 있다. 자네들은 (맥아더재단에서) 어떻게 이 돈을 써야 하는지 알아야만 할 것이다"라는 유명한 말로 자기 뜻을 남겼다. 또 다른 소규모 기부자들은 생전에는 번 돈을 저축하는 데 집중하고 훗날 남을 위해 이 돈을 사용해달라고 함으로써 당사자 사후에 바로 뉴스거리가 되곤 했다. 이런 많은 사례를 통해 서로 다른 많은 방법으로 사람들을 필란트로피의 세계로 유인하고 있는 것은 분명하다.

생전에 기부하기를 꺼리는 부자들은 나름대로 많은 이유가 있는데 이는 할인율의 합리적 계산법과는 관계가 없어 보인다. 대신, 자기 죽음에 직면했거나 혹은 어떤 대의를 지원해야 할지 결정할 수 없어서 어쩔 수 없는 비자발적 상황을 그냥 나타내는 것일 수도 있다. 필란트로피는 영속성을 위해 기관에 자신의 이름을 남김으로써 기부자를 영원히 살게 할 수도 혹은 적어도 죽은 자의 유물적 삶을 가능하게 한다. 그렇지만 영속성이라는 아이디어는 간단하지도 단순하지도 않다. 결국, 영원히 존재한다는 필란트로피적 유산이라는 그리고 사후 오랫동안 누군가의 이름으로 행한 선행이라는 아이디어에 대해 매우 숭고한 어떤 것, 주제넘은 어떤 것이 동시에 존재한다. 영원하다는 것은 매우 오랜 시간이라는 점에서 주제넘은 것이고, 영속성을 가진 재단을 설립하고자 하는 욕구는 시간을 가로질러 잘 알지 못하는 많은 사람에게 선을 행하려는 배려와 이타적 행동을 표현한다는 점에서 고귀하고 숭고하다. 그것은 기부자가 먼 미래에 자신의 기부가 갖는 편익을 예상할 수 있다는 것, 그리고 기부행위의 과정에서 자신을 분리할 수 있다는 것을 의미한다. 영속성은 또한 기부자가 어느 정도 명확하게 정의한 자선적 의도를 지속해 나가기 위해 기꺼이 다른 사람을 믿는다는 것이며, 아직 태어나지 않은 사람들의 편익을 위해 그렇게 행한다는 것을 의미한다.

시간의 도전

기부 전략 수립이라는 도전에 직면한 기부자에게 시간이라는 차원은 제일 먼저 고려해야 할 긴급한 이슈가 아닌 것처럼 보일지도 모른다. 결국, 목적 및 조직 구조와 관련된 문제가 더 긴급하고 기술적으로도 도전적인 것처럼 보인다. 그렇지만, 필란트로피에서 시간이라는 차원에 대해 고려를 회피하는 것은 심각한 실수를 범하는 것이다. 타이밍, 즉 언제 기부할 것인가는 단순히 기금 사용 비율이 아니라, **기부를 조직하는 방법, 기부자의 정체성과 참여 및 관여, 조직적 형태를 사용할지 여부, 심지어 추구할 기본적인 목적의 선택에 이르기까지 다양하게 영향을 미친다.** 필란트로피에서 시간이라는 도전에 대응하기 위해 기부자는 자신이 관심을 둔 공공부문 문제의 시간 경계, 자신의 자선적 의도에 부여한 영속성과 중요성에 대해 숙고할 필요가 있다.

기부에서 시간이라는 차원은 기부의 타이밍뿐만 아니라 **그 기부를 활용하는 타이밍도 필요**하다. 기부자는 자신의 필란트로피 재원이 이를 지원받는 비영리조직에 의해 언제 어떤 속도로 사용해야만 하는지에 대한 판단도 내릴 필요가 있다. 몇몇 기부자는, 특히 대학을 지원하는 기부자는 영속성을 담보한 기금 지원을 선호한다. 물론 그럴 때 기금 지원의 안정성을 위해 높은 비용, 즉 연간 사용될 액수보다 20배 정도 많은 금액을 필요로 하며 이에 대한 책임과 약속이 필요하다. 이는 막대한 필란트로피 자원에 대한 통제가 기부자의 손에서 지원받는 기관으로 넘어감을, 그래서 영속성이라는 편익을 얻게 됨을 의미한다. 기금이 기부자로부터 이를 받는 자에게 넘어가는 속도는 둘 사이 신뢰의 정도를 반영한다고 볼 수 있다. 대학, 병원, 박물관과 같은 대형 기관을 제외하고는 비영리조직 스스로 지원된 연간 운영비의 신중한 사용을 통해 자신을 증명한 연후에 기금 지원이 이뤄지는 것이 보편적이다. 필란트로피 자원의 올바른 이전 속도의 모색은 기부자의 참여 및 관여 수준에 의해서도 의미 있는 결정이 이뤄질 수 있다. 기부자가 비영리조직 책임자와 접촉을 늘려가고 프로그램 내용에 대해 익숙해지면, 기부자는 펀드의 이전을 좀 더 쉽게 느낄 것이고 좀 더 일찍, 좀 더 큰 액수를 약속하고 기부를 이행할 수 있을 것이다.

기부를 통해 이뤄진 잠재적 가치가 좀 더 복잡하고 다중적 차원으로 진화해 감에 따라 기부에서 시간이라는 차원을 올바르게 이해하는 것은 점점 더 어려워진다. 하나의 관심과 의제만을 가진 기부자의 경우, 기부 자금의 올바른 지출의 타이밍은 즉시 기부하는 것과 아주 천천히 오랫동안 기부하는 것 사이 어딘가에 자리 잡고 있겠지만, 그것의 올바른 지출 속도에 관한 숙고는 합리적으로 운영 가능한 일이 될 수 있을 것이다. 여기에는 적용할 할인율의 크기에 영향을 끼칠 요인의 범주는 물론, 기부의 현재 가치에 대해 간섭 및 중재의 미래 가치를 어떻게 조정, 적용하는가를 숙고하기 위한 근본적인 시도도 포함될 것이다. 복잡한 사명과 광범위한 영역을 대상으로 한 프로그램 운영에 관심을 둔 기부자가 편익을 평가해야 하고 지출의 흐름 또한 매우 난해한 상황에 직면했다면, 할인의 실천은 별 실익이 없을 것이다. 아직 할인이라는 개념은 실제 운영 도구라기보다는 더 많은 경험이 축적되어야 할 체험적 도구로 이해되어야만 하지만, 기부의 시간이라는 차원은 기부 계획이 만들어질 때 염두에 둬야 할 필요가 있다.

이렇듯 상황을 복잡하게 만드는 문제 외에도 필란트로피를 둘러싼 도전은 확실하고 분명하게 남아 있다. 즉 기부의 시간 차원, 필란트로피 프리즘 상의 여타 요소들과 시간이라는 요소와의 불가분의 관계를 염두에 둔 기부 전략 구축과 같은 것이 그런 것이다. 지난 세기에 걸쳐 재단 부문의 경이로운 증가율을 목격해 오면서, 많은 기부자는 자신의 기부가 영원할 것이며, 따라서 이를 위한 올바른 제도와 조직의 형태는 바로 재단이라는 가정을 전제로 출발한다. 그러나 필자가 제안했듯이, 기부자의 관점과 일반 대중의 관점 양자로부터 이러한 충동에 대해 반대할 만한 타당한 이유가 존재한다는 사실이다. 비록 기부에서 시간이라는 차원은 기부 계획의 출발점이 될 수는 있지만, 시간이란 차원은 필란트로피 프리즘 상의 다른 차원 전체에 걸친 옵션을 제한하기 때문에, 기부자와 일반 대중에게는 이런 충동과 유혹을 저지하기 위한 가장 으뜸가는 관심거리가 될 수도 있다. 현재 기부하는 것과 영속성의 전제 위에 천천히 지출하는 것 사이의 선택은 궁극적으로 기부자 개인의 선택이며, 기부로부터 편익을 얻는 기관들과 개인들에게는 깊은 의미를 내포하고 있다. 한 가지는 분명하다. 즉, **시간을 복합적이고 우연적인 어떤 것으로 다루는 것** — 영속성의 기본적 전제로 단순히 받아들이는 것만은 아닌 — **은 높은 수준의 전략적인 정렬과 조정, 그리고 일관성을 지향하는 필란트로피에는 매우 중요한 것**이다.

Chapter 6

제도와 수단

❝ 필란트로피와 관련된 네 가지 주요 형태 – 사립재단, 지역재단, 운영재단, 기업재단 – 는 내부 경영의 도전과 외부의 요구에 대한 각기 서로 다른 전략적 반응을 보여주는 것… ❞

❝ 기부를 위해 선택한 수단이 엄선된 사명, 추구하고자 하는 일련의 변화, 기부자 자신의 정체성, 그리고 방어할 수 있는 타임프레임과 잘 들어맞아야… ❞

기부가 단지 사회적 대의에 고립된 인간을 연결하는 행위라고는 더는 인식되지 않는다. 오늘날 필란트로피의 대부분은 기부하는 자와 받는 자 사이에서 필란트로피와 관련된 기관이나 수단을 통해 이뤄진다. 필란트로피와 관련된 이러한 모습은 시간이 흐름에 따라 점점 더 지배적 형태로 자리 잡게 되었다. 따라서 기관을 통한 개인의 기부 결정과 적절한 기관의 선택은 필란트로피 프리즘의 전반적인 차원을 신중히 고려한 가운데 이뤄져야만 한다. 기부와 관련된 올바른 기관과 수단에 대한 선택은 전략을 구성하는 중요한 요소가 된다. 따라서 이를 위해서는 기부자의 수단과 목표가 정렬되어 있어야 하며, 지속적이고도 사려 깊은 판단이 요구된다. 어떤 결정도 짧은 시간 안에 더 많은 만족을 가져다줄 수도 없고 고통스러운 일이 될 수도 없다.

기부자는 영속성에 기초한 사립재단(private foundation)이라는 분명한 선택 외에도 좀 더 확장된 옵션을 가질 수 있다. 즉 지역재단(community foundation), 운영재단(operating foundation) 혹은 자신이 가진 부가 사업과 관련된 것이라면 기업재단(corporate foundation) 등을 통해 이바지할 수 있다. 만일 소규모 기부자라면 운영 효율성을 높일 수 있는 기부펀드(gift fund)나 협력을 토대로 한 기부서클(giving circle)과 같은 대안적 형태, 그리고 이러한 형태가 제시하듯이 유나이티드웨이United Way와 같은 연합적인 형태(federation)가 더 매력적일 수도 있다. 이들 옵션은 신탁의 다양한 형태를 포함하여 좀 더 복잡한 선택을 통해 보완적 역할을 한다. 세금 관련 변호사에 따르면 이들 옵션의 선택은 절세 및 자산 계획 이슈와 관련하여 좀 더 복잡한 셈법을 요구한다. 실제 어떤 수단을 쓸 것인가를 결정할 때 전 재산을 고려하고 있다면 자금 융통 등 재정적인 것과는 관계없는 모든 이슈를 함께 포함하여 고려해야 한다. 적합한 필란트로피 기관이나 수단은 기부자가 자신의 기부 목적을 더 잘 성취할 수 있게 하기 때문이다.

만일 실천하고자 하는 필란트로피가 기부자 자신의 약속과 가치의 실현, 표현이라는 것을 포괄하고 있을 때와 같이 단지 공익이라는 도구적 목적 이상의 것이라면, 기관 유형의 선택은 이들 모두를 얼마나 잘 지지하고 있는지 살펴보고 판단할 필요가 있다. 기부가 갖는 편익을 증진하기 위해, 그리고 기부가 가져다줄 기부자 개인의 만족을 극대화하기 위해서는 수단, 즉 제도적 선택을 할 때 관련 정보와 지식을 충분히 습득하고 이에 근거해야만 한다. 다음에 살펴볼 내용은 기부자가 필란트로피 수단, 즉 기관의 유형을 선택할 때 맞닥뜨리게 되는 기회와 상쇄 효과에 대한 것이다. 이에 대한 탐색은 우리에게 제도적 선택이 전략적 기부로 향한 여정과 어떻게, 왜 일치하게 되는지, 혹은 때때로 상충하는지를 안내해 줄 것이다.

네 가지 고전적 형태의 재단

일반적으로 이야기하자면, '재단'(foundation)이란 자신의 영속적인 기금을 통해 비영리조직을 지원하는 속칭 **사립재단**(private) 혹은 **독립재단**(independent)을 의미한다. 재단은 통상적으로 이사진 혹은 때때로 스텝들에 의해 구성된 위원회가 지원요청서를 검토하고 이 중 가장 적합한 것을 선택, 지원한다. 그렇지만 다음에 언급하는 세 가지 유형의 재단은 이와는 다르다. 즉 **운영재단**은 기금의 이자를 사용하되, 재단 스텝들에 의해 직접 사업을 운영한다. **지역재단**은 해당 도시나 지역에 사는 주민을 대상으로 모금하고 배분한다. **기업재단**은 재단이 갖는 기업의 주식 몫만큼 해당 기업의 연간 이익, 혹은 재단 기금이 있다면 그것의 일정 비율만큼의 몫을 그 수입으로 한다. 이들 세 유형의 재단은 각기 독특한 구조와 사업을 하고는 있지만, 기본적으로는 사립재단 모델을 기초로 한다. 네 가지 유형의 재단 모두는 내부 경영 방식, 외부 환경 및 압력에 대한 서로 다른 전략적 대응을 나타내는 것이기 때문에 정착되고 널리 확산되었다.

- **운영재단**

운영재단(operating foundation)은 기금 출연으로 설립된 필란트로피 기관으로서 다른 기관을 지원하기보다는 자신의 스텝들을 통해 프로그램을 직접 운영하며, 이를 위한 재원은 출연 재산의 투자 수입으로부터 온다. 운영재단은 출연기금과 실질적인 프로그램이 있으므로 전통적인 재단의 성격은 물론, 지원금을 확보하기 위해 노력하는 포괄적 개념의 비영리기관적인 성격 모두를 갖고 있다. 재단의 하이브리드한 구조를 이해하는 데 거래비용(transaction cost)이라는 개념은 유용하게 사용될 수 있다. 경제학자들은 거대 기업이 출현해 작고 전문화된 기업을 대체해 가는 이유를 산업사회를 위한 상품 생산과 공급의 효율성에서 찾는다. 거래비용 분석에서 모든 조직은 지배 구조를 집단으로 결정하는 일련의 계약으로 간주된다. 자신의 업무와 협약을 위한 복잡한 망을 운영 관리하려면 경쟁력을 확보해야 하고, 이를 위해서는 거래비용을 최소화해야만 한다. 이러한 행위는 두 가지 기본적인 조건 속에서 이뤄진다. 즉 첫째, 기업은 외부 시장을 통해 가장 적합한 거래를 할 수 있다는 점이고, 둘째, 내부적 위계제도를 통해 생산의 전 과정을 통제 관리할 수 있다는 점이다.

조직이 어떻게 필요 자원을 획득하는가라는 이슈를 해결하는 데 가장 핵심적인 결정 요소는 조직이 갖는 자산의 상대적 특수성이라는 사실을 경제학자들은 강조한다. 특별한 물적, 인적 자원이 전문화되고 시장에서 획득하기 어려워지면 기업은 특정 계약보다는 자신이 이를 소유함으로써 해당 자산을 확보하고자 할 것이다. 거래비용을 최소화하기 위한, 불확실성을 경영관리하기 위한, 그리고 자산을 확보하고자 하는 욕구는 기업으로 하여금 기존 공급자나 하청 기업을 인수하게끔 한다. 이는 또한 시장에서 계약으로 연계된 수많은 소규모 기업보다 위계제로 조직화한 소수의 거대 기업을 만들어 낸다.

이러한 거래비용의 개념은 제도적 지형을 이해하는 데 적절한 개념이며 운영재단의 출현을 이해하는 데도 도움이 된다. 즉 운영재단은 내부적 위계제도를 통해 자신의 사명을 효율적으로 성취해 갈 수 있으며, 이는 외부 지원체계 및 기부 시장을 이용할 때 갖게 되는 높은 거래비용과 관련이 있다. 따라서 거래비용을 둘러싼 경제학적 관점은 운영재단의 구조와 실제 사업 진행 양자를 이해하는 데 유용한 관점을 제공한다.

이를 위해 인디애나주, 인디애나폴리스에 소재한 리버티기금Liberty Fund의 사례는 도움이 된다. 이 기금은 상당한 규모의 출연기금을 가진 운영재단이며, 출판과 컨퍼런스를 통해 자유주의 원칙 증진과 확산을 그 목적으로 한다. 따라서 기금에서 나오는 지원금은 자유에 관한 글쓰기를 하는 저자들의 저작물을 사들이거나 학생, 학자, 일반 대중 등 각각의 수준에 맞는 아담스미스의 모든 판본을 저렴한 가격에 출간하는 데 사용한다. 기금에서 나오는 이자 수입 또한 매년 전국에서 열리는 컨퍼런스를 지원하는 데 사용되며 참여자들의 각종 경비도 함께 지원한다. 이곳에서는 자유에 대한 고전적 전통과 관련된 주제가 논의된다. 이들 모임에 참여하는 사람들을 위한 교통편이나 숙박 등과 관련된 업무는 외부에 맡기기보다는 기금에서 고용한 스텝들이 담당한다. 아울러 전문적 영역을 담당한 기금의 스텝들은 각각의 세미나에 참여하여 모임을 조직하고 선택된 텍스트에 관한 토론 진행을 돕기도 한다. 편집책임자나 컨퍼런스 리더는 지원을 받는 단체가 맡는 것이 아니라 기금의 스텝들이 담당한다. 따라서 이는 프로그램에 대한 진행 운영책임을 재단이 전적으로 맡고 있다는 것을 의미한다. 이는 지원금만을 지원하는 기부금조성재단(grantmaking foundation)과 수혜기관과의 관계에서는 일반적인 것은 아니다.

만일 운영재단이 필란트로피를 둘러싼 변화하는 환경에 대한 효율적인 대응을 대변하는 것이라면 다음과 같은 질문, 즉 왜 모든 기부금조성재단이 운영재단화하지 않는 것일까 하는 질문이 있게 되는 것은 자연스러운 일이다. 이에 대한 답은 미국 필란트로피 부문에 존재하는 다양한 자선적 미션과 관련이 있다. 즉 아동 교육의 증진, 구직자를 위한 직업훈련의 제공 등과 같은 광범위한 사회적 어젠다를 추구하는 대규모 재단에게는 이와 같은 일은 불가능하거나 비현실적이다. 기부금만을 조성하는 일, 즉 자신의 프로그램을 직접 운영하는 것이 아니라 다른 기관의 프로젝트나 프로그램에 대한 지원은 재단으로 하여금 다른 지원기관과의 공동 프로젝트 지원을 통해 자원을 한곳으로 모을 수 있도록 할 뿐만 아니라, 변화하는 사회적 욕구에 빠르게 대응할 수 있는 능력을 갖추게 해준다. 운영재단의 구조에 대해 관심을 갖게 되는 경우는 단지 제한된 미션과 연구조사와 같은 일을 수행할 때뿐이다.

운영재단은 흔히 필란트로피 부문에서는 일탈적인 현상으로 간주하곤 한다. 즉 지원기관과 피지원기관 간에 적당히 거리를 두는 전통적인 관계를 저버린 이방인과 같은 존재다. 그렇지만 운영재단은 또한 자신의 필란트로피 미션을 전통적인 지원금 경쟁시장을 통해서라기보다는 조직의 위계적 체계를 통해 실행함으로써 효율성을 극대화하는 존재로 더 잘 알려져 있다. 이런 점에서 운영재단의 출현은 상승하는 기부금조성 비용에 대한 대응으로 해석할 수도 있다. 즉 운영재단은 높은 수준의 관리 통제, 낮은 거래비용, 효율성 증가를 가능하게 하는 필란트로피 부문에 존재하는 조직의 한 형태라 할 수 있다. 운영재단은 일부 기부자와 그들의 미션 완수를 위해 높은 수준의 전략적 적합성과 조정을 가능하게 하는 제도의 선택지 중 하나다.

- **지역재단**

지역재단(community foundation)은 도시 혹은 특정 지역에 설립된 필란트로피 기관이며, 이를 통해 해당 지역구성원들은 자신의 재산을 큰 규모의 재단에 기부할 수 있다. 지역재단은 대부분의 사립재단과는 다르게 기본자산의 확대를 위해 꾸준한 기여 혹은 기부가 필요하다. 흥미롭게도 중소규모의 도시에 수백 개 이상의 지역재단이 새로이 설립되는 등 지난 수십 년 동안 성장에 성장을 거듭해 왔다. 이렇듯 지역재단이 대중화해 온 데에는 몇 가지 이유가 있는데 그중 하나는 쉽게 시작할 수 있다는 점이다. 가장 필요한 것은 시작하는 기부 즉 씨앗기금이며, 이에 뒤따르는 지속적인 기부와 다수의 기부자에 대한 지속적인 의존이

지역재단의 중요한 특징 중 하나다. 이런 점에서 사립독립재단과는 차이가 있다.

외부 기부자에 대한 지역재단의 이러한 의존성은 또한 재단의 지원 결정에 대해 강한 책무성을 갖게 한다. 지역사회 구성원들은 과거의 지원금에 대해 되짚어 볼 수 있으며, 재단에 대한 기부를 결정하기 전에 재단의 스텝들과 이야기를 나눌 수도 있고, 그들이 갖는 필란트로피에 관한 관심에 맞춰 계획을 수립해 볼 수도 있다. 이런 점에서 지역재단은 독립 혹은 사립재단보다 더 '공적'(public)이다. 왜냐하면, 독립 혹은 사립재단의 지원금 조성은 자원을 끌어모을 필요와 이유로 이뤄지지는 않는다. 또한, 지역재단은 외부자원에 대한 의존성 때문에 광범위한 기부금조성 프로그램을 지속해서 만들게 되고, 마치 대규모의 백화점에서 쇼핑하듯이 기부자들은 이곳에서 자신이 찾고자 하는 필란트로피 관련 상품을 탐색하게 된다.

지역재단의 특징을 정의하고자 할 때 **자원의존이론**(resource-dependency)은 유용한 관점을 제공한다. 이 이론에 따르면 조직은 자원의 확보와 분배라는 필요로 정의할 수 있다. 즉 조직은 자신의 생존에 필요한 모든 자원을 완벽하게 갖추지 못하기 때문에 결코 자급자족할 수 없고, 외부자원에 의존적일 수밖에 없다는 것이다. 따라서 외부로부터 유입되는 상품과 서비스의 흐름에 대해 항상 개방된 상태로 유지해야만 하며, 이를 위한 구조와 전략을 구사해야만 한다. 자원의존 모델은 조직을 둘러싼 환경의 변화에 적응하기 위한 메커니즘으로서 상호의존적 역할을 강조하며, 운영 환경의 이해를 통해 조직 구조를 개발하고 진화해 간다. 아울러 자원 흐름의 복잡한 패턴과 이러한 흐름에 대한 상대적인 통제 권한의 정도는 조직 상호 간에 존재하는 권력의 정도를 이해하는데 중요한 요소가 된다.

기본재산이 되는 영속기금은 지역재단 운영자에게는 초미의 관심사일 수밖에 없다. 재원 없이 재단의 사명을 추구할 수 없기 때문이다. 이런 제약적인 조건에서 지역재단이 해야 할 일은 스텝들의 시간과 운영비용과 같은 재단의 주요 자원을 모금에 집중하는 것이다. 지역재단은 또한 자금의 배분, 즉 지원사업과 관련해서 공공 라디오와 텔레비전과 같이 대중이 많은 관심을 두는 주제에 대해 사업을 진행한다. 이를 통해 지역재단은 지역사회 내에서 자신의 공공적 성격을 각인시키고 이와 관련된 대중의 관심을 증가시킨다.

예를 들어, 캔사스지역재단Greater Kansas City Community Foundation과 같은 경우, 기부자들에 대한 기부 요청과 이들과의 관계 유지만을 위해 정규직 스텝을 두고 있다. 재단은 개인 기부자들에게 기부를 독려하기 위한 일련의 프로그램을 운영해 왔는데, 이는 개인 기부자가 자신의 독립재단을 설립하는 것에 대한 매력적인 대안으로서 기능한다. 우선 재단은 기부자 개인에게 자신의 기부금을 배분하는 데 상당한 정도의 권한을 부여한다. 지역재단은 이런 '기부자 추천'(donor-advised) 혹은 '기부자 지정' 기금을 각각 분리 운영 관리하게 되고, 이로 인해 재단은 상당히 복잡한 회계시스템을 유지하게 된다. 아울러 이러한 기부자 추천 기금은 지역재단이 자신의 지원사업을 진행해 가는 데 일정한 제약으로 작용하기도 한다. 그렇지만 캔사스지역재단은 기부자가 기부 후 자신의 기부금 배분에 대해 일정한 권한을 갖고자 하는 욕구를 성공적으로 수용해 왔다. 다시 말하자면, 지역재단 내에 새로운 수단과 방법, 즉 자신이 기부한 자원을 배분하는 데 적극적인 역할을 원하는 기부자들에게 매력적인 수단을 제공함으로써 더 많은 기부를 하고자 하는 욕구와 흐름에 적절하게 대응할 수 있었다.

지역재단은 보통 가족 필란트로피(family philanthropy)를 위한 수용자이자 집행자로서 자기 자신을 자리매김함으로써 기부자들에게 다가갈 수 있다. 기부자들은 '지원조직'(supporting organization)*으로서 자신들의 가족재단을 유지 운영하는 곳으로 지역재단을 활용해 왔다. 이러한 '지원조직'은 가족 구성원들이 자신만의 이사회를 구성할 수 있으며(보통은 현재 지원하는 지역재단으로부터 소수 이사회 대의권을 부여받은), 하나의 그룹을 이뤄 필란트로피를 실천할 수 있게 한다. 지역재단 내의 '지원조직'은 가족재단처럼 조직되고 운영되는 반면, 이를 위한 문서 및 서류 관련 행정절차 등 시간을 많이 소비하는 일은 이미 이런 기능을 가진 지역재단의 힘을 빌려 처리한다. 그렇지만 앞서 언급한 '기부자 추천' 기금과 마찬가지로 지역재단이 이들 지원조직을 통제하거나 관리하기는 어려우며, 따라서 이를 광범위한 지역재단의 필란트로피 방향과 의제에 통합하는 것은 거의 불가능하다.

자원의존이론은 외부 기부자와의 관계를 통해 지역재단에서 권력이 형성되는 방식을 잘 설명한다. 지역재단은 새로운 기부자를 확보하기 위해 노력하는 동시에 현재의 기부자를 잘 유지해야 하는 복잡한 게임에 연루될 수밖에 없으며, 이러한 상황은 기부자들에게 상당한 권력을 행사할 수 있는 위치에 있게 한다. 기부자는 지역재단에서 높은 비중을 차지하고 있는 기부자 추천 기금을 통해 상당한 수준의 영향력을 행사한다. 비제한적인 기금을 추구하든, 기부자 추천 기금을 추구하든 혹은

---

* **역주** 사립재단을 규정하기 위한 미국 세법 501(c)(3)항에는 교회, 학교, 병원과 같은 전통적 조직[509(a)(1)], 1/3 이상을 불특정 대중으로부터 지원을 받는 조직[509(a)(2)], 여기서 언급하고 있는 지원조직[509(a)(3)], 공공안전을 위한 제품 검사 조직[509(a)(4)]에 관해 규정하고 있다. 즉 501(c)(3)항에서 설명한 조직으로서 면세자격을 갖는 모든 조직은 509(a)(1)부터 509(a)(4)의 각 조항의 정의에서 특별히 제외되는 범주에 해당하지 않는다면, 모두 사립재단에 속하게 된다. 따라서 509(a)(3)항에 명시된 '지원조직'은 공공자선단체(public charity)로서 사립재단과 유사하게 다른 공공자선단체에 지원금을 지원하거나 자기 프로그램을 운영한다. 그러나 이들 조직에 기부 시 공공자선단체에 기부할 때와 같은 공제 혜택을 받지만, 사립재단보다 조직 지배력은 약하다. 좀 더 구체적인 내용은 Anheier, H.M. & Toepler, S. (1999). *Private funds, Public Purpose.* 번역본『재단이란 무엇인가』(2002, 아르케) 273~275쪽 참조.

지원기금을 추구하든, 지역재단은 대학이나 기부를 요청해야만 하는 비영리조직과 매우 유사하다. 즉, 돈을 쫓는 일은 어쨌든 궁극적으로는 조직의 자율성을 침해할 수밖에 없다는 점이다. 단지 가치와 필요로 뭔가를 결정한다기보다는 주요 기부자 혹은 잠재적 기부자가 무엇에 관심을 두고 있는지, 어떻게 하면 여기에 다가설 수 있는지에 따라 결정될 수밖에 없다.

▪ 기업재단

기업재단(corporate foundation)은 큰 차이 하나를 제외하고는 사립재단과 거의 흡사한 방식으로 운영된다. 즉 일부 기업재단만이 적절한 크기의 영구 기금을 가졌지만, 대부분은 자선을 목적으로 이러한 형태의 기금을 갖고 있지 않다. 대신 대부분 기업은 매년 이익의 일정 비율을 재단에 기부한다. 따라서 기업재단은 통상 운영비와 비상시 지원할 수 있는 정도의 소규모 자금만을 갖고 있을 뿐, 수십억 달러의 규모를 가진 대규모의 사립재단과 비교할 수는 없다. 기업재단의 연간 지원액 규모는 대개 모기업의 실적과 직접 연계되기 때문에 기부액의 규모는 그해 시장 상황에 따라 변동할 수밖에 없다. 기업 기부가 갖는 이러한 속성은 역설적이게도 비영리조직이 자원을 더 필요로 할 바로 그 시점에 발생한다는 점이다. 즉 기업은 불경기에 직면하게 되면 자선과 관련된 지출을 우선하여 축소하기 때문이다. 어떤 기업재단은 지속성을 갖고 유지되기도 하고 어떤 기업재단은 아예 사라져 버리기도 하듯이, 기업의 필란트로피의 모습은 변화를 거듭하고 있다. 기업의 경쟁적 상황과 위치에 따라 기업 필란트로피의 모습이 만들어진다는 사실은 필란트로피 활동의 방식과 그것이 갖는 독특한 성격을 규정한다.

시장을 사이에 두고 기업들 간의 경쟁과 이에 결부된 독특함 때문에 기업재단은 **인구생태학**(population ecology)*적 모델과 접근법을 통해 이해될 수 있다. 인구생태학은 조직군의 발전을 대상으로 하며 조직 역학에서 작동하는 자연선택 혹은 자연도태의 역할에 주목한다. 생태적 관점에서 조직은 자신의 환경에 합리적이고 빠른 적응을 극대화할 수 있는 능력을 갖추고 있지 못하며, 오히려 강한 환경적인 힘에 맞닥뜨리게 되면 표준적 운영 절차에 의지하면서 정보를 수집하고 이를 소화하는 능력은 제한된다. 조직의 타성과 관성은 변화에 따른 새로운 환경적 요구를 충족할 정도의 빠른 반응을 불가능하게 한다. 따라서 조직은 끊임없는 환경적 도전의 흐름에 적합한 해결책을 모색할 수 없게 되고 외부의 강력한 힘은 이의 적응에도 불리하게 작용한다. 즉, 변화한다는 것은 정착된 절차와 규모의 경제를 통해 얻은 기업의 경쟁적 지위를 약화할 수도 있으며 결과적으로 비효율성을 만들어 낸다. 더구나 새롭게 뭔가를 한다는 것은 책임을 수반하게 되고, 이는 격변하는 상황에서 변화를 더욱더 어렵게 만든다. 이런 이유로 해서 조직군 혹은 조직집단은 흔히 환경적 요구에 의한 선택과 도태의 압력에 직면하게 되고 이런 상황에 직면하게 되면 무력해질 수밖에 없다.

기업재단이 영구기금을 보유하고 있지 못하다는 사실은 필란트로피라는 행위와 경제적 상황 및 흐름 사이에 완충지대가 없어졌다는 것을 의미한다. 기업재단은 경제적 여건의 변화에 민감할 뿐만 아니라, 모기업의 이해관계에도 민감할 수밖에 없다. 기업재단은 임의적인 방식으로 기부를 하지도 않고 할 수도 없다. 즉 모든 지원금은 비록 상대적으

* **역주** 조직변동은 외부 환경의 선택으로 좌우된다고 보고, 환경에 가장 잘 적응하는 방향으로 변해간다는 이론이다. 즉, 동질적인 조직들의 집합인 조직군의 생성과 소멸 과정에 초점을 두어, 조직 구조는 환경과의 적합도 수준에 따라 도태되거나 선택된다는 이론적 관점이다. 조직 구조에 일단 변이(variation)가 발생하면, 환경과의 적합도 수준에 따라 환경 적소(environmental niche)로부터 도태되거나 선택(selection)되며, 그 환경 속에서 제도화되어 보존(retention)된다고 설명한다. '조직군생태학,' '조직생태학,' '조직적 인구통계학,' '조직인구생태학'이라고도 한다(출처: 네이버 지식백과, 위키백과).

로 작다고 하더라도 도구적 가치(instrumental value)를 갖는다. 과거 수십 년 동안 기업 필란트로피가 성장해 온 것은 사업을 하는 지역사회에 무엇인가를 환원하는 것이 괜찮은 비즈니스라는 판단의 산물이라 할 수 있다. 사실상 기업재단은 사업의 안정과 성장을 위한 기부가 어느 정도 성과를 거두었는지 알기 위해 투자하기도 한다. 예를 들어, 다우케미컬 기업재단Dow Chemical Company Foundation은 필란트로피에 대한 광범위한 관심을 두고, 소수자를 위한 과학교육의 발전을 위해 많은 돈을 지출한다. 다우장학금을 받은 학생들은 인턴으로 일을 하고 졸업 후 그곳에 취직한다. 그렇지만 대개 기업의 자기 이익 실현은 흔히 지정학적인 것에 많은 영향을 받는다. 즉 우호적 관계 개선 및 좋은 기업시민으로 보이고자 하는 단순한 목표를 갖고 사업활동을 하는 도시나 지역에 집중적인 지원을 하는 것이 주된 흐름이다.

기부자가 기업 혹은 사업적 이해가 충분히 존재할 때만 기업재단을 활용하는 것이 바람직한가라는 의문이 개인 기부자에게 생길 수 있다. 기업은 기업재단을 통해 지역사회에서 기업의 지위와 평판을 확장해 갈 수 있다. 그렇지만 개인 기부자에게는 그렇지 못하다. 이런 이유 때문에 기업 기부프로그램이 개인적 필란트로피의 또 다른 형태로서 대체된다기보다는 오히려 자선적인 자극과 반응을 일으키는 통로로서 추가적인 수단이 될 수 있다.

▪ 사립재단

사립(private foundation) 혹은 독립재단이 갖는 가장 큰 특징 중의 하나는 자신을 둘러싼 환경에 상관없이 생존하면서 자신의 임무를 수행할 수 있다는 점이다. 애당초 영구기금을 갖고 있어 추가적인 기금이나 모금을 위해 노력하지 않아도 되기 때문에 사립재단은 상당한 수준의 독립성을 가질 수 있다. 사립재단은 또한 필요 자원을 구하기 위해 외부에 의존적이지도 않으며, 생존을 위한 틈새나 적소(niche)를 찾아야 한다는 과도한 경쟁 압력에도 좌우되지 않는다. 오히려 그런 독립적 성격과 위치를 통해 사립재단은 공공부문이나 시장부문이 할 수 없는 실험적 시도를 해 볼 수 있다. 이런 사립재단의 행위를 규정하는 것은 무엇일까? 조직적 형태의 요소를 정의하는 것은 어떤 것일까? 그것은 바로 **정당성**(legitimacy)에 대한 열망 그리고 미국 사립재단의 핵심적 특징이라 할 수 있는 확고한 **프로페셔널리즘**(professionalism)의 출현이다. 이들 특징을 이해하는 도구 중 하나가 조직 분석과 관련된 '**신제도주의**'(new institutionalism)다.

신제도주의는 조직 분석을 위한 빅텐트로서 이론적, 방법론적 그리고 실질적인 관심의 광범위한 공간을 제공한다. 제도를 둘러싼 각각의 주장은 많은 차이가 있기는 하지만 중심적 이슈와 주제가 존재하며 공통적 접근방법을 취하게 한다. 넓은 의미에서 제도주의는 외부적 힘으로 조직이 추동되며, 이를 통해 자신을 정당화하고 자신의 영역을 전문화하며, 다른 조직을 복제한다는 점을 강조한다. 정당성, 만족감을 주는 행동, 상징 등을 강조함으로써, 제도주의는 그것의 경쟁이론이라 할 수 있는 '거래비용경제학'(transaction costs economics), '인구생태론'(population ecology), '자원의존이론'(resource-dependence theory) 등과는 상당한 차이가 있다. 신제도주의는 조직의 형태를 규정하는 외부의 강제적 힘이 갖는 역할을 강조한다. 조직이 정당화된 절차와 행동을 따르게 하는 강제적 힘은 규제, 허가, 인증 에이전시와 같은 국가와 연계된 외부 원인에게서 온다. 사회 일반 영역이나 분야에서 활동하는 소수의 조직이 새로운 절차와 실천을 하게 되면, 주변의 유사 조직들은 자신을 둘러싼 주변 환경과의 충돌을 될 수 있는 대로 피하면서 쉽게 적응하고자 한다. 따라서 새로운 행동 방식은 주변으로 널리 퍼지게 된다. 이렇듯 순응력과 정당성에 대한 욕구는 부문 내에 '동형화'(isomorphism)와 '동질화'(homogenization)라는 결과를 낳는다. 통상적으로 상징과 정당성에 대한 강조를 특징으로 하는 신제도주의는 효용의 극대화를 강조하는 합리적 행동론(rational action theory)에 대한 전면적이면서도 급진적인 거부를 표현한 것으로서 묘사됐다.

사립재단은 오랫동안 신제도주의가 표방한 상징적이며 의식을 존중하는 행위와 관련된 많은 면모를 보여줘 왔다. 대규모 사립재단은 재정회계시스템, 지원프로그램에 대한 구조화된 평가와 함께, 재단이 책무성을 갖고 잘 경영되고 있다는 점을 보여주기 위해 내부 운영 관리체계 등을 개발하고 발전시켜 왔다. 이들 대부분은 실제적인 경영적 필요에 대한 충족은 물론, 일반 대중의 지지와 정당성이 필요하다는 사실을 방증하는 것이고, 아울러 이를 확보하기 위한 행위다. 사실상 필란트로피란 놀랄 정도로 단순한 행동, 즉 이들 기관이 면세의 지위를 누릴 만한 가치가 있다는 사실을 표출하기 위해 재단이 추동하고 그럼으로써 복잡해진 행위란 의미이기도 하다. 따라서 대다수의 재단 내부에는 내부 경영 행위와 조직의 의도된 목표 사이에 분절화는 심각하다. 많은 경우, 지원 결정과 재정 운영 전략과 관련하여 통제와 관리운영의 장치가 층층이 마련되어 있고, 이를 통해 재단은 정당성과 대중의 신뢰를 확보하고 유지하고자 한다. 그렇지만 이는 역설적이다. 즉 정부와 기업 부문 모두에게 부담을 줬던 제한과 규제로부터의 자유, 바로 그 자유가 사적 필란트로피가 갖는 가장 오래된 타당한 이유 중 하나라고 한다면, 이는 역설적인 자기 발전의 모습이라고 할 수 있기 때문이다.

필란트로피 부문에서 **관료제**(bureaucracy)는 안전한 결정과 타협을 만들어 내고자 하는 또 다른 흐름이다. 결정이 검토되고 또다시 검토되는 과정이 반복됨에 따라 극히 논쟁적이고 위험성이 있다고 판단되는 지원신청서는 거부된다. 따라서 궁극적으로는 결정의 최종단계에 이르러 어떤 누구도 반대 의견을 피력할 수 없을 정도로 걸러지고 또 걸러지게 된다. 관료제적 구조를 통한 이런 식의 모든 결정 또한 역설적이다. 왜냐하면 필란트로피란 전통적으로 혁신적이고 실험적인 성격을 갖고 있고, 이런 이유로 남들이 하지 않는 사회적 문제 해결을 위해 흔쾌히 지원하고자 하는 바로 이점에 대해 스스로 자부심을 느끼고 있기 때문이다.

시간의 경과와 함께 관료화와 전문화는 대부분의 미국 대규모 사립재단에 큰 영향을 미치게 되었다. 특히 지난 20여 년 동안 이러한 흐름은 중소규모 재단에도 널리 그리고 빠르게 퍼졌다. 대규모 재단 가운데 30억 달러 이상의 자산규모를 가진 맥아더재단MacArthur Foundation도 구조 전환과 전문화를 경험해 왔다. 재단 설립 이후 첫 20년 동안에 맥아더의 경영관리 스텝의 수는 기하급수적으로 증가했다. 존 맥아더John D. MacArthur 사망 후 그의 재산이 재단에 유증되었을 때 재단 운영을 위해 극소수의 스텝만이 채용되었다. 이사회는 지원과 관련된 결정을 내렸으며, 스텝들은 문서 및 서류작업과 수표 발행 업무만을 진행했다. 그러나 시간이 흐름에 따라 재단은 200여 명의 직원을 고용한 대규모 조직으로 성장했고 시내에 대규모 오피스빌딩을 소유함은 물론, 대기업에서나 볼 수 있는 각종 기술집약적인 고급 편의시설을 갖추고 있었다. 맥아더재단의 운영관리비, 특히 스텝들의 급여는 매우 높았고, 따라서 많은 자원이 원래의 목적인 자선 부문에 제대로 사용되지 않는다는 점에서 비판의 대상이 되곤 했다. 그렇지만 맥아더재단을 포함한 여타 대규모 사립재단들은 기부금조성과 배분을 위해 전문 스텝들로 구성된 다층적 구조를 구축해 갔다. 이를 통해 그들의 결정이 이사회의 이해관계와 주관적 가치보다는 전문 스텝들에 의해 공정하게 이뤄진다는 사실을 외부에 강조할 수 있었고 아울러 자기 자신을 정당화하는 데도 성공적이었다.

신제도주의의 중심적 원리 대부분은 사립재단에 별 어려움 없이 분명하게 적용할 수 있다. 즉 **조직의 핵심적 이슈로서 정당성에 대한 보상, 구조적 분절화에 대한 강조, 부문 내 동형화의 경향** 등을 들 수 있다. 모든 조직 행동을 의도적인 것보다는 상징적인 것으로 간주한다는 점에서 제도주의가 비판받기도 하지만, 사립재단의 행위 및 실천, 구조를 이해하는 데 여전히 훌륭한 이론이자 도구임은 틀림없다. 영원히 자원 의존적일 수 없는 조직 형태의 하나로서 사립재단은 영구적 기금이 부여하는 자유를 만끽하면서, 뭔가를 성취해야만 한다는 외부 압력으로부터 방어할 수 있는 완충지대를 누리고 있다.

연계이론

지금까지 필란트로피의 네 가지 형태와 기능을 조직 행동에 대한 네 가지 고전적 설명과 관련지어 설명해 왔다. 이들 접근법은 각각의 핵심적 조직 특징에 기초를 두기는 하지만 조직 형태 간에 어떻게 연관이 이뤄져 있는지는 불명확하다. 재단의 네 가지 유형은 사명이나 구조에서 실제로 서로 다르게 보일지도 모르지만, 실제 수많은 유사성이 존재한다. 서로 다른 조직 형태에 대한 각각의 경쟁적 이론이 갖는 해석적 가치를 제대로 보지 못한다는 점에서 특정 조직 형태에 대한 이론이 갖는 연관성은 제한적이다. 예를 들면, 지역재단은 지역사회 구성원과 기부자로부터 자원을 끌어모을 필요가 있다는 점에서 '자원의존론'은 지역재단이 갖는 대부분의 핵심적 가정을 잘 반영한다. 그러나 지역재단은 영구기금이 자신에 대한 지역구성원들의 인식, 즉 지역사회의 관심과 이해를 얼마나 충족시키고 있는지에 달려 있다는 점에서 '정당성'의 확보가 또한 필요하다. 이와 동시에 동일지역에 존재하는 지역재단은 필란트로피가 갖는 '틈새(시장)와 적소'를 둘러싸고 경쟁 관계에 갇힐 수밖에 없는 것처럼 보인다. 따라서 지역재단은 각기 서로 다른 기부자 인구 표적 집단에 대해 다양한 방법으로 자신의 사명을 정의하고 모금과 기부금을 증가시켜 나간다. 물론 조직 형태 간의 또 다른 유사점이 도출될 수도 있다.

조직이론과 필란트로피를 병치해 놓는 것이 조직화한 기부의 진화에 관한 역사적 연구가 왜 과잉 생산되었는지를 설명하는 손쉬운 방법일 수 있다. 많은 연구자가 왜 사립재단과 운영재단이 세기 전환기에 만들어졌는지, 그 이후 바로 필란트로피 중요 행위자로서 기업재단과 지역재단이 왜 출현하게 되었는지에 대해 신뢰할 만한 설명을 해 왔다. 그러나 역사적 사실이라는 의미에서 이들 설명이 얼마나 구체적인가와 상관없이 그림 일부분만을 밝히고 해명하는 데는 성공적이었다. 왜냐하면, 필란트로피와 관련된 조직 형태의 출현과 확산이 단지 사회적 힘 혹은 사건의 수렴반으로 추동되어 오지는 않았기 때문이다. 따라서 시간의 흐름에 따른 조직적 형태의 지속과 관련된 역사가들의 설명과 해석으로는 충분하지 않다. **필란트로피와 관련된 네 가지 주요형태는 내부 경영의 도전과 외부의 요구에 대한 각기 서로 다른 전략적 반응을 보여주는 것이라는 사실, 그리고 이러한 이유로 이들 네 가지 형태가 나타났고 그 형태가 지속되고 있음을 조직이론을 통해 설명**하고자 하는 것이다.

필란트로피의 네 가지 주요형태는 단순히 역사적 요인의 수렴 때문에 출현한 것이 아니라, 각각의 형태가 하나의 전략적 선택을 나타내는 것이기 때문에 출현해 왔다. 이러한 선택은 필란트로피에 대한 기부자의 의도나 자원의 정도에 따라 강하게 혹은 약하게 표출되었다. 기부자의 가용 자원의 양, 그리고 의도의 깊이와 폭에 따라 서로 다른 길을 선택해 왔다. 이름을 남기고자 하지만 필란트로피와 관련된 의도가 분명하지 않다면 대부분은 사립재단의 설립을 선택해 왔다. 그렇지만 사립재단을 설립할 정도의 자원이 안 된다면 지역재단에 기부하는 방법을 선택했다. 기부자의 자선적 의도와 목적이 잘 정립되어 있고 재단의 운영 프로그램을 통해 이를 가장 잘 실천할 수 있는 경우라면 운영재단을 설립, 운영했다. 기부자로서 실천적 행위를 하고자 하는 기업은 개인 기부자와 같은 전략적 이유를 갖고 기업재단을 설립했다. 즉 일정 규모의 수준과 안정이 확보된 연후에는 임시적인 기부프로그램을 운영하기보다는 재단을 설립하는 방법을 선택하게 되었다.

앞서 언급한 대로 네 가지 서로 다른 조직적 형태는 다양한 외부 환경의 영향과 내부 경영의 도전에 관한 대응이라 할 수 있으며, 이들이 갖는 대응 능력이 장기적인 생존을 가능하게 한다. 특히 핵심 기부자가 자신의 필란트로피와 관련하여 장기적 비전을 갖고 있고 이를 실천하기 위해 상당한 정도의 자원을 재단에 지속해서 기부한다는 전제가 있다면, 장기적 생존력은 더욱더 확실하게 확보될 수 있을 것이다. 왜냐하면, 기부자가 자신의 다양한 자선적 의도를 실천에 옮기기 위한 수단을 찾고 있을 때 네 가지 주요 필란트로피 실천 방식의 존재는 실현 가능한 조직적 차원의 해결책이 항상 존재한다는 것을 확실하게 담보하는 것이기 때문이다. 결국, **주요 실천 방식과 형태의 선택은 기부자의 우선순위와 필요에 기초하며, 추구하고자 하는 전략적 방향에 어울리는 조직 구조를 갖춰야** 할 것이다.

또 다른 형태의 수단

▪ 가족재단

네 가지 주요형태 중 가장 일반적인 것은 가족재단(family foundation)이다. 두 가지 점만을 제외하면 사립재단과 거의 같은 모습을 띤다. 즉 **가족 구성원에 의해 운영 관리되고 통제된다는 점과 재단의 목적에 기부금조성과 함께 가족 단위의 기부를 통해 가치를 정립하고 세대 간 이를 전승한다는 점**이 그것이다. 가족 구성원의 후손이 이사진의 다수를 차지함으로써 재단을 관리하고 통제한다고 가족재단을 가장 간단하게 정의할 수는 있지만, 독립재단(independent foundation)과 가족재단 간의 경계는 모호하다. 이런 기초적인 특징을 넘어 가족재단 간에도 상당히 많은 변이가 존재한다. 즉 뉴욕시의 스르드나재단Surdna Foundation('Surdna'는 'Andrus'를 거꾸로 읽은 것임)과 같이 앤드러스 가족에 의해 지배되고 있지만, 전문화된 스텝들이 고용되고 이들을 통해 전문적으로 운영되는 재단이 있는가 하면, 특정 스텝들 없이 친인척들이 모여 사회적 이슈와 목적을 함께 논의하면서 비공식적으로 운영하는 가족재단도 존재한다. 가족재단과 관련된 많은 논쟁점 중 하나는 재단을 통해 친인척들이 모여 함께 이야기하고 함께 뭔가를 도모하는 동시에, 서비스와 너그러움의 가치를 배우고 가르치기도 한다는 점이다. 따라서 가족재단은 차이를 연결하는 다리로서, 돈에 대해 교훈과 가르침을 주는 존재로서, 그리고 젊은 후손들에게 사회적 양심을 갖게 하는 수단으로서 기부자들에게 매력적인 모습으로 다가간다.

그렇지만 필란트로피를 통해 뭔가를 배우고자 하는 가족 단위 계획이 항상 실현되는 것은 아니다. J. M. 카플란Kaplan은 필란트로피에 대한 경험이 일천한 상태에서 J. M. 카플란기금Kaplan Fund을 설립했다. 그는 자수성가한 기업인으로 웰치Welch라는 포도 주스 기업을 통해 1억 달러 이상의 재산을 축적했다. 카플란은 록펠러 가문을 높게 칭송했지만, 그의 자손들에 따르면 자신의 재단을 통해 그가 반드시 추구하고자 하는 분명한 이상이나 이념 같은 것은 갖고 있지 않았다. 재산 집행인이었던 그의 손자 매트 데이비슨Matt Davidson의 말을 빌리자면, 만일 누군가가 할아버지에게 다가와 이야기를 나누고 그의 마음에 들게 되면 지원을 주저하지 않았다는 것이다. 카플란의 기부는 즉흥적이라고 할 정도로 매우 직접적인 반응을 보였으며, 필란트로피에 대한 정의나 이를 집행하기 위한 프로그램은 존재하지 않았다. 카플란의 자식과 손주들은 기금 이사회에 속해 있기는 했지만 위약한 관리 통제 구조와 불분명한 권한으로 인해 여러모로 불편해했다. 카플란 사후, 기금의 상속자들이 뉴욕에서 벗어나 다른 곳으로 이주하게 되고, 기존의 것과는 상반된 다양한 목적과 대의에 관심을 두게 됨에 따라 함께하는 것이 점차 어려워지게 되었다.

J. M. 카플란이 1977년 지원프로그램 운영에서 손을 떼면서 그 권한을 네 자녀 중 한 사람인 죤 데이비슨Joan Davidson이 물려받았다. 그녀는 살기 좋은 뉴욕시를 위한 장기적인 약속을 했고, 카플란기금은 뉴욕시의 사적 보존, 공원과 예술에 대한 지원 등 특별한 기획으로 널리 알려지게 되었다. 이러한 죤의 강한 리더십은 카플란의 자녀들 사이에 분란을 가져왔다. 일부 형제는 죤이 주 정부에서 사직한 이후 그녀를 달래주기 위해 카플란이 자리를 만들었다고 불만을 토로하기도 했다. 죤의 세 형제자매가 이사진에 포함되기는 했지만, 그녀의 결정을 추인하는 정도로 그 역할은 축소되어 있었다. 또한, 카플란의 또 다른 세대인 손주 세대가 함께하면서 가족 통합이라는 목적은 더욱더 약화되었다. 카플란기금의 미션은 처음부터 불명확했다. 설상가상으로 카플란

이 죽음에 가까워졌을 때 그는 기금에 대해 상반된 견해를 표출하곤 했다. 어떤 때는 10년 이내에 기금을 해산할 것이라 하기도 하고, 또 어떤 때는 가족의 조화와 통합을 위해 재단은 영원히 존속할 것이라고 사람들에게 말하곤 했다. 1987년 카플란이 사망한 후 재단은 해체 절차를 밟기 시작했다. 데이비슨도 그녀의 역할을 포기했으며, 전문가들은 재단을 원상태로 돌리는 데 힘을 합했다.

분열은 극복하기 어렵다. 이사진은 궁극적으로 두 그룹으로 나뉘었다. 한 그룹은 J. M. 카플란의 네 자녀로 이뤄졌고 총 지원예산의 35%를 자신들의 책임 아래 둠으로써 각각은 매년 45만 달러를 맡아서 지원 결정을 했다. 나머지 한 그룹은 카플란 상속자 중 두 번째 세대로 이뤄졌다. 합의로 지원을 결정했으며 각각은 이사진 제안 지원금으로 2만 5천 달러까지 지원 결정을 내릴 수 있었다. 만일 기금에 대해 기부자로서의 카플란의 의도가 상속자들의 공동 작업을 위한 관계를 증진하고 가족 연대 및 통합을 강화하기 위한 것이었다면, 그것은 처음부터 희망을 품을 수 없는 실패작이었다. 왜냐하면, 상속자들의 첫 번째 그룹은 항시 분절적이었고, 네 자녀에게 각기 배분할 수 있는 자원을 나눠 줌으로써 통합을 이루는 데 궁극적으로는 실패할 수밖에 없었기 때문이다. 그다음 세대인 손주 세대는 연간 예산을 여덟 개의 방법으로 나눈다고 단순하게 생각했다. 그렇지만, 궁극적으로는 살기 좋은 뉴욕시라고 하는 재단의 핵심 분야에 대한 재단 스텝의 해석에 먼저 주목하면서, 재단 스텝에 의해 선도된 그리고 합의에 기초한 지원이 되기 위해 개별적 지원에 반대했다. 일관성을 위해 자신의 특별한 관심을 포기할 줄 아는 이들 그룹의 역량은 전문적인 기부금조성, 즉 전문가적인 지원정책의 승리로 간주할 수 있다. 그러나 그것은 젊은 세대 사이에 통상적인 무관심을 초래하는 것이기도 했다. 이들 그룹은 초점과 임팩트라는 이름으로 사적인 열정을 포기했고, 개인적인 약속과 신념에 따라 필란트로피를 활용할 수 있는 능력과 기회도 포기했다. 결국, 기금은 신뢰할 수 있는 프로그램을 보유하고는 있었지만, 기금 이사진 중 누구도 그것에 관심을 두지는 않았다. 스텝들이 더 많은 책임을 갖게 됨으로써 일부 이사진은 참여하는 데 관심을 잃게 되고 그 과정 또한 자신의 손을 떠났다고 생각하게 되었다.

가족 필란트로피로서의 카플란기금의 경험은 교훈적이다. 왜냐하면, 사적인 가치와 공공의 목적 사이에 존재하는 지속적인 긴장 관계를 강조해 보여주기 때문이다. 한 사람의 가치를 표현할 수 있는 것, 행할 수 있는 것은 기부자 만족에 중요한 요소다. 이것이 바로 카플란의 첫 번째 세대, 즉 자녀세대가 행하고자 선택했었던 것이고, 비록 공동 임팩트와 기부의 중요성이 분명해 보이지는 않았지만 네 명의 모든 구성원이 매우 만족했던 것처럼 보였다. 두 번째 세대, 즉 손주 세대는 필란트로피 등식의 또 다른 반, 즉 의미 있는 공공 목적의 질서정연한 추구에 초점을 맞췄다. 젊은 세대의 카플란들은 앞선 세대가 부분적으로 경험한 것과 같은 수준의 만족감을 느끼지 못했다. 왜냐하면, 그들은 자신들 그룹의 기부에 대한 체계와 질서, 초점, 프로페셔널리즘을 성취하기 위해 자신의 개인적 관심과 열정을 기꺼이 승화시켰기 때문이다. 카플란 가족의 경험에서 보듯이, 즉 가족 차원의 동학과 이슈에 책임감 있는 기부의 방법과 같은 논쟁적 이슈가 추가될 때처럼, 개인적인 가치와 공공의 목적 사이에서 전략적인 적합성을 찾기란 쉽지 않은 일일 수도 있다. 그러나 가족재단은 아직도 기부자가 고려해 볼 만한 유용한 수단 중에 하나다.

▪ 연합모금과 배분

연합모금(federation)과 배분은 기부를 실천에 옮기고자 하는 기부자를 위해 또 다른 선택지를 제공한다. 어떤 대의를 지원할 것인지에 대해 도움이 필요한 기부자에게 유나이티드웨이United Way와 같이 대중적인 것에서부터 유대인연합Jewish Federation과 같이 매우 종교적인 것에 이르기까지 그 선택지는 아주 다양하지만, 노력이 그렇게 필요하지 않은 옵션이다. 통상적으로 연합적인 형태는 다양한 캠페인을 통해 기부자에게 다가가거나 모금한 돈을 가치 있는 대의나 기관에 배분한다는 명분을 갖고 기부를 독려한다. **돈을 한데 모으면 더 큰 임팩트를 줄 수 있고 전문가를 통한 지원대상기관의 선택은 더 큰 편익을 지역사회에 가져다줄 수 있다는 주장이 연합기부 모델의 핵심**을 이룬다. 연합모금과 배분은 또한 기부자들 사이에 연대의 느낌을 느낄 수 있게 하며, 직장 중심의 모금을 하는 유나이티드웨이가 전형적인 모델이라 할 수 있다. 이를 통해 기부는 규범이 되고, 그룹 간의 선의의 경쟁을 통해 누가 특정 연합모금 캠페인에 가장 많은 기부를 했는지 알 수 있게 한다.

이렇듯 단순한 수단과 방법은 소액 기부자에게 매력적으로 다가갈 수 있게 했지만, 거액기부자에게는 기부를 여과하는 연합기관으로서 이러한 매개조직의 필요성에 대해 의문을 갖게 하였다. 최근 이들 기관은 거액기부자에게 다가설 때 다소 어려움을 겪고 있다. 중간 매개자를 배제하고자 하는 전반적인 흐름이 금융 산업 전체를 휩쓸고 지나갔고, 수많은 사람에게 직접 자신의 투자를 스스로 관리하고 통제하게끔 했다. 이러한 경향은 필란트로피 세계에도 예외는 아니었다. 특히 자금유용 스캔들로 어려운 시기를 겪었던 유나이티드웨이는 기부자들의 신뢰를 회복하기 위해, 그리고 다시 조직의 안정을 되찾기 위해 분투하고 있다. 그렇지만 결과적으로는 이런 연합적인 형태는 더는 젊은 기부자들에게 자신의 기부를 맡길 만한 논리적이고 필수적인 수단으로 인식되지는 않는다. 새로운 세대의 기부자들은 전문적인 지식을 요구하는 동시에, 필란트로피 실천 및 결정과 관련하여 좀 더 많은 관심은 물론, 직접적 개입을 원하게 되었다.

- **기부펀드**

기부자에게 열려있는 가장 새로운 방법의 하나는 대규모 뮤추얼펀드(mutual fund)의 상품으로, 고객의 투자 욕구는 물론 그들이 갖는 필란트로피 수요도 충족시키고자 노력해 왔다. 이들은 필란트로피 관련 펀드가 뮤추얼펀드 계좌에서 가족재단 혹은 지역재단 계좌로 이동되는 것을 보고 한가하게 앉아 있지는 않았다. 몇몇 대규모 회사는 자신의 자선기관을 설립하고 지역재단과 유사한 활동을 하면서 수수료, 특히 각종 관련 규제를 없애고 서류 절차를 축소했다. 기부펀드는 단기간 내에 많은 부자로부터 집중적인 관심을 받았는데 그 이유는 지원 결정에서 기부자가 스스로 결정권을 갖고자 하는 열망에 직접 반응했기 때문이다. 기부펀드는 기부자가 제안한 기관을 정해 면세 지위를 확인하고 기부자가 정한 액수만큼 지원금을 지급했다. 이들 펀드는 지역재단보다 적은 비용으로 운영되었고 이러한 경쟁력은 지역재단 계에는 위기와 우려로 다가왔다. 많은 점에서 기부펀드는 일부 기부자들이 원하는 효율적인 필란트로피에 대한 열망을 분명하게 반영하는 것이었다. 이는 기부의 그 자체라기보다는 방법이 쟁점이 되었다. 기부펀드는 또한 핵심적인 의사결정권자와 전략가로서 고객이자 소비자에게 스스로 결정할 수 있는 권한을 부여하고 중간 거래 참여자를 배제하고자 하는 금융서비스 산업의 폭넓은 동향을 반영하는 것이었다. 지역재단은 이런 새로운 수단과 방법의 출현을 따뜻하게 맞이할 수만은 없었다. 사실상 몇 년 동안 지역재단의 리더들은 이들 펀드를 폐쇄하기 위해 대중매체를 통해 방어활동을 하거나 로비활동을 전개해 나갔다. 기존의 지역재단이 위협을 느꼈던 이유는 이들이 비영리조직이 아니라거나 기부자추천 펀드를 운용하고 있다는 사실이 아니라, 이들 금융서비스 회사가 제공하는 낮은 비용이었다. 사실상 '피델리티 인베스트먼트'Fidelity Investments* 의 비용을 토털서비스를 제공하는 지역재단과 비교했을 때 그 비교치가 지역재단에 유리하지만은 않았다. 수수료 이슈를 넘어 기부펀드가 새로운 부가가치를 창출한다는 사실을 지역재단 전문가들이 철저하게 부정했기 때문에 기부펀드는 위협적인 존재로서 자리매김하였다. 기부펀드는 또한 자신의 서비스가 스스로 기부 결정을 해야만 하는 기부자들에게는 훨씬 더 효율적인 해결책이라는 사실을 강조했다.

▪ 인터넷재단

기부금의 배분을 위해 어떤 장소 혹은 조직에 자신의 돈을 일정 기간 묶어 두고 싶지 않은 기부자를 위해 자신이 원하는 대의에 직접 기부금을 전달할 수 있는 다양한 매개조직이 출현했다. 다양한 유형의 인터넷을 기반으로 하는 가상 재단의 출현이 그것으로, 기부자를 사회적 대의와 직접 연결해 주었다. 따라서 이런 유형의 기관은 주로 온라인으로 운영되며 그 사례로서 아프리카의 빈자의 문맹 퇴치와 삶의 기회 확대

---

* **역주** 1991년 '피델리티 채리터블 기프트 펀드'(Fidelity Charitable Gift Fund)의 출현은 상업적 금융서비스기관이 필란트로피와 관련된 서비스를 직접 고객에게 제공할 수 있다는 사실을 보여주는 계기가 되었다. 10여 년이 지나간 즈음에는 이들 상업적 기관이 필란트로피 관련 서비스와 상품의 중요 공급자가 될 수 있음을 증명하기도 했으며, 이러한 변화는 지역재단의 숫자와 자산규모를 증가시키는 한편, 지역재단 스스로 조직의 효율성과 역량 강화, 수입 구조의 다변화에 많은 관심을 두게 하였다. 상업적 이유로 시작된 이들 '기프트펀드'(gift fund)는 일정 시간이 지난 후, 대부분 지역재단에도 주요한 기금 모금의 수단이 되기도 했다. 우리나라도 2015년 3월 '공익신탁법'이 시행됨에 따라 은행과 같은 상업적 금융기관이 기부 시장에 적극적으로 진출하는 계기가 되었다. 구체적인 공익신탁 내용은 법무부 공익신탁 공시시스템 참조(http://www.trust.go.kr/introduction.do).

를 위한 케냐 마토페니Kenya, Matopeni의 '스쿨링 포 칠드런'Schooling for Children을 들 수 있다.

교육사업 기부자들은 '버추얼재단'Virtual Foundation을 통해 기부할 수 있는데 이를 통해 개인들은 환경, 건강, 지속 가능한 협력개발 분야의 풀뿌리 프로젝트에 대한 소규모 기부가 가능하다. 기부가 소규모이기는 하지만 이들이 없으면 불가능한 기부자와 비영리조직 사이를 연계할 수 있게 한다는 점에서 의미가 있다. '버추얼재단'은 전 세계를 대상으로 풀뿌리 환경단체를 위한 교육과 기술 지원을 하는 '에코로지아'ECOLOGIA, Ecologists Linked for Organizing Grassroots Initiatives and Action의 프로젝트 중 하나다. 에코로지아는 또한 지역 차원의 노력을 증진하기 위해 정보와 자원을 공유하고자 조직과 개인을 서로 연결하고, '버추얼재단'은 기부자들이 풀뿌리 환경보호주의를 위한 에코로지아 글로벌네트워크에 참여하여 이를 활용할 수 있게 한다. '버추얼재단'을 통해 지원을 받고자 하는 프로젝트는 재단에 프로젝트를 추천하는 지역 매개 조직(전 세계적으로 30개가 존재)의 승인을 우선 받아야 한다. 일단 '버추얼재단'이 프로젝트를 승인하게 되면 구체적인 내용과 예산이 웹사이트에 게재된다. 물론 최종적인 선발 및 결정 과정은 이를 지원하고자 하는 기부자가 하게 된다. 자신이 살고 있지 않은 다른 지역에 있는 지역사회조직에 소규모 지원을 하고자 하는 기부자들에게 '버추얼재단'은 이상적인 모델일 수 있다.

▪ 기부자 네트워크

'버추얼재단'이 전 세계에 걸친 소규모 프로젝트에 아주 작은 규모의 지원을 하지만, 아큐멘펀드Acumen Fund와 같은 그룹들은 훨씬 더 큰 규모의 지원을 한다. 아큐멘펀드는 벤처자본주의(venture capitalism)의 많은 원칙을 채택, 국제적 기부금조성에 적용한다. 즉 건강 및 보건 관련 기술,

경제협력개발, 수자원 등의 분야를 포함, 일련의 기부금 포트폴리오를 구성하고, 그중 하나에 10만 달러 정도를 기부하거나 혹은 '투자'하려는 파트너를 찾는다. 펀드는 우선 이들 분야의 전문가를 활용하여 지원 대상을 선발하되, 소그룹의 프로젝트 지원을 특징으로 한다. 이들 프로젝트는 불충분한 필요와 욕구를 충족하려고 하는지 아닌지를 포함, 일련의 기준을 충족해야 한다. 이 이외에도 광범위한 임팩트를 줄 수 있을 정도의 잠재력이 있는지, 이를 위한 혁신적 접근방법은 존재하는지, 아울러 강한 리더십, 그리고 장기간에 걸쳐 지속할 수 있도록 계획이 있는지 등의 기준이 적용된다. 이런 것들에는 아프리카에 내구성을 가진 항말라리아 침대 제공사업, 파키스탄에 적정 주택건설 및 공급사업, 인도에 관수, 관개 시스템 구축사업과 같은 것이 포함된다. 펀드 기부자들은 자신이 선택한 프로젝트의 진행 경과에 대한 주기적으로 업데이트된 정보를 받게 되고, 특별한 일이 있게 되면 이에 대한 접근권과 아울러 현장을 방문할 기회가 부여된다. 이러한 서비스를 제공하기 위해 기부자는 자신이 낸 총액의 10%를 수수료로 지급한다. 따라서 아큐멘펀드는 버추얼재단의 특징은 물론, 지역재단 및 회원조직의 특징을 모두 갖는다고 할 수 있다.

기부자들이 자신의 필란트로피 실천에 대한 전문적인 자문을 구하기 위해 함께하지는 않는다. 때때로 마음속에 좀 더 광범위한 목적을 품고 필란트로피와 관련된 접점을 찾고자 한다. '마마캐쉬'Mama Cash라는 다중적 목적을 갖는 단체는 전 세계에 걸쳐 여성의 권리와 기회를 확장하고 보호하는 것을 목적으로 네덜란드에서 설립되었다. 개인과 재단의 지원과 함께 이들 그룹은 여성 선도적인 프로젝트에 투자한다. 예를 들면, 폭력으로부터 여성 보호, 여성 예술활동 장려, 경제적 평등 지원, 동성애 혐오에 대한 투쟁, 평화운동 등의 분야에서 많은 활동을 전개한다. 1987년 다섯 명의 여성이 모여 급진적 지원기관으로서 첫 출발을 알렸다. '상속여성들'Women with Inherited Wealth이라 불린 '원마마캐쉬 이니시어티브'One Mama Cash Initiative는 네덜란드의 상속여성들의 네트워크로서 번 돈과 상속받은 돈은 같지 않다는 것, 그래서 상속재산에는 항상 조건이 붙어 다닌다는 것을 자신들의 운영상 전제로 삼았다. 이 조직은 이러한 한계를 극복하기 위해 남성 지배적이고 보수적인 금융 분야에서 여성들이 안전하게 활동할 수 있게끔 하는 것이 이들의 주된 목적이기도 했다. 이 네트워크의 목표는 여성의 자기 확신을 강화하는 것이었고, 이를 통해 자신의 상속재산에 대한 전적인 책임을 인식하게 하고 그럼으로써 이들이 자신의 상속재산을 사회적 책임을 다하는 데 사용하도록 독려했다. 기부자 교육이라는 이런 식의 접근방식은 여성이 필란트로피 실천과 그 결정을 하도록 돕는 것 이상의 것이라 할 수 있다. 따라서 여성이 돈을 다룰 때 내재적인 장애물과 맞닥뜨리게 되고 이런 상황에서 필란트로피는 자신의 가치와 삶의 지향을 탐색하는 도구가 될 수 있다는 가설이 '상속여성들'의 페미니스트적 관점의 전제가 된다.

또 다른 새로운 수단은 기부서클(giving circle)이다. 이를 통해 기부자들은 지역 클럽에 함께 모여 필란트로피를 실천해 가는 데 하나의 조직처럼 행동한다. 기부자들은 개인들 간의 사회적 유대 구축과정 속에 기부라는 행위가 깊이 새겨지기를 원한다는 믿음을 갖고 있으며, 이러한 것이 토대가 되어 기부서클이 만들어진다. 기부서클은 특히 필란트로피라는 여정을 시작할 때 동행자를 필요로 하는 기부자들에게는 매력적인 수단이다. 이러한 그룹은 지역사회 차원의 대의를 기초하며 이를 지원하는 지역구성원의 네트워크와 연합인 경우가 많다. 예를 들면, 보스턴에 있는 '헤스티아펀드'Hestia Fund는 펀드를 한곳에 모으고 가치 있는 프로젝트를 함께 찾아 나서고자 하는 여성 그룹이다. 5천 달러를 내는 40여 명의 회원으로 이뤄져 있는 이 그룹은 자신의 관심과 관련된 지역사회 자선단체와 함께 일을 한다. 통상적으로 사업이 보스턴 주변에서 이뤄지기 때문에 돈이 어떻게 사용되는지를 먼저 파악할 수 있다.

- **자선신탁**

한편으로는 수입을, 또 다른 한편으로는 상속세 절세를 하고자 하는 기부자는 그들 앞에 놓인 다양한 약정기부(planned giving) 옵션을 선택한다. 재클린 케네디 오나시스Jacqueline Kennedy Onassis가 세상을 떠났을 때 그녀 재산의 대부분은 자선을 목적으로 하는 신탁(charitable trust)으로 갔다. 이런 방법을 통해 그녀의 상속자들과 선택된 자선단체는 유증 재산의 상당 부분을 받을 수 있었다. 만일 그렇게 하지 않았다면 상속세로 내야만 했을 것이다. 그러나 자선신탁의 이점이 단지 화려하다든지 풍요롭다든지 하는 것만은 아니다. 즉 자선신탁은 한 개인이 현재나 훗날 자신의 재산에 모든 권리는 포기하지 않고 자신이 선호하는 자선단체에 실질적인 기부를 할 수 있게 한다. 따라서 자선신탁을 통해 자선단체에 확고부동한 미래의 기부를 할 수 있게 하는 것이고, 해당 기부에 대해서는 현재 시점에서 소득세 공제를 요구할 수도 있다.

통상적으로 자선신탁은 구체적이고 주체적인 재산 계획이자 자선 목적의 추구라는 특징을 갖는다. 자선신탁은 크게 '선순위 기부신탁'(charitable lead trust)과 '후순위 기부신탁'(charitable remainder trust)으로 대별할 수 있으며 이들의 메커니즘은 매우 간단하다. 우선 선순위 기부신탁의 경우, 정해진 기간 발생한 수입을 사전에 정한 비영리조직에 보낸다. 기간이 종료되면 다시 원래 기부자나 혹은 기부자가 미리 정한 수령인에게 돌아간다. 따라서 운영 원칙은 일정 기간 기부하고 훗날 남아 있는 재산에 대해서도 세금 혜택을 보는 것이라 할 수 있다. 따라서 선순위 기부신탁에서는 기부가 발생하는 즉시 기부자는 미래 소득에 대한 현재 가치로서 소득세 공제를 받을 수 있다. 그러나 매년 자선단체가 받는 수입 이자에 대해서는 과세가 된다. 기부자는 훗날 지정한 상속인에게 돌아갈 재산을 갖고 생전에 혹은 유언장을 통해 사후에 선순위 기부신탁을 설정할 수도 있다. 또 다른 옵션, 즉 후순위 자선신탁은 특정 기간, 통상적으로는 기부자가 생존하는 동안 신탁의 수입은 기부자에게 가지만, 이 기간이 종료되면 해당 재산을 지정한 자선단체에 귀속된다.

정렬과 적합성

오늘날 실천 가능한 필란트로피 수단은 다양하게 존재하며 이들 각각에 대해 평가하기를 원한다면, 기부자 자신이 추구하고자 하는 미션이 무엇인지, 기부의 타임프레임은 적절한지, 지원 스타일은 어떠한지 등에 대해 특별한 주의가 필요하다. 기부를 위한 적합한 구조를 선택하기 위해서는 전체적인 정렬(alignment)과 적합성(fit)을 염두에 두어야만 하며, 이를 위한 의식적인 노력 또한 필요하다. 아울러 적절한 필란트로피 실천 수단을 선택하는 일과 필란트로피의 방향이 일관성을 갖도록 하는 작업은 통합의 과정을 거칠 필요가 있다. 그렇지만 이러한 과정을 실행에 옮기기에 앞서 반드시 사전에 숙고할 사안이 있다.

이와 관련하여 고려해 볼 수 있는 한 가지 방법은 기부자 관심의 두 가지 차원, 그리고 필란트로피를 둘러싼 제도적 지형과 전망을 나열해 보는 것이다. 두 가지 차원이란 **기부자가 추구하고자 하는 사명의 특수성과 필란트로피를 위해 가용한 자원이 어느 정도인지** 그 규모를 말한다(〈그림

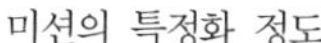

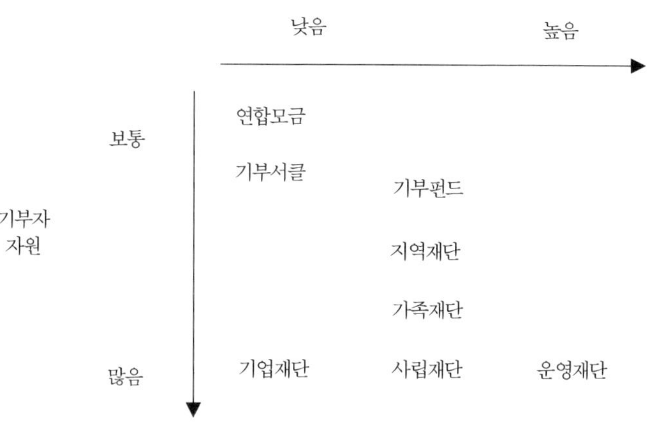

<그림 9> 개인 기부자를 위한 제도적 옵션

9) 참조). 물론 이러한 두 가지 차원은 기부자마다 매우 다르게 나타날 것이다.

기부자는 이들이 포괄하는 공간과 옵션을 확인해 가면서 수많은 도전에 직면하게 된다. **첫 번째 도전은 자신의 필란트로피 의도가 정적이라기보다는 동적**이란 데 있다. 사실상 기부자의 관심은 시간이 흐름에 따라 진화해 갈 가능성이 크다. 거액기부자의 대다수는 성공적인 비즈니스를 위해 대부분 시간과 노력을 기울여 왔을 뿐, 어떤 이슈와 대의가 자신의 열정을 촉발하는지에 대해 관심을 기울이기는 쉽지 않은 일이다. 한 기부자는 소프트웨어 스타트업에서 열심히 일했던 나머지, 자동지급기의 거래명세서를 보고 나서야 자신의 계좌에 6백만 달러가 있었다는 사실을 알게 되었고 이때의 놀라움을 즐겨 이야기하곤 한다. 그때까지 그는 돈을 벌고 있다는 사실을 알고는 있었지만, 그 규모에 대해서는 전혀 감각이 없었다. 돈의 양이 급격하게 증가함에 따라, 특히 회사를 매각하고 나서야 그는 돈의 생산적인 사용, 의미 있는 사용에 대해

깨닫기 시작했고, 그때부터 풀타임 필란트로피 실천가로서 자신의 새로운 삶을 살아왔다. 일부 기부자들은 돈을 벌면서 필란트로피에 대해 많은 것을 생각하기도 한다. 이들은 처음부터 강력한 의지와 의견을 갖고 있지만, 필란트로피 실천 경험을 통해 난해한 사회적 문제를 해결하고자 하는 현실이 점점 분명해지게 되면 급격히 관심을 잃게 된다. 이런 유형의 기부자들에게는 필란트로피의 초점과 관심이 단기간에 매우 명확한 곳에서 모호한 곳으로 이동할 수 있다. 이러한 자연스러운 변화가 갖는 문제는 그들을 혼란에 빠뜨려 필란트로피 실천을 위한 제도 혹은 수단의 선택을 어렵게 한다는 점이다. 그것은 근본적인 목적과 목표뿐만이 아니라, 기부자의 타임프레임일 수도, 기부자의 개인적인 스타일 문제일 수도, 아니면 이 이외의 또 다른 요인일 수도 있는 것이다.

수단과 필란트로피 목적 사이에 적합성과 정렬이라는 도전을 슬기롭게 헤쳐 나감으로써 기부자는 다중적인 여러 수단을 자신의 의지와 판단대로 선택할 수 있다. 사용의 편의성, 관리운영비, 자원 배분 등과 관련하여 고려할 내용이 있기는 하지만, 기부자가 간단하지 않은 자신의 관심과 욕구를 충족하려면 다중적인 여러 수단을 요구하고 경험할 수 있어야 한다. 따라서 기부자는 동료와 함께 학습과 네트워크 구축을 위해 기부서클에 참여할 수도 있고, 지역재단이나 가족재단에 기부자 추천 기금을 설정할 수도 있을 것이다. 혹은 기부자 자신이 이사진이나 스텝으로부터 조언을 받아 특정 분야를 지원하기 위해 사립재단을 설립할 수도 있다. 그뿐만 아니라, 기부자의 모교, 병원, 개인적인 특별한 의미가 있는 그룹과 같이 기부자가 잘 알고 선호하는 일련의 비영리조직을 지원하기 위해 금융중개기관에 기부펀드(gift fund)를 설정할 수 있다. 기부를 위한 수단 혹은 매개체는 오직 한 가지만을 선택하거나 요구된다기보다는 일련의 도구들이 조합을 이뤄 포트폴리오를 구성하는 것이 바람직할 수 있다.

그런데도 필란트로피 실천을 위한 수단 혹은 매개체와 관련된 한 가지 중요한 이슈, 특히 사립재단과 운영재단과 관련된 이슈가 제기된다. 이들 두 유형의 재단의 경우, 뭔가를 바꾼다는 것은 필란트로피 전체 프리즘을 구성하는 다른 어떤 요소들보다 쉽지 않을 수 있다. 설립 시 정해져 이미 보고된 사명을 변경하는 일은 전문적인 법률 자문과 주 당국의 승인 등 돈과 시간이 소비되는 일일 수 있다. 이러한 변경이 완료되었다 하더라도 사명을 재정의하는 일은 먼저 기존의 사명이 비현실적, 비효율적이며 성취할 수 없다는 사실을 보여줄 필요가 있다. 재단에 재원을 출연한 후, 자신의 의도를 보호하기 위한 안전장치로서 대부분 기부자는 자신의 영속적인 재단을 만들 때, 단기간에 성취하고자 하는 뛰어난 방향성과 해당 감각을 보유하고 있다고 하더라도 자신의 필란트로피 의도를 매우 광범위한 용어로 규정한다. 사명의 변경은 영속적인 재단을 어렵게 만든다. 이는 법률적인 어려움뿐만 아니라, 기존의 지원을 받는 기관의 향후 자격과 관련되는 이슈이니만큼, 관련 비영리조직 및 여타 이해관계자들을 설득해야 하는 중요한 문제이기도 하다. 재단 사명의 변경은 이득을 보는 자도, 잃는 자도 만들고 결국 불협화음을 만들어 낸다.

기부자 혹은 가족 또한 그들이 원하는 관여와 참여의 정도에 대한 생각을 바꿀 수도 있다. 시카고에 있는 대규모 제약회사인 기드온 다니엘 써얼Gideon Daniel Searle의 후손들은 '시카고지역신탁'*Chicago Community Trust을 고소했다. 이는 가족 명의로 된 2억 5천만 달러 규모의 기금에 대한

---

* **역주** '지역신탁'(community trust, http://cct.org/)이라는 명칭을 쓰지만, 시카고 지역의 '지역재단'(community foundation)이다. '뉴욕지역신탁'(New York Community Trust, http://www.nycommunitytrust.org/)도 마찬가지로 지역재단의 범주에 속한다.

더 많은 통제권을 확보함으로써 자신들이 원하는 대의를 실천하기 위함이었다. 그렇지만 이 기금의 출연자는 애당초 자신이 생각하는 필란트로피를 실천하기 위해서는 지역재단이 어울리며 적합한 선택이라고 생각했었다. 그러나 후손들은 그렇게 생각하지 않았다. 3년간의 법정 소송을 통해서라도 신탁한 기금의 사업에 가족들이 더 큰 결정권을 갖기를 원했고 실제로 이를 실행에 옮겼다. 또 다른 사례는 색다른 스타일이 적합할 수도 있다는 사실을 경험을 통해 알기 위해서는 기부자가 처음부터 필란트로피 실천에 깊게 관여해야만 한다는 믿음을 갖고 시작해 온 경우인데 이런 기부자를 위해 운영재단을 설립하게끔 하는 것, 즉 많은 것을 직접 관리하고 운영하게끔 하는 것은 매우 잘못된 선택이 될 수 있다.

기부를 위한 수단 선택과 관련하여 기부자가 저지르는 실수 대부분은 되돌릴 수 있기는 하지만, 잘 정의된 그리고 폭넓은 전략에 기반을 둔 혼합된 형태가 현명한 선택이 될 수 있다. 먼저 해야 할 일이 기부를 위한 제도와 조직 유형을 결정하는 것이지만, 전략적 기부를 구성하는 다른 요소들에 대해 부주의하게 되면 실질 비용이 발생할 수도 있다. 이런 노력과 약속을 빨리 이행해야 할 이유가 없다면 그리고 직접 기부로 인해 상당한 정도로 유연할 수 있다면, 기부자는 필란트로피 실천을 위한 수단 혹은 이런 수단들의 조합에 관한 결정과 관련하여 강력하고도 지속적인 근거를 모색할 필요가 있다. 엘리트 사회 내에 가족재단을 설립해야 한다는, 혹은 기부자 추천 기금 또는 기부서클에 가입해야 한다는 등등의 동료 집단으로부터의 사회적 압력이 존재할 수 있다. 그렇지만 겉치레에 근거한 관심이나 유행을 따라 이런 종류의 약속을 행동으로 옮겨서는 절대로 안 된다. **기부를 위해 선택한 수단이 엄선된 사명, 추구하고자 하는 일련의 변화, 기부자 자신의 정체성, 그리고**

방어할 수 있는 타임프레임과 잘 들어맞아야만 한다. 그럴 때만이 비로소 조직적이고 제도적인 기부로 향한 변화가 기부자의 역량을 왜곡시키기보다는 기부를 통해 가치를 만들어 내는 데 이바지할 수 있을 것이다.

Chapter 7

전략적 기부를 위한 전망

"기부자는 무엇을 어떻게 해야만 하는가? 그 답은 불완전할지 모르지만, 시간의 경과에 따라 가용한 지식과 학습 능력을 어떻게 증진해 나가느냐에 달려 있다."

"필란트로피가 변화와 재분배에 대한 것이기도 하지만, 마찬가지로 다원주의(pluralism), 표현(expression), 혁신(innovation)에 대한 것이기도 하다… 필란트로피는 공익에 대한 개인의 사적 비전을 실질적인 공공의 문제와 연결할 수 있어야만 할 뿐만 아니라, 공공영역이 생동감 있게 살아 숨 쉴 수 있도록 해야만 한다."

필란트로피 실천을 위한 전략의 특성을 탐색할 때 맞닥뜨리게 되는 도전 중 하나는 기부라는 것이 상당히 다양한 형식, 포부, 이상을 갖고 있다는 사실이다. 필란트로피는 전통적인 의미에서 직업 혹은 분야 등과 관련하여 일관성이 존재하지 않는다. 왜냐하면, 대개 정해진 독트린이나 일련의 공인된 실천 방식 없이 운영되기 때문이다. 사실상, 필란트로피와 관련하여 가장 흥미로운 것 중 하나는 동질성이 강한 부자 엘리트 집단에 의해 행해질 뿐만 아니라 평범한 보편적인 사람들에 의해서도 행해진다는 점이다. 기부자는 보통 많은 인생 경험을 갖고 기부의 세계로 들어오며, 그런 연후에 필란트로피 목표를 만들어간다. 개인적 차원의 기부자가 필란트로피를 통해 표현하고자 하는 가치와 목적은 마치 천 조각을 맞춰 이불을 만들듯이 선행의 조각을 한 조각 한 조각 맞춰 구성되며, 동시에 방법과 본질에 대한 차이가 존재하는 수많은 공간이 병존한다.

이 책에서 제시한 틀과 체계는 핵심적이고 실질적인 이슈에 대해

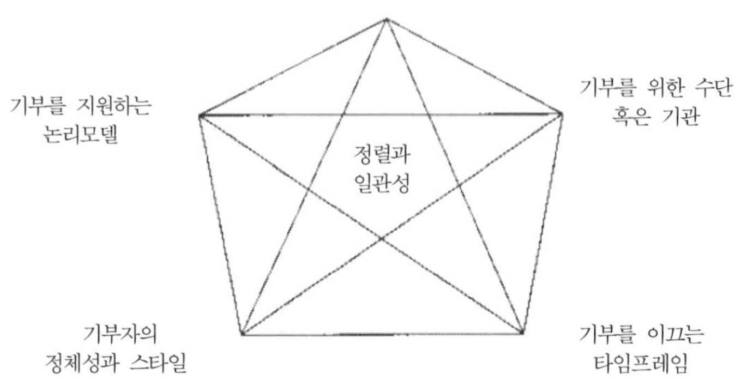

<그림 10> 필란트로피 프리즘의 정렬과 일관성

중립적이다. 그렇지만 기부자가 필란트로피 실천 계획을 자신의 머릿속에 구상하려고 할 때 맞닥뜨리게 되는 다섯 가지 질문에 대해 언급한다. 내가 사는 지역사회와 나에게 가치 있는 것은 무엇인가? 비영리조직 활동 중 가장 뛰어난 것이 있다면 그것은 어떤 것일까? 나의 목표를 완수하고자 한다면 어떤 수단과 방법이 최선일까? 기부가 언제 이뤄져야만 할까? 나의 기부와 관련하여 어느 정도 수준에서 관여해야 하며, 가시적 결과는 어떠해야만 하는가? 이들 질문이 각기 제시될 때마다 보편적인 답이 존재할 수 없음을 역설했다. 그러나 이렇게 저렇게 서로 어울려 합해진 일련의 대응은 존재하며 이는 기본적인 전제, 즉 **전략적 기부는 다섯 가지 핵심적 필란트로피 차원의 정렬로서 이해되어야만 한다**는 전제를 의미한다(〈그림 10〉 참고). 다섯 가지 질문에 대한 답변이 서로 잘 조화를 이룰 때 공적 영역에 대한 임팩트, 그리고 기부자의 근본적 욕구에 대한 만족이라는 기대치를 성취할 가능성이 커진다. 적합성(fit)과 정렬(alignment)을 이뤄나가는 일 또한 좀 더 효과적이고, 좀 더 많은

책무성을 갖고 그리고 좀 더 정당한 필란트로피의 영향력을 확장해 가는 데 매우 중요한 단계다.

필란트로피 프리즘의 다섯 가지 요소 모두에 대해 동시에 관심을 집중해야 하지만, 이전 다섯 개 장에서는 이들 요소 각각의 개념에 대해 독립적으로 정의하고 논의를 진전시켜 왔다. 그렇지만 이러한 방식에 대해서는 좀더 살펴봐야 할 부분이 있다. 이런 방식이 갖는 결점은 근원적 주장과 논지, 즉 전략의 핵심적 내용은 다섯 개의 중요 요소들 사이에 적합성과 정렬, 일관성으로 구성된다는 사실과 일정 정도 대립할 수밖에 없다는 점이다. 또 다른 문제는 먼저 살펴본 요소가 뒤에 있는 것보다 더 중요하게 보일 수도 있다는 점이다. 그러나 이 책 시작 부분에서 주장했듯이, 처음에는 필란트로피 프리즘 구성 요소 중 하나 혹은 그 이상의 것에 전념하면서 점차 나머지 것들로 확장해 감으로써 이러한 문제에 적극적으로 대처해 나갈 수 있다. 이런 식의 유연성을 활용하지 못한다면 그것은 큰 실수를 범하게 될 수밖에 없다. 왜냐하면, 필란트로피의 수많은 전략은 개인적인 차원에서 전개되기도 하고, 때때로 매우 독특하며 기부자의 불가해한 동기에 종속적일 수밖에 없기 때문이다.

정렬이 제대로 이뤄졌는지를 어떻게 정확히 판단할 수 있을까? 한 가지 방법은 **사명의 효과성**(mission effectiveness, 사명 완수에 기부자가 얼마나 잘 하고 있는지?)과 **프로그램 효과성**(program effectiveness, 목표 완수에 비영리조직이 얼마나 잘 하고 있는지?)을 진지하게 따지고 측정해보는 것이다. 원칙적인 의미에서 필란트로피 성과의 양적 측면에 대한 정보를 갖는 것은 기부자에게 가치 있는 일이다. 그것은 시간의 경과에 따라 성장과 학습을 가능하게 하며, 기부자가 더 나은 기부 활동을 전개할 수 있게 한다. 실제로는 결코 존재할 수 없지만, 완전하게 기능하는 필란트로피 성과측정시스템은 어떤 것일까 상상해

보라. 기부자가 어떤 비영리조직도 찾아볼 수 있고 이를 통해 특정 그룹에 의해 수행된 프로그램에 대한 구체적인 보고서를 열람할 수 있다면, 그리고 이들 보고서에는 합리적이고 실용적인 지표로 측정된 지역사회에 대한 임팩트가 서술되고, 같은 분야에서 활동하고 있는 서로 다른 조직을 서로 비교할 수 있도록 등급과 점수가 표시된다면 어떨까? 그렇지만 이런 시스템은 결코 존재할 수 없을 것이고, 따라서 기부자도 결코 이를 확인해 볼 수 없을 것이다. 그것은 가상적 현실이다. 왜냐하면, 자선과 관련된 수많은 활동의 차원을 명확하게 측정할 수 없기 때문이고, 조직 간에, 분야 간에 결과를 비교하는 것은 거의 불가능하기 때문이다. 설령 가능하다고 하더라도 그런 시스템을 개발하고 유지하는 비용을 감당하기 어렵기 때문이기도 하다. 그렇다면 **기부자는 무엇을 어떻게 해야만 하는가? 그 답은 불완전할지 모르지만, 시간의 경과에 따라 가용한 지식과 학습 능력을 어떻게 증진해 나가느냐**에 달려 있다. 필란트로피를 견인해 갈 수 있는 성과 데이터의 활용은 매우 흥미로운 일이다. 왜냐하면, 그것은 종종 자극과 이에 대한 반응을 통해 추동되어 온 기부의 세계에 상당한 근거와 방법을 제시하기 때문이다.

기능과 평가의 형태

기부자는 측정을 통해 세 가지 중요한 역할을 수행하는 위치에 있다. 첫 번째는 **프로그램 전체의 성과를 증진**할 수 있다. 이론상으론 평가 연구의 활용은 기부자가 비영리조직 프로그램을 재조정하고 재구조화하는 데 도움을 줄 수 있고 이를 통해 더 높은 성공률을 가질 수 있다. 기부자는 돈의 흐름을 통제할 수 있다는 점에서 권력의 위치에 있고, 이를 통해 평가 데이터가 나타내는 대로 프로그램의 변화를 지향해 갈 수 있다. 특정 프로그램이 완료되면 프로그램 평가를 통해 기부자는 더 나은 프로그램을 기획하고 이를 지원할 수도 있다. 성과 데이터를 조직운영에 응용한다면 조직 내부 경영에 적용할 수도 있다. 특히 자신의 지원 절차와 시스템에 관한 연구를 통해 기관 기부자는 지원과 관련된 전반적인 운영 효율성, 즉 기관에 대한 접근 가능성과 공동작업의 용이성 등이 포함된 모든 사항을 증진시켜 왔다. 이런 방식으로 평가 연구는 비영리조직의 경영과 그들 자신의 필란트로피 실천 및 운영 양자 모두에게 도움을 줄 수 있다.

필란트로피와 관련된 평가 연구의 두 번째 활용은 **정치적인 그리고 권한 부여 환경과 연관**된다. 자유재량에 의한 프로그램 지원 자금이 점차 한계에 부딪힐 때 프로그램 성공을 뒷받침하는 기부자의 능력은 정치적 지원, 즉 효과적이라고 평가된 지원대상기관에 대한 더 많은 공공의 지원을 끌어내기 위한 강력한 도구가 될 수 있다. 또한, 이러한 평가 연구를 통해 사회문제에 관심을 두는 또 다른 기부자로부터 추가적인 지원을 끌어낼 수 있다. 더구나 의미 있는 성과 데이터는 그들을 둘러싼 정치적 환경 변화로부터 기부자를 보호하는 일종의 우산 역할을 할 수도 있다. 시간의 경과에 따라 사립재단의 재산은 의회와 행정부에 의해 미개발된 대규모 자금으로 쉽게 인식되었고, 따라서 공공의 목적을 위해 좀 더 적극적으로 사용될 수 있다고 믿었기 때문에 감시와 규제의 대상이 되곤 했다. 기부자나 재단의 사명 효과성에 대한 평가 데이터는 비판과 규제 강화를 견제하기 위한 첫 번째 방어선이 될 수 있다. 따라서 평가 데이터는 가장 우수한 지원대상기관, 즉 비영리조직에 대한 지원체계를 구축하기 위한, 그리고 필란트로피 분야 그 자체에 대한 공공과 정부의 지지를 유지하기 위한 도구가 될 수 있다.

평가 연구의 세 번째 활용은 이해의 정도가 낮은 것이 일반적이기는 하지만 가장 중요하다. 평가 연구의 데이터를 수집하고 검토하고 토론하는 일은 **제시된 필란트로피의 가치를 생각하고 정의하는 중요한 방법**일 수 있다. 또한, 평가 자료와 데이터는 측정을 위해 중요한 것은 무엇인지, 궁극적으로는 어떤 목표를 추구하는 것이 의미가 있는지 등에 대해 기부 기관과 이를 지원받는 기관 모두가 참여하는 대화를 촉진하는데 도움이 될 수 있다. 평가란 항시 성과와 일정한 관계를 갖는 것이기 때문에 그것은 기부자가 추구하는 필란트로피 가치의 성격을 명확히 하는 도구로서 기능할 수 있다. 어떤 가치를 성취할 것인가를 정의하는 일은 기부자의 최대 관심이자, 명확한 사명과 목표를 가져야 한다는 요구와 긴밀하게 연관될 수 있다. 재단이라는 기관 기부자의 맥락에서 보자면, 이런 일은 지원을 통해 성취하고자 하는 것이 무엇인지, 프로그램을 통해 일정한 결과를 얻을 수 있는지 등에 대한 스텝 사이의 공감대와 연대를 구축하는 유용한 도구가 될 수 있다. 또한, 개인 기부자에게는 목적에 대한 이해를 확장시키고 심화시킨다. 기지원 프로그램이나 관련 계획의 맥락에서 궁극적 목적에 관한 대화가 이뤄질 수 있다면, 기부 하는 자나 기부를 받는 자 모두가 무엇에 성패가 달려 있는지, 성취할 만한 가치가 있는 것은 무엇인지를 명확히 할 수 있다. 이런 점에서 핵심적 목적 — 성취 여부를 측정할 수 있다면 이는 매우 중요한 — 을 정의하는 일은 그 자체로서 가치 있는 일이다. 왜냐하면, 필란트로피의 목적을 명확하게 그리고 좀 더 구체적으로 설명할 수밖에 없기 때문이다.

오늘날 측정(measuring)이란 일반적으로 기부자의 표현적(expressive) 목적보다는 도구적(instrumental) 목적의 성취 여부를 추적 관찰하기 위해 고안된 행위라 이해할 수 있다. 성과를 추적 관찰한다는 것은 일반 대중이 자원을 현명하게 사용하고 있는지, 이런 자원을 지원받는 프로그램이 효과적으로 운영되고 있는지를 확인하고 판단할 수 있게 하기 위함이다. 그러나 측정 이슈와 관련하여 이런 가정의 문제점은 자선을 위한 자금이 지속해서 증가하고 혁신과 지속가능한 역량이 확장된다면, 기부의 표현적 측면 — 헌신과 가치라고 기부자 자신이 규정한 필란트로피의 요소 — 이 지지될 필요가 있다는 사실을 대개는 간과한다. 평가는 보편적 지식을 구축할 수 있어야만 하며, 이들 지식은 해당 분야에 대한 이해를 확장할 수 있어야 한다. 그렇지만 기부자의 약속과 의도를 프로그램과 어떻게 잘 조화시키고 정렬해야 하는가를 또한 심각하게 고려해야만 한다.

어떤 평가의 노력이든 **기부의 표현적 측면**을 중요한 요소로 포함하려는 방법으로 적어도 두 가지 것을 상정해 볼 수 있다. 첫 번째 방법은 **지원프로그램의 전달과 관련하여 명시적, 암묵적 양 측면 모두를 고려하여 가치를 정의**하는 것, 그리고 **기부자의 가치와 기부받는 자의 가치가 얼마나 근접하는지를 비교 분석해 보는 것**이다. 이들 중 일부는 아마도 지원이 이뤄지기 전에 완료될 수도 있다. 그러나 이미 명시한 목표를 달성함으로써 도구적 차원에서 프로그램이 잘 운영될 수도 있으나 기부자의 표현적 차원의 목표와 전혀 결합하지 않을 수도 있다. 이런 경우는 지원기관과 지원대상기관 양자가 그 우선순위에 대해 어렵고 냉정한 선택을 해야만 한다.

지원사업의 표현적 차원에 대한 질을 평가하는 두 번째 방법은 **기부자가 하는 일에 초점을 맞추는 것**이다. 그러나 평가의 눈을 내부로 돌려 기부행위와 의사결정의 질을 살피는 일은 만만치 않다. 왜냐하면, 기부자의 가치는 평가자들에게 명시적으로 드러내 보여줘야 하며, 전문적으로 운영되는 재단의 경우에는 정해진 효과성 기준보다는 기부자의 의도를 충실하게 따라야 한다는 점에서 스텝들이 무엇을 어떻게 이행했는지에 대해서 면밀한 조사 검토가 요구되기 때문이다. 단지 가장 중요한 문제가 무엇인지, 즉 기부를 추동했던 근원적인 약속과 책무, 가치가 무엇인지에 대한 관심을 지속해서 강화하고 심화시키는 것이라면 **기부자나 재단이 사명을 제대로 이행하고 완수해 가고 있는지에 대해 질문을 던지는 것은 가치 있는 일**이다. 평가가 단지 결과를 추적하는 것 이상의 무엇을 하는 데 도움을 준다면, 기부가 어디에서, 어떻게 기부자 자신의 근본적인 믿음과 연계되고 있는지 인식하는 데 도움을 준다면 이는 궁극적으로 필란트로피 분야를 진화시켜 가는 데 상당히 이바지할 수 있을 것이다.

임팩트의 표현적 차원은 간과하기 가장 쉽다. 왜냐하면, 도구적 목표는 추적하기 쉽고, 필란트로피 분야 주변에 이미 만들어져 온 관련 산업의 기본 개념과 잘 어울리기 때문이다. 그렇지만 **기부에 생기를 불어넣는 아이디어와 가치, 이들이 갖는 다원성과 개념**은 필란트로피의 존재 이유를 뒷받침하고, 강인함을 부여하며 면세의 특권을 정당화한다는 점에서 훌륭한 논거가 되기도 한다. 이런 이유로 해서 **지원대상기관의 가치와 기부자의 가치가 얼마나 잘 정렬되고 제휴되는지**를 기부자는 항상 관심을 두고 살펴봐야만 한다. 결국, 재단은 **임팩트의 어느 차원이 가장 중요한지** 최종적인 결정을 확실하게 내려야 하며, 이와 관련된 가장 뛰어난 측정 전략은 어떤 것인지 모색해야만 한다. 이를 등한시하면 결국 무책임하다는 평판에 직면하게 되는 것은 자명한 일이다. 정직하고 개방된 평가는 기부자, 비영리조직의 경영책임자, 정책입안자 모두에게 편익을 가져다준다. 측정이 성공적이라면, 필란트로피는 수수께끼 같은 좌우명, "너 자신을 알라"에 대한 새롭고도 다양한 변이를 스스로 잘 대처해 갈 수 있을 것이다. 이는 곧 기부자(기관)로서의 재단이 사회를 생각하고 구현해 가는 수많은 방법을 이해하는 길이고, 더 나아가 이를 위한 지속적인 탐색과 모색의 중요성을 강조하는 것이다.

경로

이 책에서 언급한 많은 논의는 필란트로피 전략의 구성 및 수행과 관련된 도전에 대한 것이다. 이러한 쉽지 않은 작업은 기부자에게 큰 노력을 요구한다. 그것은 '전략'이란 단어를 떠오르게 하기도 하고, 실체도 없는 추상적인 신중한 성찰의 과정이 필요하지만, 기부란 행위는 그만큼의 행동도 포함한다. 물론 필란트로피를 둘러싼 생각과 행동의 상대적 혼합은 기부자마다 혹은 어떤 기부자에게는 행하는 기부마다 각양각색이다. 기부를 표현적으로든 도구적으로든 어떤 식으로 정의하든 혹은 둘을 적절히 결합하든 기부자는 궁극적으로 기부의 효과성을 증진하고자 한다. **이 책이 갖는 주된 논점은 기부를 위한 타당한 전략 구축이 효과성의 수준을 향상하는 과정에서 중요한 한 부분으로서 자리매김되고 또 그렇게 인식되어야만 한다는 것이다.** 기부에 대한 바른 이해와 전략 수행만이 해가 거듭될수록 기부자가 공익은 물론 사적인 편익도 증진할 수 있게 한다. 더 높은 효과성을 얻기 위한 아이디어와 마찬가지로, 기부 전략의 개발도 진화적 과정으로 이해되어야만 한다. 즉 이는 시간의 경과와 함께 기부자의 지식이 심화되고 이에 대한 확신이 깊어짐에 따라 나타남을 의미한다.

사실상, 전략 구축과 증진된 효과성이 기부자들의 마음에 둔 두 가지 중요한 목표를 반영한다면, 실제로 두 가지가 어떻게 서로 연관되는지 질문을 던질지도 모른다(〈그림 11〉 참조). 여기에 서로 다른 의견이 존재한다. 전략은 궁극적으로 효과성에 선행한다고 일군의 학자들은 주장

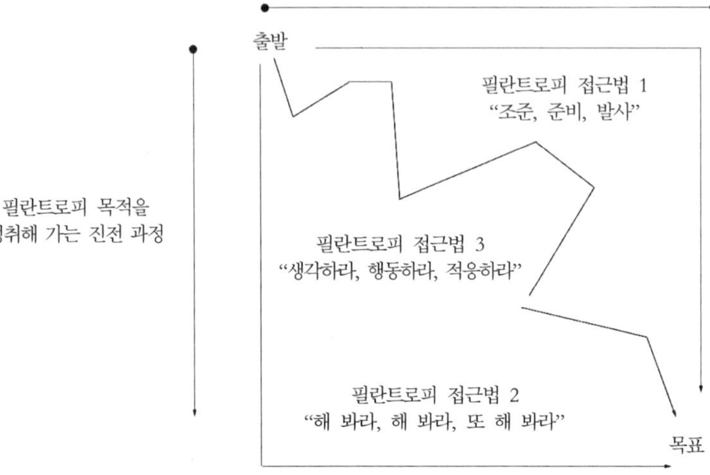

<그림 11> 필란트로피 전략과 필란트로피 목적 사이의 관계

할지도 모른다. 즉 기부자가 진정으로 성공하기를 원한다면, 지금 무엇을 하고 있는지 명확한 개념을 갖고 있어야만 한다는 것이다. 한 극단에서 보자면 기획과 협의가 번거롭고 길게 늘어질 수도 있다는 점에서 이 접근방식은 필란트로피를 개념적 세계로 이끌고 간다. 필란트로피가 실천될 광경을 염두에 두면서 수표책을 준비하는 등 재단 세계에서 이러한 접근법 — **준비**, **조준**, **발사**라는 별칭이 붙여진(두 번째, 세 번째 것에 더 큰 비중을 두고) — 은 통상적으로 수많은 시간과 자원을 소비하는 것으로 알려져 있다. 컨설턴트를 초빙하는 일, 학계의 전문가와 논의하는 일, 같은 분야에서 활동하는 다른 재단들과 의견을 교환하는 일, 선택한 접근방법을 촉진하기 위해 백서를 만드는 일 등은 논거와 계획의 힘을 신뢰했던 재단들에 일반적인 것이었다. 이런 작업을 통해 기부자들은 대가를 지불하거나 난처한 실수를 피하는 데 도움을 받았을 뿐만 아니

라, 특정 분야에 대한 준비가 되었을 때만 지원한다는 사실을 분명히 하는 데도 도움을 받았다.

행동을 우선시하는 기부자들에게 필란트로피를 진전시키는 두 번째 접근방법은 더 크고 더 많은 호소가 곧 닥칠 것처럼 보이게 하는 것이다. 이는 기부에 대해 좀 더 귀납적인 접근법으로, 전략 구축에 필요한 대부분의 것들은 실제 상황과 경험의 세계에서만 찾을 수 있다고 판단한다. 이들 대담한 필란트로피 실험을 위한 운영 차원의 주문은 "**해 봐라, 해 봐라, 또 해 봐라**"다. 이것은 반복적 시도를 매우 강조하는 것이라 할 수 있다. 기부에 대한 이러한 좀 더 실험적이고 경험 지향적인 접근법은 흔히 이사회나 전문적인 스텝 없이도 운영 가능한 부유한 개인 기부자들에게서 발견된다. 필란트로피를 주재하는 당사자에게는 진행 과정에서 실수도 하고 그 과정에서 배우기도 하는 것이 기부를 위한 실질적이고 설득력 있는 전략을 수립할 수 있는 가장 확실한 방법이다.

이러한 두 가지 극단적인 접근법 사이에 합리적이고 실용적인 중간 지대가 존재한다. 즉 실천적 목적을 지향하는 전략 개발과 과정이 상호 작용 속에서 나타난다는 것이다. 즉 초기 전략적 선택을 통해, 철저한 실험을 통해, 학습된 내용의 되새김을 통해, 전략 수립의 반복적인 과정을 통해, 그러고는 전 과정을 반복 수행함으로써 중요한 결과를 어디서 성취할 수 있을 것이고, 기부 전략이 어느 지점에서 필란트로피에 영향을 미칠 수 있을 것인지를 신중하게 살펴나갈 수 있다. 이러한 필란트로피 학습모델을 "**생각하라, 행동하라, 적응하라**"라는 용어로 정리할 수도 있을 것이다. 처음부터 끝까지 모든 것에 관여하는 일은 분명 복잡하고 예측 불가능한 과정이며, 이들 과정은 돌파구를 마련할 수도, 차질을 빚을 수도 있다. 그렇지만 전략과 실천의 과정을 반복함으로써 기부자는 이들 두 가지 모두에서 진전된 결과를 얻을 수 있다. 학습된 교훈은 전략 기획과 개선에 영향을 줄 뿐만 아니라, 목표에 더 가깝게 다가서는 데 도움을 줄 수 있다.

전략과 행동 사이에 균형을 맞추는 데 부적절하거나 불가능한 조건이 존재한다. 즉 필란트로피 실천과 행동이 결단력 있게 그리고 신속하게 이뤄져야만 할 경우, 긴급성이 필요한 상황이나 위기 상황에 대한 대응이 이와 관련된 하나의 예가 될 수 있다. 특히 이 경우 타이밍은 매우 중요한 요소로서 구체적이고 촘촘한 전략을 고려할 여유가 없다. 기부자는 진행하면서 배우는 데 중점을 두고, 대응성(responsiveness)을 전제로 단기적 효과성을 양보할 필요가 있을지도 모른다. 또 다른 예, 즉 장기적인 지역사회 문제가 필란트로피 개입의 주제라고 한다면, 더 깊은 숙고의 과정이 필요할 것이다.

지식과 경험의 올바른 결합을 찾고자 할 때 기부자가 지원하는 프로그램의 질적 양적 성공은 해당 일을 실제로 직접 행하는 사람의 자질에 의해 좌우된다. 따라서 효과적이고 성공적인 기부자가 되는 가장 중요한 요소는 아이디어를 내고 효과적으로 집행하는 데 도움이 될 수 있는 자질이 뛰어나고 헌신적인 사람을 고를 수 있는 능력이다. 비영리 부문에서 모든 것이 실패로 끝난다 해도 중단되지 않고 지속될 수 있는 것이 한 가지 있다. 즉 조직과 프로그램은 강한 리더십과 뛰어난 경영 능력에 달려 있다는 사실이다. 필란트로피에서 아이러니한 점은 현존의 시스템 대부분이 모든 일에 관심을 두고 있지만, 개인은 제외되어 있다는 것이고, 제도화되고 조직화된 필란트로피 부문의 전반적인 기부금조성 과정은 사람들 사이의 관계와 관련된 기술이나 가치에 대한 약속과 헌신, 혹은 운영 지식과 상식과 같은 것을 정확히 포착하고 있지 못하다는 점이다. 오히려, 기부자나 지원기관 지원 여부 결정이 무엇을 할 것인지를 상세히 서술할 수 있는 리더의 문서 작성 능력에 달려있다는 사실이다. 필란트로피의 성공은 <그림 11>의 중간 라인을 따라 이뤄지기 때문에 **기부자가 이들 꺾어진 길을 걷는 데 도움을 줄 수 있는 비영리조직의 리더를 어떻게 선택하고 어떻게 함께할 것인지에 달려 있다.** 따라서 지원대상자(기관)를 선택하는 데 핵심적 고려사항은 지원대상으로 선택된 비영리조직의 리더가 과연 전략기획 및 구축과 프로그램 전달 사이의 여정에서 생산적인 이바지를 할 수 있는지가 관건이 될 수밖에 없다.

결국, 얼마나 많은 근거와 얼마나 많은 반응이 필란트로피 속에서 고려되고 판단될 것인가라는 질문이 있겠지만, 이에 대한 유일한 답과 해결책은 존재하지 않는다. 이를 그렇게 혼합할 것인가는 기부자에 의해 이미 정해진 전략적 방향과 아울러 개입이 이뤄지고 있는 문제나 이슈에 따라 달라진다. 9·11 이후의 위기와 같은 경우에는 꼼꼼한 계획 수립과 시스템 구축 같은 것을 할 시간이 존재하지 않는다. 필요는 엄청나고 행동에 대한 대중의 압력 또한 너무 강력해서 필란트로피 대응은 조리 정연한 근거에 기반을 둔 서비스를 제공하기보다는 이러한 경계를 자연스럽게 넘어설 것이다. 그렇지만 위기 국면의 대응에 대한 압력이 존재하지 않는다면, 기부자는 다른 지역에서 수행되어 온 유사한 노력에 대한 평가 데이터에 근거해 어떤 종류의 프로그램을 수행해야 하는지에 대한 결정에 영향력을 행사할 수 있을 것이다.

유사한 문제를 다른 기부자가 다른 조건에서 다룰 때 배운 바를 연구 검토해 봄으로써 반복되는 필란트로피 역사적 한계를 회피할 수 있다. 대부분의 필란트로피의 계속되는 시도와 실수라는 반복의 과정을 아주 완벽히 없앨 수는 없겠지만 줄일 수는 있다. 일부 인간서비스 분야, 예를 들면 조기 아동발달과 같은 분야에서 개연성 있는 임팩트의 양, 가용한 프로그램 디자인에 대한 정보의 양은 상당하다. 그렇지만 청소년 폭력 예방과 축소와 같은 분야의 데이터는 불규칙적이며 성공적인 지역 프로젝트나 프로그램에 대한 사례 연구는 미미한 것이 일반적이다. 이 이외의 분야에서도 여전히 데이터의 수준은 열악하고 실제 적용하기가 어려운 수준이다. 다른 사람이 배운 것에 대해 아는 것은 이 분야에서 새로이 출발하는 기부자에게는 가치가 있을 수 있다. 측정과 측정 사이에 강력한 그리고 합리적인 연계 고리 구축, 지식기반 구축 등이 그러하고, 그리고 궁극적으로 필란트로피 실천과 행동은 도전적인 주제일 수밖에 없다. 이들 주제는 바람직한 평가 데이터가 어떠해야 하는지에 대한 또 다른 평가, 미래를 예측할 때 평가 연구가 갖는 한계에 대한 이해, 지식 구축에 대한 과감한 투자(특히 결과를 일반화하고자 할 때), 그리고 전략 구축과 전략 실행 사이에 존재하는 변증법적 방식에 대한 현실적인 이해 등이 함께 요구된다. **기부라는 이슈는 전략화하기, 행동하기, 반응하기, 측정하기, 학습하기, 적응하기 등의 지속적인 작업을 포괄**할 수밖에 없다. 기부자들은 이러한 특징을 이해함은 물론, 이를 통해 앞서 언급한 모든 목표를 향한 일정한 진전을 이룰 수 있을 것이다.

필란트로피의 미래

기부자는 자신의 능력과 동기, 그리고 이에 기반을 둔 기부를 실천에 옮기고자 한다면 광범위한 사회적 맥락을 숙고해봐야 하며, 아울러 자신의 역할이 무엇인지, 어떻게 이해하고 있는지 깊이 있게 성찰해야 한다. 나는 이 책을 통해 기부에 대한 특정 관점에 영향을 주는 요인들에 대해 언급한 바 있다. **지역사회의 공적 필요와 욕구, 기부자가 갖는 사적 가치, 헌신, 책무 등을 연계시키고자 하는 시도**가 바로 그런 것들이다.

시급한 공적 욕구를 충족시킬 수 있는 매우 생산적인 도구로서 필란트로피라는 아이디어에는 분명 많은 장점이 존재하기도 하지만, 이러한 관점에는 일정한 한계가 존재한다는 사실을 나는 주장해 왔다. 필란트로피가 단지 지역사회 필요와 욕구에 대해 차분하고도 불가지론적 만족만을 추구하는 것이라면, 정부와 차이가 있다고 정의 내리지는 못할 것이다. 정부와 같이 과세라는 방식을 통해 모금할 수 있도록 한다고 하더라도, 가까운 시일 내에 필란트로피가 정부보다 더 많은 돈을 지출할 가능성은 희박하며, 중대한 변화를 이뤄내도록 요구할 수도 없다. 그 결과, 만일 필란트로피가 추구하고자 하는 모든 것이 이름뿐이고 정부의 사회서비스 제공을 단지 보완하는 것이라면, 필란트로피의 잠재력은 사라질 것이다.

이는 다시 기부에 대한 두 번째 경쟁적 관점으로 이끌어 간다. 즉 내가 이 책에서 강조하고자 했던 것으로 이는 완전히 다른 전제하에 출발한다. **필란트로피가 기부자의 유언과 개인적인 관심의 중심에 섰을 때** 그것이 갖는 소명, 즉 **혁신과 다원주의를 우리 사회에 충만하게 할 수 있으며, 이러한 노력을 충실히 완수**할 수 있다는 전제다. 따라서 필란트로피는 기부자가 자신의 부를 기반으로 공공선에 대한 개인적인 비전을 모색할 수 있는 사적 활동이자 행동으로서 가장 잘 인식되어 있다. 기부자 스스로 관심과 가치를 갖고 있다고 해서 이를 변명하거나 변호하기보다는 오히려 이러한 관심과 가치를 갖고 행동할 것을 독려해야만 한다. 어떤 기부자는 자신의 삶에 혹은 가족의 삶에 중요한 역할을 한 비영리기관에 기부함으로써 이를 실천에 옮긴다. 또 다른 사람은 단순히 특정한 대의나 비영리기관과 개인적 관점과 가치의 수준을 동일시하기 때문에 기부한다. 가치에 기반을 둔 기부는 시간이 흘러도 지속될 가능성이 크다. 왜냐하면, 그런 것은 지속적인 인간의 경험과 정서에 토대를 두기 때문일 뿐만 아니라, 해당 분야에 새로운 활력을 불어넣을 수 있는 가장 좋은 기회이기 때문이다.

필란트로피가 공적인 것을 염두에 두는 것과 마찬가지로 기부자 자신에게도 동일하게 그러하다면, 그리고 그러한 전제에서 출발한다면 이는 기부를 어떻게 시작해야 하는지뿐만 아니라, 필란트로피를 어떻게 평가하고 이를 지원하는 공공정책을 어떻게 구성해야 하는지에도 급진적 영향을 미친다. **일반 대중은 가장 긴급한 인간적 욕구에 대한 분석에 기초하여 집행되지 않는 기부를 책망하는 대신, 필란트로피가 일정한 자율성과 기부자의 운영 공간에 대한 보호장치를 가져야만 한다는 점에 더욱더 개방적일 필요**가 있을지도 모른다. 궁핍한 지역사회와 더 많은 지원이 필요한 비영리조직에 이러한 주장은 애매모호하고 심지어 받아들이기 어려울지도 모른다. 그러나 기부자의 욕구와 관심을 진지하게 고려하는 것이 왜 중요한지를 이해하기 위해서는 미래의 필란트로피 기금의 공급에 대해 생각할 필요가 있다. 기부자 자신에게 의미 있는 어떤 것을 행하기 위해 필란트로피를 실천할 수 있는 능력을 보유했을 때만이 수준 높은 기부를 할 수 있을 것이다. 결국, 기부자의 선택이 끝없는 사후 비판이나 혹은 더 강력한 공공의 관리 감독 대상이 된다면 사적 필란트로피와 정부 행위의 경계는 희미해질 것이다. 기부자는 필란트로피의 특별한 목적을 부여하고 정의하기 위한 충동을 민주주의라는 틀에서 활성화한다. 이런 기부자가 자선을 위한 기금을 기부자 자신에게 중요한 대의와 비영리조직에 기부하는 것은 기부자의 역량이다.

그렇지만 필란트로피에 대한 현재 대부분의 생각을 구도화하고 구성해 내는 사적 가치와 공공의 목적이라는 대립적 개념은 잘못된 이분법에 근거한다. 그것은 대다수 기부자가 궁극적으로는 사적 이익과 공공 편익 모두를 만들어 내기 원한다는 사실을 간과한다. 타인을 돕는 것에 성공한다는 것은 기부자 자신에게 가장 큰 만족감을 가져다준다고 생각하는 것이 일반적이다. 왜냐하면, 어떤 기부자도 기부의 목적에서 벗어난 것에 대해 만족하지 못하기 때문이다. 필란트로피를 둘로 나누는 정치적 분할, 즉 기부자의 사적 관심과 공적 욕구가 서로 교차하는 지점이 어디인지를 정의하는 것과 같은 일도 기부자 자신의 가장 중요한 소명을 실천하는 데 방해물이 된다. 기부자가 개인적 차원의 만족과 함께 지역사회의 이익을 위해 뭔가를 추구하고자 할 때 전략 수립이라는 과제는 상당한 정도의 성찰과 연구가 필요할 수도 있다. **필란트로피 프리즘 각각의 지점을 정의하고 다듬고 상호 간 정렬과 조정이 이뤄질 때까지 전 과정에 걸쳐 최선을 다하는 것이 전략적 기부자의 임무다.** 기부자가 이렇듯 복잡하고 도전적이기까지 한 적합(fit)한 수준에 다다랐을 때만이 자신의 기부가 진정으로 전략적인 수준에 이르렀다고 주장할 수 있다. 기부가 전략적인 수준에 이르렀을 때만이 기부자는 공공과 자기 자신을 위해 더 많은 가치를 창출할 수 있을 것이다.

필란트로피에 대한 이러한 분석과 관련하여 다시 제기되는 또 다른 주제는 **필란트로피 세계에 대한 인간적 신념과 가치**다. 효과성(effectiveness), 책무성(accountability), 정당성(legitimacy)이라는 핵심적 주제는 오랜 세월 동안 기부의 세계에 머물러 있었다고 나는 이 책의 서두에서 주장했었다. 또한, 대규모 재단을 중심으로 기부금조성의 전문화가 강화되었고, 이를 기반으로 엄격한 절차적 안전장치를 필란트로피 관련 의사결정에 연계함으로써, 그리고 지원대상기관 평가에 관심의 초점을 가져감으로써 사회적 핵심 주제를 다루고자 했다. 필란트로피의 전 과정을 엄격하게 운영 관리함으로써 일부 대규모 재단들은 효과성과 책무성 준수의 수준을 높이는 계기가 되기도 하였다. 그렇지만 이러한 움직임과 관련하여 간과된 매우 중요한 것이 있다. 필란트로피 자금이 사립재단으로 끌려들어 감에 따라, 그리고 기부자들이 시간이 흐를수록 자신의 기부를 타인에게 신탁함에 따라, 필란트로피의 핵심적 요소는 그 효과를 상실해 가면서 위태롭게 되었다. 사적인 가치, 약속과 책무, 열정, 개별 기부자들의 관점 등은 전문화된 스텝들의 불가지론적, 논란의 여지가 없는, 수용 가능한 절차적 가치에 의해 서서히 압도되어 갔다. 필란트로피가 단순히 사회복지서비스를 효율적으로 제공하는 것이라면 이것은 문제가 될 것이 없다. 그렇지만 필란트로피가 갖는 기본적인 근거는 단순히 사적 자금을 공공의 목적을 위해 쓰기 위한 경로나 수단이라기보다는 훨씬 깊고 넓은 것이기 때문이다. 즉 **필란트로피가 변화와 재분배에 대한 것이기도 하지만, 마찬가지로 다원주의(pluralism), 표현(expression), 혁신(innovation)에 대한 것**이기도 하다. 기부를 둘러싼 모든 인프라를 정당화하기 위해, 잠재적 기부금 모두를 사회에 전달하기 위해 필란트로피는 만족할 만한 수준의 서비스와 재화를 생산하는 데 머무는 것이 아니라, 더 크고 더 넓은 것을 추구하고 성취해 가야만 한다. **필란트로피는 공익에 대한 개인의 사적 비전을 실질적인 공공의 문제와 연결할 수 있어야만 할 뿐만 아니라, 공공영역이 생동감 있게 살아 숨 쉴 수 있도록 해야**만 한다.

필란트로피의 사적 가치 중요성에 대한 나의 주장 안에는 점진적으로 진행되고 있는 기부의 전문화(professionalization)에 관한 관심이 내포되어 있다. 거액기부자 대다수가 재단에 자신의 재산을 신탁하고, 이들 재단에서는 먼 미래를 위해 어떻게 기부하는 것이 가장 좋은 것인지를 필란트로피 전문가인 재단의 스텝과 매니저가 결정할 것이다. 그렇지만 항상 제대로 일이 처리되는 것은 아니다. 즉 필란트로피에 대한 표현적이고, 열정적이며, 강한 자부심을 가진 기부자의 특성과 흔적은 시간의 흐름에 따라 서서히 유실되어 사라진다. 그러고는 좀 더 도구적이고 중립적인 필란트로피 정체성으로 대체된다. 기부금조성 전문가들은 최고의 마음가짐과 목적을 갖고 있으며, 필란트로피 기금의 높은 사용 가치를 성취하기 위해 진심으로 노력하겠지만, 그럼에도 불구하고 공공의 목적과 사적 가치의 민감한 균형이 전자 쪽으로 기울어 후자의 문제가 생기게 되면 잃는 것이 있을 수도 있다. 물론 공공정책을 통해 단호하면서도 신속하게 기부하는 사람들에게 보상함으로써 이런 종류의 추이를 바로잡을 수도 있을 것이다.

표현적, 도구적 콘텐츠라는 의미에서 필란트로피를 재설정하는 일 — 공공정책의 변화 혹은 필란트로피부문 내의 규범 전환을 통해 — **은 이들 상황을 개선하고 이들 분야의 미래에 생동감**을 불어 넣어주는 데 많은 이바지를 할 수 있을 것이다. 각 개인이 자신의 기부에 부여할 사적 가치를 재확인하고 입증하려는 것은 필란트로피를 위한 공적 관심 안에 내재하는데, 여기에는 두 가지 이유가 존재한다. 첫 번째는 공적 의제의 어떤 아이템이 더 큰 관심을 받을 만한 가치가 있으며, 그것들이 어떻게 가장 잘 지원받을 수 있는지에 대한 색다르면서도 예기치 않은 사적 체계화(formulation)가 존재한다. 그리고 이런 체계화가 결국 정부부문과 필란트로피를 차별화하는 필수적인 요소라는 점이다. 두 번째는 기부자 중심 필란트로피를 위한 주장으로 더 간결하다. 거대 사립재단은 세상 이목을 상당한 정도로 집중시키지만, 흥미를 불러일으키는 기부는 재단과 같은 기관 기부자와는 다르게, 생존해 있는 기부자에 의해 수행될 가능성이 크다. 물론 그들은 제한적이며 한계가 있다. 유산 운영, 기관에 대한 채무 상환, 프로그램 전달을 위한 새로운 모델 구축, 해당 지역사회만의 독특한 필요와 욕구의 확인 등을 완벽하게 수행하지는 못한다. 그렇지만 **필란트로피 기관에 이미 널리 퍼져있는 효과성, 책무성, 정당성을 위한 직접적인 모색보다 개인적인 기부자의 기부 뒤 놓인 동기와**

의도의 복잡성이 도발적이고 흥미진진한 아이디어와 비전으로 이끌 가능성이 더 크다. 필란트로피 실천을 위해 단기간의 기부를 통해서든, 대안적 기부 방법을 통해서든, 중요 결정을 필란트로피 '대리인'에게 맡기는 것보다는 기부 당사자, 즉 필란트로피의 '주인'을 자력화하고 독려할 방법을 모색하는 것이 필란트로피의 활력을 보존하고 사회에서 기부의 역할을 강화해 가는 데 필수불가결하다.

■ 찾아보기